宗教學是什麼

What Is Religious Studies ?

張志剛◎著

目　錄

引論　只知其一，一無所知　1

　　0.1 倡導者如是說　2

　　0.2 百年歷程，少年氣象　8

上篇　學術縱橫　17

1. 宗教人類學　19

　　1.1 弗雷澤　21

　　1.2 馬林諾夫斯基　31

2. 宗教社會學　41

　　2.1 涂爾幹　43

　　2.2 韋伯　50

3. 宗教心理學　63

　　3.1 詹姆斯　65

　　3.2 佛洛伊德　76

　　3.3 榮格　84

4. 宗教語言學　93

4.1 艾耶爾　95

4.2 眾哲學家　103

5. 宗教文化學　121

5.1 道森　123

5.2 湯恩比　130

5.3 卡西爾　139

5.4 新學科大寫意　149

下篇　問題聚焦　161

6. 宗教與理智　163

6.1 羅素　165

6.2 斯溫伯恩　172

6.3 理智論兩面觀　177

7. 宗教與情感　191

7.1 施萊爾馬赫　193

7.2 奧托　199

7.3 情感論得失談　205

8. 宗教與意志　219

8.1 巴斯噶　221

8.2 詹姆斯　225

8.3 意志論眾口說　235

9. 宗教與終極　249
　　9.1 田立克　251
　　9.2 斯馬特　258
　　9.3 建構「最大的平台」　263

10. 宗教與對話　275
　　10.1 背景、問題和嘗試　277
　　10.2 排他論的正統性　283
　　10.3 兼併論的對話觀　292
　　10.4 多元論的對話觀　299
　　10.5 路漫漫其修遠兮　311

引論　只知其一，一無所知

　　應當對人類所有的宗教，至少對人類最重要的宗教進行不偏不倚、眞正科學的比較；在此基礎上建立宗教學，現在只是一個時間問題了。

　　　　　　　　　　　　　　　　——繆勒

宗教研究由來已久。但嚴格說來，我們將要討論的宗教學卻是一門新興的、交叉性或綜合性的人文學科。一般認為，這門新學科的倡導者是繆勒（Friedrich Max Muller, 1823-1900），因為他提倡的求知態度可使傳統的宗教研究煥然一新。

0.1 倡導者如是說

宗教學是什麼呢？繆勒的回答濃縮於一句名言：「只知其一，一無所知。」（"He who knows one, knows none."）這種答法非同尋常，不像司空見慣的學科定義那樣，直接灌輸某學科的對象、方法和目的等，而是首先讓**我們**反思求知態度：怎樣才能認識宗教？

這裡用黑體突出「我們」一詞，有兩重用意：其一，這種回答雖是百餘年前作出的，但很值得我們深思，因為它針對的問題至今猶存；其二，「我們」包括所有想認識宗教的人，無論專家學者還是普通讀者，信教的還是不信的，持肯定意見的還是抱批判態度的。下面就讓我們一起回味繆勒當年的解釋，看看這短短的一句話，到底濃縮了多少思想，是否還有學術活力，能否一語道破宗教學的主旨要義。

上述回答出自著名的「宗教學四講」，時間：一八七〇年二至三月間，地點：倫敦，英國皇家學會下屬的英國科學研究所，四篇講稿結集出版於一八九三年，這便是被後人譽為宗教學奠基作的《宗教學導論》。今天的讀者打開第一篇演講稿，仍能身臨其境般地感到這位宗教學倡導者的演講對象就是「我們」。

在我們這個時代，要既不冒犯右派又不冒犯左派而談論宗教，幾乎是不可能的事。對有些人來說，宗教這個題目似乎太神聖了，不能以科學的態度來對待；對另一些人來說，宗教與中世紀的煉金術和占星術一樣，只不過是謬誤或幻覺構成的東西，不配受到科學界的注意。[1]

繆勒首先坦言，「我今天是懷著『辯護的心情』來講一門新學科的，因爲我知道，自己會遇到頑強的反對者，他們將否認我的觀點——用科學態度來研究宗教，我甚至預見到，自己的觀點跟傳統的信念和流行的偏見將爆發一場激烈衝突；但我同時感到，自己胸有成竹，因爲我不懷疑那些反對者是誠實正直、熱愛眞理的，他們會耐心公正地聽取我所申訴的理由。」

那麼，在這場稱作「爲宗教學辯護」的演講裡，繆勒是怎麼申辯的呢？他的主要理由可概括如下。

0.1.1 只懂一種宗教，其實不懂宗教

這是「只知其一，一無所知」的直接道理。

當研究比較語言學的人大膽地採用了歌德所説「只懂一門語言的人，其實什麼語言也不懂」這句話時，人們起初大吃一驚，但過不多久他們就體會到這句話所含的真理了。難道歌德的意思是説荷馬和莎士比亞除了自己的母語以外不懂別的語言，因此荷馬竟不懂希臘語，莎士比亞竟不懂英語了嗎？不是的！這句話的意思是説荷馬和莎士比亞雖然能夠非常熟練、巧妙地運用他們的母語，但他們兩人並不真正了解語言究竟是什麼……在宗教問題上也一樣。只懂一種宗教的人，其實什麼宗教也不懂。成千上萬

的人信心之誠篤可以移山，但若問他們宗教究竟是什麼，他們可能張口結舌，或只能說說外表的象徵，但談不出其內在的性質，或只能說說信心所產生的力量。[2]

這段話說得夠明白了，不過加幾點註釋和補充可盡顯其底蘊。

首先，「宗教」顯然是個概念，外延包括世界上的各種宗教現象。所以說，「只懂一種宗教的人，其實什麼宗教也不懂。」

其次，「宗教學」無疑是門學問，旨在探討宗教的本質。若想做到這一點，就要「對世界諸宗教進行真正的科學研究」[3]。

再次，任何一種宗教都難免「優越感」和「排他性」[4]，問題在於，無論過去的還是現在的宗教研究，大多是由某種宗教的信仰者承擔的。因而，繆勒強調，「科學不需要宗派」，「任何宗教都不應要求得到特殊待遇」[5]。

0.1.2 研究各種宗教現象，理應運用比較方法

這是「只知其一，一無所知」的內在邏輯。

人們會問，從比較能得到什麼呢？要知道，所有的高深知識都是透過比較才獲得的，並且是以比較為基礎的。如果說我們時代的科學研究的特徵主要是比較，這實際上是說，我們的研究人員是以所能獲得的最廣泛的證據為基礎，以人類心智所能把握的最廣闊的感應為基礎的。

比較方法既然已在其他的知識領域產生了巨大成果，我們為什麼還猶豫不決，不立即把它用在宗教研究上呢？

我不否認，研究宗教將會改變人們通常對世界諸宗教的起源、性質、發展和衰亡所持的許多觀點；但除非我們認為在新探索中的勇敢無畏的進展（這是我們在其他所有的知識分支中的本分和我們應得的驕傲）出現在宗教研究中是危險的，除非我們被「神學中無論出現什麼新事物都是虛假的」這一曾負盛名的格言所嚇倒，否則我們不應再忽視，不應再拖延對諸宗教進行比較研究。[6]

這兩段話構成了一個判斷：既然比較研究是獲得科學知識的主要手段，那麼，它理應作為宗教學的基本方法。換言之，只有運用比較方法，宗教學才能成為一門符合時代要求的科學，也才能對各種宗教現象進行客觀、全面和深入的研究。這便是「宗教學」（the Science of Religion）一開始又名為「比較宗教學」（Comparative Religion）的緣故。[7]

0.1.3 宗教學不是「神學」，而是「人學」

這是「只知其一，一無所知」的應有之義。

所謂的「宗教」起碼有兩重涵義：一是明指「各種宗教傳統」，像猶太教的、基督教的、印度教的等；二則意味著「人的信仰天賦」。

正如說話的天賦與歷史上形成的任何語言無關一樣，人還有一種與歷史上形成的任何宗教無關的信仰天賦。如果我們說把人與其他動物區分開來的是宗教，我們指的並不是基督徒的宗教或猶太人的宗教，而是指一種心理能力或傾向，它與感覺和理性無關，但它使人感到有「無限者」（the infinite）的存在，於是神有了各種不同的名稱、各種

5

不同的形象。沒有這種信仰的能力，就不可能有宗教，連最低級的偶像崇拜或動物崇拜也不可能有。只要我們耐心傾聽，在任何宗教中都能聽到靈魂的呻吟，也就是力圖認識那不可能認識的，力圖說出那說不出的，那是一種對無限者的渴望，對上帝的愛。不論前人對希臘字 $\alpha\nu\theta\rho\omega\pi o\theta$（人）的詞源的解釋是否正確〔認為是從 $o\,``\alpha\nu\omega"\,\alpha\theta\rho\omega\nu$（向上看的他）派生而來的〕，可以肯定的是，人之所以是人，就是因為只有人才能臉孔朝天；可以肯定的是，只有人才渴望無論感受還是理性都不能提供的東西，只有人才渴望無論是感受還是理性本身都會否認的東西。[8]

據以上兩重涵義，繆勒認爲，宗教學可分爲兩部分：「比較神學」和「理論神學」；前者探討歷史上的各種宗教型態，即「各種宗教傳統」；後者則解釋宗教信仰的形成條件，即「人的信仰天賦」；就這兩部分的關係而言，前者是宗教學的基礎，後者則是目的。關於「理論神學」，他從哲學角度作出如下說明：如果有一種哲學專門考察人的感覺知識，另有一種哲學專門考察理性知識，那麼，顯然還應有第三種哲學，它考察的就是「人的第三種天賦」——作爲「宗教基礎」的認識無限（神）的天賦。

從以上論述來看，儘管由於文化背景、學術傳統以及個人信仰等方面的限制，繆勒仍用「神學」一詞來表述宗教學的兩個組成部分，但他的意思是明確的。首先，「比較神學」是指，以比較研究爲方法、以各種宗教爲對象的「宗教歷史學」，這顯然不同於神學；其次，「理論神學」則指，以哲學反思爲主導、以解釋人性爲目的的「宗教學原理」，這也明顯有別於神

學。綜合這兩點可作出判斷：神學是「關於神的學問」，繆勒所要申辯的則是一門「人學」。

繆勒成功地爲宗教學進行了申辯，儘管他隨後提出的許多觀點，特別是宗教起源理論在生前就被同行淘汰了，可僅憑這一點，他的名字和事蹟便應載入宗教學史冊，不僅讓後人莫忘先行者，而且知道一個有怎樣的經歷和胸懷的人，才能發出如下聲音：

> 應當對人類所有的宗教，至少對人類最重要的宗教進行不偏不倚、真正科學的比較；在此基礎上建立宗教學，現在只是一個時間問題了。[9]

這段「思想之聲」的創作背景如下：

> 繆勒生於德國，先在萊普茲格大學攻讀古典文學，後來轉修哲學，獲哲學博士學位。一八四六年，前往牛津大學主持《梨俱吠陀》的翻譯註釋工作，此後從未離開牛津回過故土。他長期耕耘於語言學、神話學、東方學等領域，所獲成果僅數量而言就叫人驚歎。例如，主編了長達五十多卷的《東方聖書》，校譯了《阿彌陀經》、《三量壽經》、《金剛般若經》、《般若心經》、《法集經》等；其他主要著譯有《古代梵文文學史》、《梵文文法入津》、《吠檀多哲學》、《印度六派哲學》、《吠陀與波斯古經》、《印度寓言與密宗佛教》、《佛教》、《孔夫子的著作》、《中國宗教》、《比較神話》、《論語言、神學與宗教》、《宗教的起源與發展》、《自然宗教》、《物質宗教》、《人類宗教》、《心理宗教》等。

0.2 百年歷程，少年氣象

　　如果以繆勒的《宗教學導論》為奠基作，宗教學的探索歷程不過一百多年。百年探索對這門學科意味著什麼呢？無論比起相關的學科，像哲學、神學、史學等，還是面對古老複雜的研究對象──人類所有的宗教現象，起碼是主要的宗教傳統，我們都只能說，它還太年輕，就像一個初出茅廬的「思想少年」。

　　這個比喻可喚起大家對少年時代求知經歷的美好回憶。那段時光，我們開始思想上自立了，滿懷求知欲又富於想像力，善拜良師又好結益友；那段時光，我們雖然想法幼稚但沒有成見，儘管知之甚少卻勇於探索，誠然時常出錯或受挫，可我們從未中止探索，也沒人能趕上我們的探索步伐和知識遞增速度，無論比我們年長的還是年幼的……那段時光，我們的求知經歷呈現出一派「少年思想氣象」。

　　用「少年思想氣象」來描述宗教學的百年探索歷程一點兒也不誇張。下列四個主要方面可作證：

　　第一，宗教學已成為一門相對獨立、漸成系統的人文學科。歷經百年努力，這門新學科形成了諸多活躍的理論分支或研究方向，像宗教歷史學、宗教考古學、宗教地理學、宗教生態學、宗教人類學、宗教社會學、宗教心理學、宗教語言學、宗教神話學、宗教現象學、宗教哲學、宗教學原理、比較宗教研究、世界宗教對話等。

　　第二，宗教學已成為一門現代型態的、交叉性或綜合性的人文學科。雖然這在前一方面反映出來了，但還應說明緣由。

如同少年求知者善拜良師好結益友，宗教學既求教於傳統的相
關學科，像歷史學、語言學、哲學、神學等，從它們那裡尋求
思想資源、吸取重大問題、借鑑基本方法等；又跟同時代相繼
獨立或興起的諸多人文社會科學分支結伴而行，互幫互學，共
同成長，以至於「你中有我，我中有你，你我難分」。這主要是
由宗教學研究對象的錯綜複雜性決定的。

譬如，要想切實理解宗教現象，便不能不具體研討如此種
種關係：宗教與歷史、宗教與文化、宗教與民族、宗教與社
會、宗教與政治、宗教與法律、宗教與經濟、宗教與哲學、宗
教與科學、宗教與文學、宗教與藝術等。同樣，要想深入考察
上列種種關係中的後者，諸如文化、民族、社會、政治、法
律、經濟、哲學、藝術等，也不能不涉及宗教問題，只不過那
些問題或以歷史面目出現或有強烈現實色彩罷了。據上述相互
關係可得出一個雙重判斷：宗教學幾乎跟所有其他的人文社會
學科相關；反之，所有其他的人文社會學科幾乎都跟宗教學有
緣。

或許有人懷疑，上述例證及其判斷是否過於拔高宗教學的
地位和意義了？其實，排解此類疑問並不困難，只要過目下列
統計數字便足以令人深思了。

據一九九六年的不完全統計，各類宗教信徒約占世界
人口的五分之四。其中，世界三大宗教的信徒人數為：基
督教徒19.55億，占世界人口的33.7％；回教徒11.27億，
占世界人口的19.4％；佛教徒3.11億，占世界人口的6％。
其他傳統宗教的信徒人數占前幾位的是：印度教徒7.93
億；猶太教徒1385.8萬；錫克教徒約1700萬。另外，各類

新興宗教信徒 1.23 億。

　　另據一份最新統計資料，估算至二○○一年，世界人口 61.28 億，其中基督教徒 20.24 億，回教徒 12.13 億，佛教徒 3.63 億，印度教徒 8.23 億，猶太教徒 1455.2 萬，錫克教徒約 2368 萬，各類新興宗教信徒 1.03 億。[10]

　考慮到參照性和可靠性，上面引用了兩組來源不同且略有時差的統計數字，它們雖然只估算了晚近的信教人數，但我們透過這一連串單調的數字，幾乎可想到現實中和歷史上發生的一切，唯獨難以想像出宗教現象還跟什麼東西無關。

　　第三，宗教學所研究的對象之複雜、涉獵的領域之廣泛、發現的問題之重大、引發的爭論之熱烈……已使其成爲當今人文社會學科領域裡的一門顯學或前沿之一。

　　這是前兩方面的必然結果。作爲一門顯學或前沿之一，宗教學的魅力主要體現於：這門新學科如同思想少年，沒有成見，勇於探索，透過反省前人的宗教觀乃至歷史思維方式，不斷開拓視野、轉換視角、更新觀念，深思整個歷史或文化研究裡的諸多重大的或根本的難題。例如，宗教與歷史源流、宗教與社會型態、宗教與文化差異、宗教與民族矛盾、宗教與古代宇宙觀、宗教與現代思維方式、宗教與後現代精神困境，以及宗教與智情意、眞善美等。

　　第四，但就總體研究狀況而言，宗教學遠非一門成熟的學科，不但尚未形成某種能被普遍接受的理論體系，甚至在所有的分支、課題、觀點，特別是方法論上，都存在分歧。

　　可依筆者所見，上述不成熟性反倒更能體現出宗教學這位思想少年的魅力所在。正是由於前三方面的緣故，這位思想少

年剛邁開探索的步伐，對他來說，要想解開至今仍活生生的古老宗教之謎，確實任重道遠，但不會有人懷疑，他正在成長，他前途無量。

前面的比喻並非爲了文字上生動活潑，而是想從精神上表示宗教學的發展個性。一門學科的發展過程，主要不是一個時間概念。「時間」雖是通用的度量手段，但對不同的對象有不同的意義。百年歷程，說短也短，說長也長。宗教學問世的年代，大致就是現代人文社會學科相繼獨立或分化重組的時期。或許可以說，某些同時代產生的學科已成熟了，有完整的體系可描述，有成套的概念可介紹，有公認的方法可推廣，甚至有權威的原理可灌輸，這一切宗教學都談不上，它能吸引我們的是一派「少年思想氣象」。再三表明上述個性，讀者便可理解本書的寫法了。

爲捕捉宗教學特有的「少年思想氣象」，我們不準備面面俱到，而是濃筆重書「幾個理論分支」和「一個核心問題」。幾個分支是：宗教人類學、宗教社會學、宗教心理學、宗教語言學和宗教文化學；核心問題就是：宗教是什麼？或者說，宗教的本質何在？這兩部分內容便構成了上、下篇：「學術縱橫」和「問題聚焦」。

「學術縱橫」立意於感受「少年思想氣象」的寬廣度，也就是宗教學的那種異常突出的交叉性或綜合性。關於交叉性，宗教人類學、宗教社會學和宗教心理學可謂典型例證。這三個重要分支的形成，典型地反映了現代人文社會學科之間的互動性，它們的開拓者也就是現代人類學、社會學和心理學的奠基人或代表人物。透過評述宗教語言學面臨的當代難題，則可使我們意識到交叉性的另一種主要表現形式，即傳統學科的新觀

點，特別是新方法與宗教學的相結合。

上篇收尾於宗教文化學有「雙重的綜合意味」。首先，這個晚近最受注目的研究方向，幾乎把宗教學的交叉性推向了極致，以致可看作所有理論分支的綜合或整合，或許就此意義而言，我們不應把它跟其他分支相提並論。其次，由於前一重綜合性，宗教學所探討的重大問題也幾乎都在宗教文化學那裡綜合或整合起來了。正因如此，這一章在上篇裡花的筆墨最多。

「問題聚焦」則力求透析「少年思想氣象」的深厚度。為什麼只涉及一個核心問題呢？或者說，回答「宗教是什麼」需要這麼長的篇幅嗎？其實，這個看似「簡單」的問題也就是宗教學的全部問題，準確些說，其他所有的問題無不跟它相關，都是環繞著它一層層展開的，也都取決於怎麼理解它、如何解答它。在此意義上，該問題又可稱為宗教學的「基本問題」或「後設問題」。讀完上篇可印證以上說法。

所以，這個稱為「核心」的問題不但是宗教學的而且是宗教思想史的全部內容，也就是說，歷代宗教思想家，無論信仰什麼或屬於哪個學派，都試圖解答這個問題，以致一部宗教思想史就是不斷更新觀念、尋求答案的過程。因此，即使讀完下篇也不會找到「最後的答案」，如果能從方法論上得到些許啟發，就足以令你我欣慰了。

下篇的內容分為這樣兩部分：一是，關於宗教本質問題的四種主要觀點及其熱烈爭論，即理智論、情感論、意志論和終極論；二是，關於宗教對話問題的三種主要立場及其相互批評，即排他論、兼併論和多元論。這兩部分的關係在於，前者的研討著眼於人類精神活動的三個基本方面——智情意及其關係，後者則放眼於現代文化背景下的世界宗教關係，針對各宗

教相衝突的眞理觀來盤根究柢——宗教到底是什麼、各宗教的回答到底有什麼根據、是否應就該問題進行對話；按筆者的看法，基於前者進而思考後者，我們便接觸到了晚近宗教研究的前沿課題。

最後就本書的討論重點和評述原則做幾點說明：

第一，如同在整體上不求面面俱到，我們在各部分的討論中也將相應地突出重點——「思想上的里程碑」或「理論上的分水嶺」，譬如，描述理論分支時，注重的是奠基人或開拓者的思想；探討核心問題時，則注重不同觀念的倡導者或代言人的理論。

第二，評述以上人物的思想或理論時，我們將把「述」和「評」相對嚴格地分開。首先，盡可能地「多讓他們的原著說話」，以求如實再現他們的原創性思路——發現問題、尋求方法、嘗試解答等；其次，我們再來展開多視角的評論，像現存主要爭論、學術背景分析和方法論批評等，這部分內容主要來自其他學者的成果，在部分章節特別是上、下篇的收尾部分，筆者提出了一些建設性的批評意見，但不僅希望讀者把這些意見跟他人的成果分開，而且建議重「述」輕「評」，因爲前者才是「原汁原味的思想理論」，這也是本書「多讓原著說話」的理由。

第三，由於研究對象的錯綜複雜性，宗教學領域自然會存在不同的觀點、嚴重的分歧和激烈的爭論，這一點是讀者不難想像的。面對這種「自然現象或正常狀態」，我們應奉行一條起碼的求知治學原則：首先力求客觀公正地了解那些主要的或有代表性的觀點，像它們各自的立場和根據、它們之間的分歧或爭論，還有他人的批評或評價等，此後才有我們的思考、探索

和創見可言。這也就是繆勒給我們的啓發:只知其一,一無所
知。

註釋

[1]繆勒，《宗教學導論》，上海人民出版社，1989，頁5。

[2]《宗教學導論》，頁10-11。

[3]《宗教學導論》，頁4。

[4]關於宗教信仰的這個基本特徵，我們將在最後一章「宗教與對話」裡展開評述。

[5]《宗教學導論》，頁20、21。

[6]《宗教學導論》，頁8-9、10。

[7]在英文文獻裡，「宗教學」還有兩種提法——the Scientific Study of Religion和the Academic Study of Religion，也鮮明體現了繆勒所倡導的科學方法論精神。

[8]《宗教學導論》，頁11-12。

[9]《宗教學導論》，頁19。

[10]以上兩組統計數字，分別參見任繼愈主編，《宗教大辭典》，上海辭書出版社，1998，「緒論」，頁11；《國際宣教研究學報》（*International Bulletin of Missionary Research*），2001.1。從統計年限來看，這兩組數字大體吻合，只有錫克教徒的人數出入較大。

上篇　學術縱橫

宗教人類學

在人類發展進步過程中，巫術的出現早於宗教的產生，人在努力透過祈禱、獻祭等溫和諂媚手段以求哄誘安撫頑固暴躁、變幻莫測的神靈之前，曾試圖憑藉符咒魔法的力量來使自然界符合人的願望。

——弗雷澤

凡有文化必有宗教……儘管文化對於宗教的需要完全是派生的、間接的，但歸根結底宗教卻植根於人類的基本需要，以及滿足這些需要的文化形式。

——馬林諾夫斯基

　　弗雷澤（Sir James G. Frazer, 1854-1951），著名的英國人類學家
和古典學者。

宗教學興起以來，文化人類學家一直活躍在這個交叉性的研究領域。對早期的宗教學有這樣一種評論：十九世紀七〇年代到二十世紀二〇年代，這門新學科一直是由文化人類學主導著的，因為那段時間的研討重點放在古代宗教，是以考古的、實地的或文獻的證據來追溯古老宗教傳統的起源。[1]這個研討熱點過後，以原始文化為主要對象的文化人類學家則調整思路，轉而探討宗教傳統的文化功能，特別是在形成文化習俗、鞏固文化秩序過程中的重要作用。

本章試以兩個典型來勾勒上述探索歷程，弗雷澤（Sir James G. Frazer, 1854-1941）的宗教起源問題研究，和馬林諾夫斯基（Bronislaw Kasper Malinowski, 1884-1942）的原始宗教功能研究。前者可為第一階段的「尾聲」，後者則可稱第二階段的「序曲」。

1.1 弗雷澤

弗雷澤是著名的英國人類學家和古典學者。他在劍橋大學完成學業，也在這所著名學府度過了餘生，他的名字是與《金枝——巫術與宗教之研究》連在一起的。

1.1.1 巨製美文《金枝》

提起《金枝》，評論者大多禁不住美譽幾句。這部材料豐富、文風飄逸、名噪人類學界、宗教學界、文學界等諸多領域的巨著，不知耗費了作者多少心血。該書一八九〇年首版，兩卷本；一九〇〇年二版，三卷本；一九一一至一九一五年間推

出的第三版，長達十二卷，近五千頁；一九二二年的第四版是
節略本，只保留了主要的論點和例證。

據弗雷澤回憶，起初構思此書時，只想簡要解釋古羅馬的
一則傳奇，可沒料到卻引出了一些帶普遍性的、前人沒思考過
的問題，於是便有了篇幅一再擴充的《金枝》。

> 在臨近羅馬的內米湖畔有一片神秘的樹林，裡面坐落
> 著森林女神狄安娜的神廟。按傳說中的古老習俗，這座神
> 廟的祭司職位總是留給某個逃亡的奴隸的，他一旦成為祭
> 司，也就成了「森林之王」，當然主人便不能再追究了。可
> 他的位子很不保險，或者說很危險，他不得不時時刻刻手
> 持寶劍，不分晝夜也不分寒暑地守住一株高大的聖樹。為
> 什麼呢？只要另一個逃奴折取了樹枝，就有權跟他決鬥，
> 奪取他的聖職。

弗雷澤想要解開的就是這則古老傳說裡的信仰之謎。他主
要提出了兩個問題：(1)為什麼狄安娜神廟的祭司兼森林之王非
得殺死他的前任呢？(2)為什麼他在決鬥前必須先折一節古羅馬
人所說的「金枝」呢？正是頭一個問題引發了弗雷澤關於宗教
起源問題的思索。

狄安娜神廟的祭司同時擁有王位。弗雷澤指出，這種將王
位與聖職集於一身的現象並不罕見，而是古代文化的普遍特
徵。例如，在希臘、羅馬、小亞細亞等地的文化傳統中可發
現，古代的君主、國王或皇帝一般都身兼祭司一類的聖職。值
得重視的是，籠罩在古代統治者頭上的神聖光環絕非虛幻的，
而是反映了特定的宗教內涵。

在古代文化背景下，統治者之所以深受尊崇，就是因為他

們在百姓的眼裡是「超人」甚至「神靈」，擁有非凡的權能，能使某個國家或地區風調雨順、五穀豐登。這種崇拜心理及其願望，在現代人看來不可思議，但對古代人來說卻是再自然不過的思維方式了。在古代人眼中，世界在很大程度上是由諸多「超自然的力量」支配的，這些力量就是「有人性的神靈」，因為它們和人一樣有衝動有意志，易於被打動。正因如此，原始人透過祈求、許諾、討好和威脅等多種方式，期望從某個神靈那裡得到好天氣、好收成。

但上述情形只是產生「人—神」觀念的方式之一，弗雷澤發現，還有一條更原始的途徑，這就是「交感巫術」。這種古老的巫術曾是普遍流行的迷信體系，它使最早的統治者同時扮演了巫師的角色，叫人們相信世俗的權力來自巫術或法術。因而，若想理解王權與神性相結合的進化過程，需要進一步剖析巫術現象、原理及其謬誤。這大致就是弗雷澤從巫術現象來探究宗教起源的根據。

1.1.2 剖析巫術原理

什麼是巫術呢？一般說來，所謂的巫術就是相信「交感律」，即相信兩個或多個事物透過「神秘的交感」可遠距離地相互作用；或用古代哲學語言來說，可透過「不可見的以太」將某物的力量傳達給他物。

巫術的原則或原理主要有二：(1)相似律，同類的事物相生，或者說，相同的原因產生相同的結果。據此形成的法術可稱為「順勢巫術」或「模擬巫術」，即巫師僅僅借助模仿來達到目的；(2)接觸律，也叫「觸染律」，相互接觸過的事物即使分離後仍會產生相互作用。根據這個原則，只要某人接觸過某物，

巫師就能透過該物而對該人施加影響，這類巫術可叫做「接觸巫術」。

弗雷澤認為，上述原則或原理純屬兩類聯想——「相似聯想」和「接觸聯想」的誤解濫用。順勢巫術依據的是「相似聯想」，誤把相似的東西看成同一個東西；接觸巫術的根據則是「接觸聯想」，誤以為接觸過的事物總是保持接觸的。在實踐中，這兩類巫術及其思維謬誤往往混而不分。順勢或模仿巫術能單獨進行，可接觸巫術一般要借助於順勢或模仿的原則。

所謂的巫術是對自然規律的歪曲，是一種「偽科學」，這是弗雷澤就巫術與科學二者關係所作的基本判斷。人類從一開始就探索著大自然的奧秘。但是，原始人還不能真正了解自然過程，也意識不到自己的無知和駕馭自然的低下能力，相反他們盲目自信，以為能控制自然，使之造福於自己，加禍於敵人。這種無知的企圖就是巫術活動。

有大量資料顯示，無論在什麼地方，交感巫術都隱含一種信仰，即確信自然現象是有嚴格次序的。所以，巫師從不懷疑相同的原因必然導致一樣的結果，特定的法術必定產生預期的功效。儘管他們自以為神通廣大，但同時十分小心，嚴格遵照自己所相信的「自然法則」，因為一旦違背，哪怕很小的失誤，也會導致失敗，甚至陷入危險境地。

由此可見，巫術在基本觀念上是與科學相近的。巫術觀念早就認定，自然界是有規律、有秩序的，事物的演變是可預見、可推算的。因此，和科學一樣，巫術也對人有強烈的吸引力。它以美好的憧憬，引誘著那些困乏了的探索者，穿過現實這片失望的荒野，登上理想的峰巔，使滾滾迷霧、層層烏雲都落在腳下，遠眺著天國的輝煌。

　　但正如前面指出的，巫術是對自然規律的曲解、對思維原則的誤用。弗雷澤強調，巫術的謬誤並不在於對客觀規律及其作用的假定，而在於曲解了自然規律，誤用了思維原則。聯想原則是人類思維的基本規律，若加合理應用可結出科學的果實，而濫用只能產生「科學的假姐妹」——巫術。

　　　　巫術是一種被歪曲了的自然規律的體系，也是一套謬誤的指導行動的準則；它是一種偽科學，也是一種沒有成效的技藝。[2]

　　巫術與宗教有什麼關係呢？這是弗雷澤進一步追究的問題。但他清醒地意識到，如何定義宗教，這是宗教研究中最棘手的難題。每個學者在考察宗教與巫術的關係之前，都要提出自己的宗教概念，可世界上也許沒有比「宗教的性質」更眾說紛紜的研究課題了。顯然，要想擬定一個公認的宗教定義是不可能的，目前能做的只是：先說明自己所理解的宗教，再前後一貫地使用這個定義。弗雷澤的回答十分簡明：

　　　　我說的宗教，指的是對被認為能夠指導和控制自然與人生進程的超自然力量的迎合或撫慰。這樣說來，宗教包含理論和實踐兩大部分，就是：對超人力量的信仰，以及討其歡心、使其息怒的種種企圖。[3]

　　在這個定義裡，「信仰」（理論）和「討好」（實踐）兩個因素相比，首要的是信仰，即相信宇宙或世界的主宰是神靈，其次才有可能形成討好的企圖。據此，弗雷澤指出了宗教與巫術的兩點主要差異。

　　第一，關於自然過程的可變性與不可變性。宗教信仰顯然

相信這樣一點：自然事物的產生過程在一定程度上是可改變的；也就是說，崇拜者透過討好或取悅自然進程的主宰，有可能說服或誘使神靈來按照人的利益改變某些事物。如前所述，巫術原則恰好相反，認為大自然的運行過程是客觀的、不變的，對此人為的討好、哀求、說服、恐嚇等一概無濟於事。所以，上述不同的信念所表現的就是兩種矛盾的宇宙觀。

第二，宇宙或世界的統治力量是有意識、有人格的，還是潛意識、無人格的。這是問題的關鍵所在，是宗教區別於巫術的原因。宗教作為一種取悅超自然力量的企圖，其本身就暗示著那個被討好者是有意識、有人格的，他的所作所為在某種程度上是不確定的，是可被說服或被打動的，只要人們能投合他的興趣、情感和意志。

就這一點而言，巫術也是跟宗教對立的，因為巫師相信，自然過程是由機械的、不變的法則支配的，而不取決於任何意志或人格。雖然巫師常跟神靈打交道，可他們是用儀式和咒語來加以強迫或壓制，而不是像宗教徒那樣去討好或取悅。質言之，在巫術那裡，一切有人格的對象，不管人還是神，最終都受制於非人格的力量。

1.1.3 從巫術到宗教

正是根據上述差異，弗雷澤作出了一個著名的判斷：巫術早於宗教。因為巫術只不過是誤用了最簡單、最基本的思維原則——相似的或接觸的聯想，宗教卻假定大自然的幕後還存在一種有意識、有人格的力量——神靈；顯而易見，「人格神」的概念比原始的相似或接觸觀念複雜得多。打個比方，即使連野獸也會把相似的東西聯繫起來，否則就沒法生存；可誰會認為野

獸也有信仰,也相信大千世界是由某個強大無比的怪獸在背後
操縱著呢?與巫術相比,宗教顯然是以更高一級的心智和概念
爲基礎的。因此,合乎邏輯的判斷很可能如下:

> 在人類發展進步過程中,巫術的出現早於宗教的產
> 生,人在努力透過祈禱、獻祭等溫和諂媚手段以求哄誘安
> 撫頑固暴躁、變幻莫測的神靈之前,曾試圖憑藉符咒魔法
> 的力量來使自然界符合人的願望。[4]

那麼,巫術是怎樣演變出宗教的呢?弗雷澤對這個問題抱
有謹慎態度。在他看來,對於這樣一個深奧的問題,需要解釋
的事實非常龐雜,現有的調查材料也很不充分。因而,目前只
能提出一個近似合理的假說:宗教是對巫術謬誤的一種認識,
是對人類無知無能的一種反思。

年復一年,日久天長,那些善於思考的原始人終於察覺,
靠巫術並不能獲得如期結果。這是人類思想史上的一次重大發
現。人類有史以來第一次認識到,巫術是徒勞的,大自然是不
能任意控制的。雨點還是落在地上,太陽依舊東升西落,月亮
仍然高懸夜空,四季照樣循環往復,一代代人降生於世,辛勤
勞作,飽經苦難,最後棲身故土……萬事萬物儘管照舊發生,
但並非巫術的功效。因此,人們不再沈溺於巫術的幻想,逐漸
意識到還有其他的力量,遠比人類強大,遠非人所能制約。

弗雷澤用散文化的語言描述道,大致就是這樣,原始哲學
家的思維之船被砍斷了錨繩,顛簸在滿布疑雲的海面上,他們
原有的自信被粗暴地打碎了,他們悲哀,他們困惑。此情此景
直到暴風雨過後,古老的思維之船又駛進了一個平靜的港灣,
發現了一種新的信仰與實踐體系,這就是能消除疑惑、可取代

巫術的宗教。於是，原始哲學家開始相信，如果眼前的世界無須人的推動而能照常運行，其背後必定存在某些更神奇、更偉大的力量。這些力量雖然隱而不現，但大自然與人世間的千變萬化似乎都顯現著他們的意志、人格和權能。這便使原始人不得不低下頭來，把以前寄予巫術的美好期望統統轉化為對眾神靈的虔誠祈求，諸如風調雨順、五穀豐登、生前平安、死後解脫、極樂世界等。

　　總的看來，從巫術到宗教的巨大轉變，就是在上述思想狀況下完成的。關於這個轉變過程，弗雷澤作了兩點說明：首先，這種轉變主要體現在古代智者的認識上。換句話說，只有那些知識層次較高的人才具有寬闊的視野，能意識到宇宙之博大和人類之渺小，從而皈依於神靈意志，形成比巫術更深刻的宗教觀；而那些愚昧無知、眼界狹隘的人，是很難達到宗教思想高度的。所以，宗教不可能根除巫術。即便宗教出現後，巫術仍深深紮根於大多數人的心靈。這是巫術流傳至今的主要原因之一。

　　其次，巫術轉變為宗教的過程可能是極其緩慢的。要推翻巫師的統治，要打破他們的幻想，要他們承認無知無能，肯定不是一件容易的事情。因此，宗教信念是透過一點點地臣服於超自然力量而發展起來的，一開始可能是風，後來是雨、陽光和雷電等，最後才把神靈意志視作最高的道德準則。

　　弗雷澤把他的整個研究工作比作一次探索性的遠航。他充滿詩意地想像：乘一葉輕舟駛離內米湖畔，環遊世界各大洋，最後風塵僕僕地回到了充滿神秘情調的內米湖畔。在這一節裡，我們儘管沒能伴隨這位浪漫的思想家走完全程，更沒有跟隨他走進不可勝數的原始材料徵集地，但還是大體追尋了他探

索宗教起源的學理蹤跡。作爲一種補充，我們不妨把他「遠航日誌的最後一頁」摘錄下來，以觀全貌：

人類較高級的思想運動，就我們所能見到的而言，大體上是由「巫術的」發展到「宗教的」，更進而到「科學的」這幾個階段。在巫術的思想階段，人依靠自己本身的力量應付重重艱難險阻，他相信自然界一定的既定秩序，覺得肯定可以信賴它、運用它，為自己的目的服務。當他發覺自己想錯了，傷心地認識到他所以為的自然秩序和自信能夠駕馭它的能力，純粹都是幻想的，他就不再依靠自己的才智和獨自無援的努力，而謙卑地委身於自然幕後某一偉大而不可見的神的憐憫之中，並把以往狂妄地自以為具有的廣大能力都歸諸於神。於是，在思想比較敏銳的人們心目中，巫術思想逐漸為宗教思想所替代，後者把自然現象的更迭解釋為本質像人、而能力無限超過人的神的意志、神的情感或願望所規定的。

隨著時間的推移，這樣解釋又令人不能滿意，因為它假定自然界的活動，其演變更迭，不是取決於永恆不變的客觀規律，而是在一定程度上變易無常的。這是未經慎密考察的臆說。相反，我們越仔細觀察自然界的更迭現象，越加倍感到它們嚴密的規律，絕對的準確，無論在什麼地方觀察它們，它們都是照樣準確地進行著。我們的知識每取得一次偉大的進步，就又一次擴大了宇宙間的秩序的範疇，同時也相應地限制了宇宙間一些明顯的混亂的範疇。時至今日，我們已經能夠預見，人類獲得的更多的知識，將會使各方面看來似乎真實的混亂，都化為和諧，雖然在

某些領域內命運和紊亂似乎還繼續占統治地位。思想敏銳的人們繼續探索宇宙奧秘以求得更深一層的解答，他們指出，自然宗教的理論是不適當的，有點兒回到了巫術的舊觀點上；他們明確認為（過去巫術只是明確地假定）自然界現象有其不變的規律性，如果周密觀察就能有把握地遇見其進程，並據以決定自己應採取的行動。總之，作為解釋自然現象的宗教，已經被科學取代了。[5]

從前述史詩般的理論意境中走出來，怎麼評說弗雷澤呢？或許讀者還記得這一章的開場白，宗教起源問題是宗教學的早期研討重點，理論主導者是文化人類學家。回顧起來，那的確是文化人類學家高談闊論的年代。譬如，泰勒（Edward Burnett Tylor, 1832-1917）首倡的「萬物有靈論」、科德林頓（Robert H. Codrington, 1830-1922）發現的「瑪納」（mana）現象、史密斯（Robertson Smith, 1846-1894）所作的圖騰研究、馬累特（Robert R. Marrett, 1866-1943）提出的「前萬物有靈論」，以及弗雷澤總結出的宗教起源模式等。從上述背景來看，弗雷澤的代表性至少有三方面：(1)他利用了當時能找到的大部分資料；(2)他所提出的宗教起源模式——從巫術到宗教，綜合了同時代學者的主要觀點；(3)他把泰勒視作治學楷模，貫徹了這位「宗教學人類學派」先行者的路線方針，透過文化比較來揭示人類思想的進化過程。所以，弗雷澤稱得上這一時期宗教起源研究的集大成者。

後人對弗雷澤的批評，主要針對他的宗教起源模式，一致認為「從巫術到宗教」未免簡單化、絕對化了。從整個宗教史來看，這個模式有充分而可靠的證據嗎？僅就前提而言，「把

巫術與宗教截然分開」便無法成立。越來越多的田野考察材料顯示，土著部落的思想信仰並非單純的，而是複雜的或交織的。例如，巫術與宗教甚至包括「知識」同時並存，各有不可替代的地位和功能；又如，巫術與宗教混雜，或者說，二者難解難分；再如，在某些特定的文化背景下，巫術不但不是宗教的前身，反而屬於宗教退化的結果。

透過評介弗雷澤，不但可回溯宗教學的早期研討重點，也有助於把握此後的學術轉向。關於弗雷澤的批評顯示，宗教起源研究有難以擺脫的方法論困境，譬如，能發現充足的史實嗎？能避免不同的解釋嗎？能用「某個線性的進化論模式」來概括宗教史甚至思想史嗎？大致說來，正是方法論困境令「宗教起源熱」降溫了，宗教學的探索者轉而注重一個更切實的課題──宗教傳統的社會或文化功能。在這場學術轉向中，文化人類學家再次成為排頭兵，馬林諾夫斯基便是代表人物。

1.2 馬林諾夫斯基

馬林諾夫斯基是文化人類學功能學派的創始人。他的治學風格跟弗雷澤恰成鮮明對比。弗雷澤在批評者的眼裡是「安樂椅上的人類學家」，舒舒服服地坐在劍橋大學的書房裡，靠世界各地送來的材料去理解素未謀面的原始人。[6]馬林諾夫斯基則被譽為「描述性人類學的先驅和楷模」，是靠親手獲得的田野資料來著書立說的。他所做的田野考察主要有三次：一九一四至一九一八年，美拉尼西亞地區；一九三四年，東非地區；一九三九至一九四一年，墨西哥地區。

1.2.1 考察生命歷程

原始宗教研究歷來廣受人文學科的重視，特別是到十九世紀與二十世紀之交湧現出一批名家名著。但馬林諾夫斯基敢向眾多名家挑戰，以其倡導的功能分析方法發起了一場學術觀念變革，從形而上學的思辨走向經驗主義的分析，使原始宗教研究具有可靠的實證性和強烈的現實感。

作爲功能學派的創始人，馬林諾夫斯基力圖深究的一個基本問題就是：宗教傳統在原始文化中占什麼地位、有什麼功能呢？他首先靠田野考察的親身經驗批評了下列名家的觀點。

泰勒認爲，原始宗教本質上是「萬物有靈論」，馬累特則以爲，可追溯到「前萬物有靈論」；馮特指出，原始宗教來自「恐懼情緒」，繆勒則論證，「語言失誤」才是神靈概念的起因；豪爾把原始宗教解釋爲「天賦本能」，涂爾幹則歸因於「社會啟示」……凡此種種說法，不僅各持一端，讓人無所適從，而且共有一種根本缺陷：誤把原始宗教看成某種超越於人類文化結構的東西。

因此，要想揭示原始宗教的文化根據及其功能，最好先放棄這樣一些形而上學玄想，直接面對文化事實，親身考察土著人所經歷的「生命過程」。因爲一旦身臨實地就會發現，在土著人的生活裡，人生的每一生理階段特別是重大轉機，幾乎都伴有宗教的需要；換言之，大多數原始宗教的信念、儀式、行爲等，都是跟生命過程息息相關的。

這樣一來，馬林諾夫斯基便破除成見，獨闢蹊徑，沿著人類生命的自然歷程，逐一考察了原始文化中的出生、成年、婚姻和死亡等現象，其中尤以對「成年禮」和「喪禮」的剖析精

到，比以前的學者更令人信服地說明了原始宗教的社會或文化地位，特別是文化功能。

1.2.2 成年禮和喪禮

1. 成年禮的文化功能：為傳統套上神聖光環

凡是信奉「成年禮」的原始部落，都有某些相似的做法，一般包括如下特點：

首先，每當一批部落成員步入成年時，都要經過或長或短的隔離期，離開親屬，獨居在外，然後才正式舉行儀式。其次，經受肉體靈試。譬如，劃傷部分皮膚或打掉一顆門牙；嚴重的還要切割包皮甚至割開溺管，叫做「割禮」。此時，受試者要裝作當場死去旋即復活的樣子。

再次，接受傳統和神話。由部落首領把傳統和神話傳授給年輕人，以便讓他們了解本部落的「奧秘」或「聖物」。這雖不如前一方面有戲劇性，卻更加重要。

最後，親近超人的力量。前兩方面的用意都在於，透過不同的手段使入世的青年跟某種超人的力量相溝通。例如，北美印第安人有「訓育神」或「守護神」、澳大利亞土著人有「萬物之父」、美拉尼西亞人則有「神話英雄」等。

問題在於，這些習俗有什麼社會作用呢？眾所周知，在原始文化狀態下，習俗或傳統是神聖的，有無上的價值。原始部落的組織、習俗和信仰等，是由列祖列宗的慘澹經驗積累而成的。只有嚴守習俗或傳統，才能維繫社會生活秩序。所以，成年禮為習俗或傳統套上「神聖的光環」，打上「超自然的烙印」，這對原始社會生活來說具有「生存的價值」。

　　這樣，我們便可確定諸種入世儀式的主要功能了。對原始社會傳統中的最高勢力和價值來說，它們是一種儀式性的、戲劇性的表達；它們有助於把這種勢力和價值銘刻在一代代人的心裡，與此同時，它們對於傳授部落的知識、保障傳統的延續，以及維持部落的內聚力也是一種極其有效的手段。[7]

　　顯然，在成年禮中，生理事實與宗教信仰有深刻的聯繫。除了把長大成人這一生命轉機神聖化外，該儀式還有一種不可估量的社會作用：把生理過程轉化成社會過程，在體格成熟時灌輸成人意識，以使年輕人認識傳統，親近聖物，享有權利，恪盡義務。可以說，原始宗教儀式的社會功能就在於：創造社會心理與社會習俗，使個人生活具有社會意義，從而使原始文化延續下來。

2. 喪禮的文化功能：戰勝恐懼心理，相信生命不朽

　　關於宗教的根源，可從很多角度來探討，其中要數死亡現象最重要了。很多學者認為，原始宗教信仰主要來自畏懼死亡心理。死亡是生命的終結，是人無法掙脫的陰影。人因生命而有情感，人的情感面對死亡尤為強烈，於是宗教情緒也就觸發了。面對死亡現象，原始人的情感十分複雜甚至矛盾。馬林諾夫斯基指出，他們既愛死者，又怕死屍，兩情相融，難解難分。這在喪禮的程序上可反映出來。

　　如同成年禮，原始部落的喪禮也十分相似，主要有如下步驟和特點：

　　某人臨終前，有血緣關係的部落成員要守在他的跟前，這就使死亡這一個體的生命行為變成了一種部落行為或一項公共

事務。

　　人死後，先要洗屍、修面、裝裹等，有時還要填充口竅，捆束手腳，然後眾人再向遺體告別。

　　舉哀時，人們不但不能躲避屍體，反而要深情地表達敬意，爲表示眷戀，有的儀式還要求人們撫摸屍體，雖然這會令人反感，可這是生者的責任，是不得不做的。

　　最後一項就是裝殮，常見的方式有土葬、穴葬、火葬、水葬、野葬等。

　　馬林諾夫斯基認爲，考察至此便接觸到喪禮中最重要的宗教因素了，這就是兩種截然相反的處置屍體方式。一是想要保存屍體，使其完整無損；一是想把屍體拋棄，將其徹底毀滅。木乃伊和火葬就是這兩種做法的典型。有些學者把這兩種做法看作某個文化或某種信仰的偶然產物。這顯然不對，因爲從原始喪事習俗來看，死者的親朋好友明顯懷有雙重心態：對死者的眷戀和對死亡的畏懼。

　　上述雙重心態最明顯、最極端的表現形式，要數美拉尼西亞人所信奉的「分食人肉習俗」（sarco-cannibalism）了，也就是懷著虔敬的心情來分享死者的屍體。這種禮儀的確充滿恐怖氣氛，參加者過後都要大吐大洩，但這在他們眼中是一種傳統的神聖職責和忠孝行爲。澳大利亞的有些部落則流行另一種習俗，把死者的脂肪塗在生者的身上。這些儀式的目的都在於，既想維持生者與死者的聯繫，又欲斷絕生命與死亡的關係。所以，儘管喪事歷來就被看成不吉利的，但這種儀式卻讓人們克服畏懼心理，充滿愛慕之情，堅信靈魂不死，人有來生。

　　然而，相信靈魂不死有無心理根源呢？馬林諾夫斯基回答，原始人怕死，不願承認死亡是生命的終結，這是人的本

能。正如泰勒所言，靈魂觀念是一種令人安慰的信仰，使人相信生命的延續，死後還有來生。但是，這種信仰是充滿困惑的。人們面對死亡總是懷有雙重心理——恐懼與希望。恐懼叫人失落，希望令人自信。關於靈魂和來生的宗教信仰便這樣應運而生了，其社會功能就在於：

> 促使人們選擇自信的信念、自慰的觀點和具有文化價值的信仰，即相信生命不朽，相信靈魂獨立於肉體，相信死後生命延續，在形形色色的喪禮中，在悼念死者並跟死者的交流中，在祖靈崇拜中，宗教信仰都為得救觀念提供了內容與形式。[8]

由此可見，靈魂觀念並非古代哲學的產物，而是原始情感的結果。我們可把靈魂觀念看作宗教信仰的原型，把喪禮看作宗教行為的典型。馬林諾夫斯基認為，任何有關生命現象的宗教儀式，其社會功能都在於維繫神聖的傳統。例如，「聖餐」或「獻祭」的功能在於，使人與某種支配作物生長的超自然力量相同一；再如，圖騰儀式的主要功能在於，使人的選擇與自然環境相協調。喪禮也有類似的功能。原始社會人口稀少，某個部落失去了一位成員特別是長者或首領，無疑是巨大損失。若無有效的辦法來抑制消極的衝動，那是十分危險的。作為典型的宗教行為，喪禮的基本功能就在於，順應人類的本能，讓積極的衝動神聖化，使人們的心理得到安慰，戰勝恐懼、灰心、失望等離心力，使深受死亡威脅的社會生活得以鞏固，延續下去。

一言以蔽之，宗教在這裡為傳統和文化戰勝遭到挫折

的本能作出的消極反應提供了保障。[9]

1.2.3 原始宗教啓示

依據上述考察分析，馬林諾夫斯基主要得出了如下幾點結論：

(1)原始宗教並非超越於文化結構的抽象觀念，而是原始文化生活的重要組成部分。

(2)原始宗教所能滿足的需要也不是與現實的生命活動無關的，而是和人類的基本需要，像生理的與心理的，有內在的聯繫。

(3)只要注重文化現實，沿著生命過程去考察原始宗教的活動線索，我們就會發現，在原始文化生活裡，生命過程中的每一次重大轉機，都會引起情感的紊亂、精神的衝突和人格的解組。

(4)所以說，原始宗教信仰是適應個體或社會的某些基本需要而形成的，其主要功能在於，對人類情感裡、精神上、人格中的積極因素予以傳統化、標準化、神聖化，從而既使個體心理得到滿足，又使社會生活得以鞏固。

雖然馬林諾夫斯基長期潛心於原始宗教與文化研究，但對自己的研究成果卻抱有更高的期望。他自信，上述基本結論不但適用於原始宗教研究，而且適用於一般意義上的宗教研究。這種意圖流露於下列引文：

宗教的需要出於人類文化的延續，這種文化延續是指超越死亡之神並跨越代代祖先之存在，而使人類的努力和

人類的關係持續下去。因此，宗教在倫理方面使人類的生活與行為神聖化，而且還有可能成為最強大的社會控制力量。在其教義方面，它為人類提供了強大的內聚力，使人類成為命運的主人，消除了人生的苦悶。凡有文化必有宗教，因為知識產生預見，但預見並不能戰勝命運；因為人們終生互助互利所形成的契約般的義務觸發了情感，而情感則反抗著生離死別；因為每每跟現實相接觸便會發現一種邪惡而神秘的意志，另一方面又有一種仁慈的天意，人們對於這兩者，必須親近一方而征服另一方。儘管文化對於宗教的需要完全是派生的、間接的，但歸根結底宗教卻植根於人類的基本需要，以及滿足這些需要的文化形式。

[10]

註釋

[1]夏普，《比較宗教學史》，上海人民出版社，1988，頁124-125。

[2]弗雷澤，《金枝——巫術與宗教之研究》（上、下），中國民間文藝出版社，1987，頁19-20。

[3]《金枝——巫術與宗教之研究》，頁77。

[4]《金枝——巫術與宗教之研究》，頁84。

[5]《金枝——巫術與宗教之研究》，頁1005-1006

[6]夏普，《比較宗教學史》，頁116。

[7]馬林諾夫斯基，《科學、宗教與現實》（*Science, Religion and Reality*），The Macmilian Company，1925，頁40。

[8]《科學、宗教與現實》，頁50。

[9]《科學、宗教與現實》，頁51。

[10]馬林諾夫斯基，《文化》（*Culture*），Typewritten Manuscript，北京大學圖書館藏，頁108。

2. 宗教社會學

　　宗教力量只不過是集體在其成員那裡喚起
的思想情感，可它被群體意識經驗到後又被客
觀化了，即在群體意識之外得以形象化了。由
於這種客觀化，它便把自身附著於某種客體，
而該客體結果也變成神聖的了：可這種角色是
任何客體都能扮演的。

——涂爾幹

　　近代資本主義精神的一個基本要素，或者
說，不僅是指近代資本主義精神而且包括整個
近代文化精神的一個基本要素——以職業觀爲基
礎的理性行爲，就是從基督教的禁欲主義精神
中產生出來的。

——韋伯

　　涂爾幹（Émile Durkheim, 1858-1917），現代社會學的開拓者，
宗教社會學的創始人。

　　宗教社會學形成於二十世紀初期。這種時間概念顯示，這個新的交叉性研究領域是和現代社會學相伴而生的。大家公認，現代社會學的兩位開拓者——涂爾幹（Émile Durkheim, 1858-1917）和韋伯（Max Weber, 1864-1920），也是宗教社會學的創始人。

　　涂爾幹和韋伯都是大學問家，他們的宗教研究視野開闊，史論結合，內容複雜。在這一章，我們不求面面俱到，而是抓住這兩位創始人的理論特色，「原始宗教本質探源」和「資本主義精神尋根」，看看他們是怎麼把現代社會學的問題意識，特別是方法論觀念引入宗教研究領域的。

2.1 涂爾幹

　　涂爾幹是法國人，一位有猶太血統的無神論者，畢業於著名學府巴黎高等師範學校，曾在德國心理學大師馮特的指導下從事研究，後來成為法國的第一位社會學教授。一般認為，「宗教社會學」一詞最早見於涂爾幹的筆下，他在這個新領域的建樹主要反映在經典之作《宗教生活的基本形式》（1912）。

2.1.1 天壤：神聖與世俗

　　宗教是什麼？或者說，宗教現象的特徵何在？在這個基本問題上，涂爾幹不贊同任何非客觀性的解釋。譬如，以「神靈的存在」或「神秘的事物」之類的字眼來定義宗教信仰。在他看來，已知的一切宗教現象，無論簡單的還是複雜的，都有這樣一個共同的特徵：把全部事物（現實的或理想的）一分為

二，劃為兩大類——「世俗的」（profane）和「神聖的」
（sacred）。

> 把世界分成兩個領域，一個包括所有神聖的事物，另
> 一個則包括所有世俗的東西，這是宗教思想獨具的特色。[1]

在人類思想史上恐怕再也找不到兩個範疇，能像「神聖」
與「世俗」那樣，把萬事萬物截然分開了。涂爾幹指出，和這
兩個範疇相比，即使「善」與「惡」的區分也顯得沒有意義
了，因為善與惡猶如一枚硬幣的正反面，無非指相反的道德行
為；或者說，善與惡作為對立的品行，如同健康與疾病，指的
是同一事實或生命現象的不同狀態。然而，不論何時何地，
「神聖的事物」與「世俗的事物」卻總是被人想像為「兩個不同
的世界」，二者毫無共性可言。

關於神聖與世俗的區別，儘管在不同的宗教那裡有不同的
說法，但這一事實普遍存在。涂爾幹據此作出了如下判斷：宗
教現象的特徵就在於，假定整個宇宙由兩大部分構成——「神聖
事物」與「世俗事物」；所謂的神聖事物是指那些由禁律隔離
開來並受保護的東西，世俗事物則指那些須與神聖事物保持一
定距離的東西，即禁令的對象；因而，在宗教體系那裡，信
念、教義、神話、傳說等，都旨在表現神聖事物的本質、美
德、力量、歷史等，各種儀式則規定了信仰準則，即信仰者必
須怎樣跟神聖的事物打交道。

一般說來，巫術由信念與儀式構成，也有教條和神話，只
不過更簡單或原始些罷了。那麼，怎麼把宗教和巫術區別開來
呢？涂爾幹回答，二者的主要差異在於，宗教具有群體性或社
會性，巫術則沒有。任何宗教信仰都是某個特定的群體所共有

的，這不僅是指每個成員都信教，更重要的是，他們的信仰已成為整個群體生活中不可分割的一部分，以致大家感到你我不分，同屬教會。質言之，宗教信仰及其實踐所帶來的是群體的或社會的統一性。沒有教會的宗教在歷史上是不存在的。巫術卻起不到類似的作用。雖然巫術也有眾多信奉者，但並不能像宗教信仰那樣把眾人凝聚起來，形成一個生活群體和道德團體。因此，巫術沒有教會。

> 任何宗教都是一個與神聖事物相關的信念與實踐的統一體系，這裡說的神聖事物是劃分出來的、帶禁忌性的，信念與實踐則使所有的信奉者團結為一個叫做教會的道德團體。[2]

這就是涂爾幹的宗教定義。他提醒讀者注意，上述定義裡有兩個因素——「宗教觀」和「教會觀」，後者絕不比前者次要，因為它表明了一個事實：宗教肯定是「一種群體的或社會的東西」。這個事實的確值得讀者注意，正是靠它——宗教的社會性，這位宗教社會學開創者打通了「天壤之別」，把神聖的東西落回了世俗的生活。

2.1.2 宗教：社會的神化

宗教現象的特徵簡明地反映於古老的圖騰體系。因此，在涂爾幹看來，透過考察這種最原始、最單純的宗教現象，足以揭示宗教信念及其實踐的起因。

> 圖騰首先是一種象徵，是對某種他物的實體化表達。[3]

問題在於，形形色色的圖騰體系所象徵的是什麼呢？透過

考察澳洲原始部落可發現，所謂的圖騰同時象徵兩類東西：既是「圖騰本原」或「神」的外在形式，又是某個氏族社會的鮮明標誌。因而，圖騰可比作「氏族的旗幟」或「氏族的符號」。雖然此類標誌或符號可取材於任何東西，像人、獸、物等，但作為崇拜對象的圖騰無不融入氏族社會的生活。涂爾幹就圖騰的象徵意義指出：

> 如果它既是神的象徵又是社會的象徵，這豈不是因為神與社會是同一個東西嗎？假若群體與神是兩個性質截然不同的實體，該群體的符號又怎能變成這種半神（quasi-deity）的型態呢？所以說，這種氏族神、圖騰本原不可能是別的東西，只能是被人格化了的、並由想像體現出來的氏族本身，其體現形式也就是那些作為圖騰的、可觸知的植物或動物。[4]

那麼，上述神化過程是怎麼變成現實的呢？涂爾幹主要從以下兩方面進行了分析解釋。

1. 社會力量的外在化

所謂的神首先是被人想像出來的，他是最高的存在，崇拜者依存於他。不論神被想像成什麼，超自然的力量或有人格的存在者，像宙斯、圖騰、耶和華等，都會令崇拜者感到某種絕對服從的神聖原則。

同樣，社會也在我們身上培養了一種依賴感，也能從我們心裡煥發出一種神聖感。無論就本質還是目的而言，社會都不同於個人。然而，任何一個社會要達到目的，都不得不透過作為個體的我們，但方式卻是專制統治。譬如，不顧個人利益，

強令我們合作，變成社會僕人，變得順從強權，忍受貧困乃至作出犧牲。如果不是這樣的話，社會生活便無可能。正因如此，我們才不得不日復一日地受制於這樣或那樣的思想法則和行為規範，可這些東西既不是我們制定的，也不是我們情願的，它們有時甚至跟我們的本能完全相反。

涂爾幹指出，社會生活的強制性，只有假借精神方式才能真正見效。如果某個社會只採取物質強制手段，那麼，它只能使其成員迫於生存需要而妥協或順從，而絕不會像宗教那樣，從人心裡喚起值得崇拜的道德力量。因此，社會之所以能控制我們，主要不是依仗物質霸權，而是借助它被賦予的道德權威。

當然，假如人們一開始就認識到，社會生活的強制性實際上來自社會本身，作為神話解釋體系的圖騰便不會問世了。可是，社會活動的途徑太曲折，社會統治的技巧也太複雜，這就使一般人不可能認清真面目。因此，科學分析方法形成以前，儘管人們感到自己是受擺布的，但並不了解誰是幕後操縱者。於是，人們只好無中生有了，想像出某些概念用來表達社會生活所必需的強制力量。這在原始圖騰崇拜那裡反映得尤為典型。圖騰對象都是經過「思想美容的」，是以異己的力量表現出來的。

2. 社會力量的個體化

這實際上是同一個過程的另一方面。講明前一方面，這一方面就不難理解了。涂爾幹指出，所謂的神不但是人所依賴的權威，還是人們的力量源泉。一個人皈依神，便會相信神與他同在，感到有取之不盡的力量，自信地面對生活和世界。同

樣，社會生活也不局限於強制，只要求其成員犧牲個人利益；社會力量也不是完全外在於個體，僅僅從外部來支配其成員的。實際上，任何一個社會都是透過個體意識體現出來的。因而，社會力量勢必個體化，即滲透到作為個體的社會成員，在他們身上發揮作用。可以說，社會力量就是這樣轉化為個體力量，乃至成為我們自身存在不可或缺的一部分的。正是由於這一事實，社會力量才能得到加強，並被我們親手崇高化和神聖化了。

綜合以上兩方面的分析可見，社會力量的外在化和個體化，也就是它被崇高化和神聖化的過程。這個過程在很多場合下反映得十分明顯。涂爾幹作了大量的描述和分析，這裡只選一例，就是澳洲土著人的圖騰儀式。

夜幕降臨了，火把點燃了，澳洲土著人擺出了五花八門的儀式陣容。他們勁歌狂舞，到處都是越來越火爆、越來越興奮的場景。十二個人手持熊熊的火把，突然有個人衝向人群，火把就像刺刀，一場混戰開始了，可勇猛的襲擊者終被長矛與棍棒擋住了。人們時而歡騰雀躍，時而挺直身軀，模仿著野獸發出一陣陣叫聲。滿眼望去，火把熊熊，劈啪作響，濃煙滾滾，火星飛濺，落在他們的身上頭上，可沒人在意，一個勁兒地唱著跳著……。

雖有以上生動描述，涂爾幹仍感嘆，那一切交織成的野性場景是沒法用語言來形容的。我們可想像，一旦達到如此興奮的程度，人是難以自我控制的。此時此景下，土著人的思想和行為顯然不同往常了，乃至忘掉了自我，彷彿感到確有某種外

在力量推動著自己，支配著一切。這種異常的感覺帶來的似乎是一種新生。此情此景下，甚至連一個人的外表也在激發著內心的轉化，像怪誕的服飾、恐懼的面具、瘋狂的動作等。一切都好像表明，每個人都變了，他被這種場景裡充斥著的強大力量占有了，這個世界也彷彿變成了另一個天地。

在澳洲土著人那裡，有些圖騰儀式可持續幾個星期。涂爾幹指出，那樣一種持久而強烈的特殊體驗，怎能不使人產生如下信念呢？有這樣兩個根本不同、沒法相比的世界，一個是平時無精打彩地活在裡面的世界，即「世俗的世界」；另一個則是只有透過特別的集體活動和群體力量才能走進的世界，即「神聖的世界」。

2.1.3 方法：社會本體論

本節評述表明，從探討宗教現象的界說到分析圖騰體系的起因，涂爾幹始終貫徹一個基本原則——宗教與社會的互動性。就這種互動關係而言，他所注重的是社會對宗教的決定性作用。所以，他就二者關係所作的大量分析和判斷力求證實：社會是本原、起因或原形，宗教則屬於表象、產物或變體，因為對社會生活有重要功能的宗教信仰，絕不可能是超自然或超社會的，而只能根源於客觀具體的社會實在，即以崇高的或神化的形式來反映既定的社會生活，特別是社會性的道德力量、思想觀念、經驗情感等。

關於上述方法論觀念，涂爾幹的一段帶總結性也更富哲學意味的論述，可加深我們的印象：

> 我們現在可以理解了，圖騰原則，或廣而言之，各種

宗教力量是如何外在於它所寄居的那些事物的。這是因為，關於宗教力量的觀念並不是由那些事物直接加於我們的感官和大腦的印象所構成的。宗教力量只不過是集體在其成員那裡喚起的思想情感，可它被群體意識經驗到後又被客觀化了，即在群體意識之外得以形象化了。由於這種客觀化，它便把自身附著於某種客體，而該客體結果也變成神聖的了；可這種角色是任何客體都能扮演的。原則上講，沒有任何東西就本質而言是優先於其他事物的，是注定要成為這種客體的；同樣，也沒有任何東西必然被排除在外。任何事物都依賴於環境，是環境允許產生宗教觀念的思想情感出現在這裡或那裡，出現在此地而不是別處。一個事物所呈現出的神聖性，並不內含於該事物的固有屬性：這種神聖性是外加於它的。宗教的世界並不是可經驗到的自然界的一個特殊方面：它是附加於自然界的。[5]

2.2 韋伯

對人文社會科學有興趣的讀者，大多知道韋伯的生平著作，因為他這位德國社會學家太有名了。儘管他八十多年前就去世了，但他的思想還活在當代哲學社會科學的諸多領域，不僅被研究著而且被實踐著。所以，雖然韋伯生前自稱社會學家，其實還是經濟學家、政治學家、文化學家、哲學家、宗教學家……這種說法見證於他的世界宗教系列比較研究。不過，我們還是尊重韋伯本人的意願，按他的說法，把該項研究稱為宗教社會學。

2.2.1 文化史的問題思路

韋伯的宗教社會學雖計畫龐大、著作很多，但問題集中、思路同一。他陸續發表的論著均致力於一個主題：宗教倫理傳統與資本主義精神的關係；這個主題是透過反省世界文化現象而確定的。

韋伯陸續發表的世界宗教系列比較研究成果，後來編成《宗教社會學論文集》（三卷本，1920-1921），主要包括《新教倫理與資本主義精神》、《新教教派與資本主義精神》、《儒教與道教》、《印度教與佛教》和《古代猶太教》等。他在「導論」裡指出，現代歐洲學者研討世界歷史問題時不免反思：西方特有的文化現象應歸諸於哪些因素的綜合作用呢？顯然，西方文化現象的特性在於「理性化」。這種理性化遍及科學、音樂、建築、政治、法律等領域，尤爲深刻地反映在現代西方社會中「決定命運的最大力量」──資本主義那裡。

例如，只有西方的科學才是理性化。誠然，其他古老的文明傳統裡也有精確的知識。可是，古埃及的天文學沒有數學基礎，古印度的幾何學沒有推理證明，它們缺少的這些知識都是古希臘文化的產物。中國自古以來就有高度發達的歷史學，卻從未出現像修昔底德那樣嚴謹的歷史研究方法。

藝術領域也是如此。世界各地幾乎都有複調音樂、器樂合奏和多聲合唱等。但是，真正理性化的音樂是由全音程構成的，基礎則爲「三個三度迭置的三和弦」。就此而言，下列音樂風格或形式都是西方文化特有的：半音等音、管弦樂隊、低音伴奏、記譜系統、奏鳴曲、交響樂、歌劇等。

再以建築爲例，作爲裝飾手段，尖頂拱門是世界建築史上

的普遍現象。但是，合理地運用哥德式拱頂，將其作爲分散壓力和覆蓋空間的方式，作爲雄偉建築的特徵，並推廣到雕塑和繪畫領域，作爲藝術風格的基礎，所有這些做法只見於歐洲文化傳統。

在政治領域，民主議會（定期選舉出的）和內閣政府（議會監督下的），顯然是西方文化的獨特產物。如果把國家理解爲政治聯合體，基本特徵在於有成文法、受律法制約、讓訓練有素的官員來管理，那麼，如此完備的國家形式也是在西方最早出現的。

究其原委，上述或大或小的理性化現象源於西方資本主義的理性化。爲說明這一點，韋伯先排除了一種常見的樸素的誤解，這就是把資本主義視同爲「注重金錢、追逐利潤」。幾乎可以說，任何時代或國家的人都有貪婪欲望。其實，在很大程度上倒不如說，資本主義是對這種非理性欲望的抑制，至少可起合理的緩解作用。所謂的資本主義經濟行爲，理應解釋成「依靠諸多交換機會來指望獲利的行爲，即依賴於（形式上）和平的獲利可能性的行爲」[6]。也就是說，資本主義經濟行爲要適於進行貨幣收支比較，至於比較方式多麼原始則沒有多大關係。從經濟史料來看，這種意義上的資本主義在所有的文明國家或地區早就出現了，像中國、印度、埃及、巴比倫、古代地中海地區、中世紀西方國家等。

但除此之外，現代西方還出現了一種獨特的資本主義形式，即以理性化的自由勞動爲基礎的資本主義勞動組織形式。它主要有三個特點：(1)形成了與市場相協調的理性化的工業組織；(2)把勞務和家務分開；(3)採取了理性化的簿記方式。[7]可以說，這種獨特的勞動組織形式在其他地方從來沒有出現過，

至多是略有跡象而已。因此，就世界文化史研究而言，核心問題並非資本主義的發展過程，而是這種以理性化的自由勞動組織方式爲特徵的資本主義的起因何在，即使只從經濟角度來看，也應把它作爲考察重點。

那麼，現代西方資本主義的起因何在呢？回答這個問題時，顯然不能忽視科學、政治、法律，特別是經濟的重要作用，但還應意識到如下事實：

> 那些神秘的、宗教的力量，以及基於它們而形成的有關責任的倫理觀念，歷來就對行爲動機有至關重要的影響。[8]

就問題與思路而言，韋伯正是爲了闡明「那些神秘的宗教力量」在現代文化興起過程中的決定性作用，才致力於世界宗教系列比較研究的。他在這方面的主要成果有《新教倫理與資本主義精神》、《新教教派與資本主義精神》、《儒教與道教》、《印度教與佛教》、《古代猶太教》等。其中，最有名的便是《新教倫理與資本主義精神》，因爲該書不僅是宗教社會學的奠基石，而且提出了當代人文研究最熱門的話題之一——文化傳統與現代性。

2.2.2 資本主義精神根基

何謂「資本主義精神」呢？這是韋伯首先闡明的一個概念。如果「資本主義精神」一詞有所指的話，那麼，對象只能是「歷史的個體」（a historical individual）。顯然，對於歷史個體，不能按「種加屬差」的一般公式來加以規定，必須先從歷史實在中逐一析取要素，再依據這些要素的文化意義來構成概

念。

　　為此，韋伯選了一份史料，即著名美國作家、政治家富蘭克林（Benjamin Franklin, 1706-1790）的兩篇文章——〈給一位年輕商人的忠告〉和〈給希望發財致富者的必要提示〉。這份史料不但如實記錄了資本主義精神，更難得的是，跟宗教信仰沒有直接關係，可使研究者擺脫先入之見。下面節錄幾段：

> 記住，時間就是金錢。一個人靠自己的勞動一天能掙十先令，而他卻跑出去或閒待著半天，儘管花了五便士，也不該只算這些；他實際上花了或不如說扔了另外五先令。

> 記住，信譽就是金錢。要是一個債主到期後還把錢放在我手裡，他便把利息給我了，或者說，把這期間利用這筆錢所能掙到的全給我了。

> 記住，金錢有繁殖且多產的本能。錢能生錢，生出的錢還能生出更多，以致生生不已。影響信譽的事，哪怕很小也要留心。要是債主清晨五點或晚上八點聽到了你的鎚聲，那會使他半年都覺得寬心；可工作時間，如果他在檯球房或小酒館聽到了你的聲音，那他第二天就會派人討債。

> 小心，莫以為你擁有的統統是自己的，這是債權人常犯的錯誤。要避免這個過錯，就要堅持記帳，每天過後逐筆記下你的收入……[9]

　　就資本主義精神而言，上述格言式的忠告或許沒有概括無遺，但表達得很道地。它們不僅傳授了從商的精明、發跡的路數，而且道出了一種獨特的精神氣質、一種新的倫理觀。從核

心內容來看，富蘭克林所主張的「至善」——盡力盈利，袪除了享樂主義成分，使盈利不再是滿足物質欲望的手段，而直接成了人生的目的。因而，在現代經濟制度下，只要掙得合法，便是精於「天職」（calling）。

> 其實，人負著天職的責任，這種我們今天很熟悉、卻並非理所當然的特殊觀念，正是資本主義文化的社會倫理中最富有特點的東西，而且在某種意義上，也就是資本主義文化的根基所在。[10]

韋伯指出，從西方文化傳統來看，上述「顯著特點」或「文化根基」有著深遠的宗教背景。那麼，資本主義與宗教信仰的關係何在呢？主要在於，資本主義精神與新教禁欲主義的「親和性」（affinity）。

宗教改革過後，歐洲的新教主要形成了四派——喀爾文宗、虔信派、循道派和浸禮宗。它們在倫理觀上都傾向於禁欲主義。因而，可把它們統稱為「新教禁欲主義」。同時，由於新教徒的職業觀來自英國清教傳統，韋伯主要從該教的倫理權威巴克斯特（Rechard Baxter, 1615-1691）入手，考察了新教禁欲主義與資本主義精神的親和關係。

研讀巴克斯特的倫理著作，給人的第一印象就是，在財富問題上刻意強調《新約》裡伊便尼派的觀點。按這種觀點，財富是世間最大的危險、永恆的誘惑。因此，財富不但在道德上很成問題，而且跟天國相比，追求財富毫無意義。在塵世生活中，要想確保神恩殊遇，必須做好本職工作，因為每個人的工作都是上帝指派的。也就是說，只有辛勤勞動，才能榮耀上帝。在清教徒看來，虛度時光是萬惡之首，愛閒聊，好社交，

圖享樂，甚至晚起床，都應受到道德譴責。

上述看法實際上反映了清教徒的救贖觀。巴克斯特一再告誡信徒：務必從事一種職業！如果未能直接服務上帝，你就投身合法的職業吧！在你的職業中辛勤勞作吧……由此可見，這位倫理權威不僅沿襲了傳統教義，把勞動當作禁慾的手段，還進一步把勞動看成人生目的，視為上帝聖訓。

在勞動分工問題上，巴克斯特不再像路德等人那樣，把階級差別和勞動分工說成偶然現象，而是強調上帝為每個人都安排了工作，這是絕對命令。因而，人人均須服從神意，各司其職，辛勤勞動，即使百萬富翁也不例外。

那麼，怎樣衡量一種職業是否有益，能否得到上帝讚賞呢？巴克斯特認為，當然要以道德為準繩，衡量該種職業為社會創造了多少財富。但還有一個更重要的標準，就是檢驗個人透過工作獲得了多少利益。根據清教教義，既然一切都是上帝安排的，那麼，如果上帝讓某人盈利，那就理應聽從召喚，竭力利用天賜良機；反之，則違背了獻身職業的根本目的。

最後，在行為觀念上，清教徒很重視《舊約》裡的摩西律法。按他們的解釋，儘管該律法包括某些只適合猶太人的內容，但作為成文的自然法，一向有效，必須遵守。這就使他們有可能剔除那些與現代生活格格不入的東西，形成了潔身自好、嚴以律己的守法精神。

綜上所述，清教徒的職業觀是根據「救贖論」建立起來的，主要包括這樣幾點內容：(1)把勞動直接看作人生目的的求職觀念；(2)以服從神意為宗旨的分工觀念；(3)以履行天職為目標的利益觀念；(4)以嚴於律己為特徵的行為觀念。這種「天職觀」便是資本主義的精神根基。

2.2.3 世俗化的宗教倫理

　　何以斷言清教徒的天職觀就是資本主義的精神根基呢？韋伯進一步指出，關鍵在於，這種以宗教面貌出現的天職觀，令人對世俗經濟活動採取了一種新的評價態度。如前所見，與傳統宗教倫理不同，天職觀不但轉而重視世俗職業，而且重新設立了評價個人行為的最高原則——能否順從神意，做好本職工作。這無疑為世俗經濟活動注入了宗教信仰底蘊。

　　　　對每個人來說，能被上帝認可的唯一生存方式，並非以修道僧般的禁欲主義來超越世俗道德，而是實現塵世地位所賦予個人的義務。那就是他的職業。[11]

　　不難看出，以這種天職觀為特徵的新教禁欲主義，實質上是「一種世俗化了的倫理觀」。它在歷史進程中勢必對資本主義生活方式的形成與發展產生一系列重大影響，概括起來主要有下述幾方面：

1. 合理地限制消費

　　新教禁欲主義強烈反對非理性地使用或享用財產，嚴格限制消費，特別是奢侈品。任意動用或享用財產，這種在封建頭腦看來自然而然的事情，卻被清教徒斥為「肉體崇拜」。但他們同時認為，按照理性主義和功利主義的精神來使用財產，這既是上帝的旨意，又能滿足個人和社會的需要。他們並不想把禁欲主義強加於有產階級，只是苛求人們，動用資產要有合理目的。

2. 合法地追逐財富

這被新教禁欲主義看成上帝的意願。讓盈利活動合法化，這就在社會心理上把經濟衝動從傳統宗教倫理的禁錮中解脫出來了。新教禁欲主義譴責欺詐與貪婪，反對出於個人目的而追求財富的拜金主義行為。但是，如果財富是從事職業而獲得的勞動成果，那麼，這種來路的財富便是上帝祝福的標誌了。

> 更重要的是，在一種世俗職業中不滿足、不懈怠、有秩序地勞作，這樣一種宗教評價作為禁欲主義的最高手段，同時作為轉生與篤信的最可靠、最明顯的證明，對於我們在此稱為資本主義精神的那種人生態度的擴展來說，無疑曾是最有力的槓桿。[12]

3. 有力地推動資本積累

在前述兩種影響下，一種不可避免的結果出現了：力主節儉必然導致資本積累。因此，新教禁欲主義強加於消費行為的諸多合理性限制，有可能使大量資金轉化為生產性投資，這樣也就自然而然地推動了資本積累。

4. 哺育了現代經濟人

在西方社會，現代經濟人主要是以兩種面目出現的——資產者和勞動者。這兩種人都是在新教禁欲主義的薰陶下成長起來的。

在新教禁欲主義的影響下，一種特殊的資產階級經濟倫理形成了。資產者意識到，自己深受上帝的恩寵，只要儀表得體、道德行為不沾污點、財產使用上不遭非議，那就可以任憑個人利益的支配，放心大膽地追逐利潤，況且這麼做是盡天

職。同時，新教禁欲主義還讓資產者安然自得——財產分配不均純屬天意，自有上帝的神秘目的。

就勞動者而言，歷史上所有的宗教禁欲主義幾乎都主張「為信仰而勞動」，新教禁欲主義在這一點上沒提供新內容。但是，新教禁欲主義不但強化了這種思想，而且獨創出一種有決定性影響的實踐力量，即在社會心理上認可：勞動是天職，是一種至善，是確保每個人成為上帝選民的唯一手段。於是，對一無所有的勞動階層來說，禁欲主義的新教教規就顯得格外嚴厲了。如同資產者把盈利看作天職，勞動者則不得不把勞動作為天職。

上述兩種人生態度，便分別構成了現代西方資產者和勞動者的主要心理特徵。

分析過新教禁欲主義與資本主義精神的親和關係，韋伯總結道，只要重讀一下佛蘭克林的格言就不難看到，我們剛討論過的資本主義精神，其基本要素和清教禁欲主義並無二致。因此可得出如下結論：

> 近代資本主義精神的一個基本要素，或者說，不僅是指近代資本主義精神，而且包括整個近代文化精神的一個基本要素——以職業觀為基礎的理性行為，就是從基督教的禁欲主義精神中產生出來的。[13]

這個基本結論在韋伯考察其他幾大宗教傳統的著作裡得到了系統的反證。這裡需要指出，大陸學者研討韋伯論著時，易就他關於中國宗教的材料和觀點提出批評質疑。這種興趣是自然的、可理解的，但就此下功夫卻不值得。因為這部分內容並

非韋伯思想的核心或關鍵，值得深思的是他發現的問題特別是
思路。關於這方面的討論，我們留到「宗教文化學」一章。

註釋

[1]涂爾幹，《宗教生活的基本形式》，引自皮克林編，《涂爾幹論宗教
　　——原著選讀與文獻提要》（*Durkheim on Religion: A selection of
　　readings with bibliographies*），Routledge & Kegan Paul，1975，頁
　　103。

[2]《宗教生活的基本形式》，頁113。

[3]《宗教生活的基本形式》，頁124。

[4]《宗教生活的基本形式》，頁125。

[5]《宗教生活的基本形式》，頁138。

[6]韋伯，《新教倫理與資本主義精神》（*The Protestant Ethic and the Spirit
　　of Capitalism*），Charles Scribner's Sons，1958，頁17。

[7]《新教倫理與資本主義精神》頁21-22。

[8]《新教倫理與資本主義精神》，頁27。

[9]《新教倫理與資本主義精神》，頁48-49。

[10]《新教倫理與資本主義精神》，頁54。

[11]《新教倫理與資本主義精神》，頁80。

[12]《新教倫理與資本主義精神》，頁172。

[13]《新教倫理與資本主義精神》，頁180。

3. 宗教心理學

宗教對我們所意味的是，作爲個體的人在孤獨中的情感、行爲和經驗，按他們的領悟，是他們自身處於和神聖者 (the divine) 的關係，此一神聖者可能是他們所專注的任何事物。

——詹姆斯

我可以肯定地說，宗教、道德、社會和藝術之起源都繫於伊底帕斯癥結上。這正和精神分析的研究中認爲相同的此癥結構成了心理症之核心不謀而合。最令我驚奇的是，社會心理學必須對一種最基本的事情，即人們與其父親間的關係做進一步研究以找出其中的解決之道。

——佛洛伊德

不論這個世界如何看待宗教經驗，有這種經驗的人便擁有一筆偉大的財富，一種使他發生重大變化的東西，這種經驗變成了生命、意義和完美的源象，同時也給予這個世界和人類一種新的輝煌。

——榮格

　　佛洛伊德（Sigmund Freud, 1856-1939），精神分析學創始人，宗
教心理學奠基人。

宗教心理學的出現再次驗證了一個判斷：宗教學幾乎跟所有的人文社會學科有緣，它的興起主要得助於一個個學科不斷輸入的新學問、新思路或新方法。大致說來，宗教心理學是和現代心理學攜手並進的，現代心理學的先行者也就是宗教心理學的奠基人，現代心理學的兩條道路——實驗心理學和深層心理學，也就是宗教心理學兩大傾向——「個體性的宗教經驗研究」和「宗教信仰與文化心理研究」的成因。

為再現上述理論軌跡，本章重點考察三位學者——詹姆斯（William James, 1842-1910）、佛洛伊德（Sigmund Freud, 1856-1939）和榮格（Carl Gustav Jung, 1875-1961）。他們都有雙重代表性，是現代心理學及其兩大傾向的開拓者。

3.1 詹姆斯

詹姆斯是著名的美國心理學家和哲學家，實用主義的創始人之一。他畢業於哈佛大學，獲醫學博士學位，後來長期任教於母校，教授解剖學、生理學、心理學、哲學等。他被公認為美國心理學的鼻祖，完成名著《心理學原理》後，開始探討宗教哲學和宗教心理。一九〇一年，承擔著名的「吉福德講座」（Gifford Lecture），被譽為宗教心理學奠基作的《宗教經驗種種——人性研究》（1902）便是基於講稿修改成的。

一九六一年，《宗教經驗種種》發行普及版，著名的美國神學家尼布林（Reinhold Niebuhr）作序：這本六十年前的書之所以還有很強的可讀性，就是因為作者的治學態度和研究方法塑造了一座「里程碑」，體現了一種至今仍不失非凡意義的「結

合」。

這種結合不但意義非凡而且有創造性。因為詹姆斯在
探討宗教、宗教生活和形形色色的宗教經驗的過程中，將
一種實證的方法與一種非教條化的、徹底的經驗方法結合
起來了。[1]

3.1.1 考察「一手的宗教」

《宗教經驗種種》極富創意地探討了信仰者個體的神秘經
驗。為什麼要這麼做呢？這取決於詹姆斯對宗教本質的再認
識。他指出，大多數宗教哲學論著一開頭都想確切規定「宗教
的本質」，這實際上是「絕對論」和「獨斷論」在作怪，把研究
材料處理得過於簡單了。現有定義如此雜多，事實本身足以證
明：

> 「宗教」一詞並不意味著任何單一的要素或本質，而毋
> 寧說是一個集合名稱（a collective name）。[2]

所以，對宗教經驗研究來說，我們很可能發現並沒有唯一
的本質，而是並存著諸多特徵，它們對宗教信仰同等重要。打
個比方，要探討「政府」的本質，有人說是權威，有人講是服
從，還有人看重警察、軍隊、議會、法律等等。可對一個政府
來說，所有這些因素都是必不可少的，只不過此時某因素更重
要，彼時則可能是其他的因素。一個最了解政府的人，是不會
糾纏於什麼本質定義的。同樣，只要把宗教情感看作一個集合
名稱，意指信仰對象可能喚起的、交替出現的多種情感，我們
就會發現，它在心理學上不可能只包含一種特殊的本質。

　　有宗教的怕，宗教的愛，宗教的恐怖，宗教的喜樂等等。然而，宗教的愛不過是人對某種宗教對象的自然之愛；宗教的怕不過是商業裡的平常之怕，也可說是人心裡常出現的顫抖，神聖的報應概念也能喚起這種情感；宗教的恐怖和我們黃昏時在森林或山峽裡感到的器官緊張一樣，只不過這時令我們感到的是超自然的關係；在宗教徒的生活中，能被喚起並產生作用的形形色色的情感，都可作類似的解釋。宗教情緒作為心靈的具體狀態，是由某種感情加上某類特殊對象構成的，它們當然是一些有別於其他具體情感的心理實體；但沒有根據假定：存在著某種單純的、抽象的「宗教情感」，其本身作為某種獨特的、基本的精神特徵而概莫例外地顯現於各種宗教經驗。[3]

　　宗教情感是複雜的，宗教對象和宗教行為也是如此。正如沒有一種基本的或單純的宗教情感，宗教對象與宗教行為也不應歸結為某種特殊的、基本的東西。上述判斷在詹姆斯那裡是鋪墊。一方面，他明確否定宗教研究中的絕對論和獨斷論，認為不能用簡單的定義來約減宗教信仰的豐富內容；但另一方面，他承認自己所能討論的只是其中的一小部分，而這種討論也不得不給出定義，以限制範圍。這就是詹姆斯宗教經驗研究的主題——「個人的宗教」。

　　為什麼要著重探討「個人宗教」呢？詹姆斯指出，宗教領域可大體劃為兩個分支——「制度宗教」（institutional religion）和「個人的宗教」（personal religion）。「制度宗教」注重的是神性，主要表現為崇拜、獻祭、神學、儀式、教會等；反之，「個人宗教」最關心的是人，或者說是人的內在性情構成了興趣

中心，像人的良心、美德、無助、不完善性等。在個人宗教裡，雖然能否得到上帝的恩寵仍是一個本質特徵，神學思想也起著重要作用，可這類宗教所激勵的行為卻是個人的而非儀式的；也就是說，是個人在單獨處理宗教事務，教會、牧師、聖禮以及其他「仲介者」則降到了次要地位。這便形成了人與其創造者的直接關係，「從內心到內心，從靈魂到靈魂」。

以上兩大分支相比，個人宗教比制度宗教更重要更根本，因為前者先在於後者。各大宗教的創始人，最初無一不是透過個人與神性的交往而獲得力量的。基督、佛陀、穆罕默德等超人的創始者是這樣，各宗派的創建者也是如此。但是，各種宗教制度一經設立，便會沿襲傳統而過著一種守舊的生活。

上述差異便是詹姆斯在宗教經驗研究中重視極端事例的理由。正如宗教制度是墨守成規的，各類宗教的信徒也大多過著「二手的宗教生活」。他們的信仰是別人創造的，是傳統給予的，是對既定的形式或習俗的模仿。與其研究「二手的宗教生活」，當然不如考察那些異常的、狂熱的、有創造性的宗教經驗。生理學有個法則，要說明某器官的意義，就要找到其獨特的功能。這個法則同樣適用於宗教經驗研究。

> 宗教經驗的本質，也就是我們最後必須用以判斷形形色色的宗教經驗的那種東西，必定是我們在其他經驗裡找不到的那種要素或特性。當然，這樣一種特性的顯而易見之處，就是那些最偏激、最誇張、最強烈的宗教經驗。[4]

3.1.2 何謂「個人的宗教」

> 宗教對我們所意味的是，作為個體的人在孤獨中的情

感、行為和經驗，按他們的領悟，是他們自身處於和神聖者（the divine）的關係，此一神聖者可能是他們所專注的任何事物。[5]

對這個定義，詹姆斯主要作了如下解釋：

首先，對「神聖的」（divine）一詞不宜作狹窄的解釋。有些宗教思想體系並不明確假定，有一位神或上帝。譬如，在佛教那裡，佛陀的地位儘管相當於上帝，但嚴格地講，佛教思想體系是無神論的。更典型的是現代先驗唯心論。例如，在愛默生主義（Emersonism）那裡，傳統意義上的上帝似乎被「蒸發成了」抽象的理想或觀念，他不再是神或超人，而是事物的內在神性、宇宙的精神結構。然而，我們並不能據此而把佛教徒或愛默生主義者的內心情感排除在宗教經驗之外。

因此，以經驗的觀點來看，我們不能不把這些無神的或半神的信念叫做「宗教」；同樣，當我們在宗教定義裡提到個人與「他所認為的神聖者」的關係，對「神聖」一詞也必須作寬泛的解釋，概指任何「類似於神的」（godlike）對象，而不論其是不是一個具體的神。[6]

其次，對「類似於神的」一詞也不能作空泛的理解。宗教史上有很多神，它們的屬性雖然千差萬別，但有一點很明確的，所有的神就存在與力量而言都是第一性的。它們無所不在、無所不能；它們就是「最初的也是最後的真理」。所以，「類似於神的」就是指那種原始的、無所不在的、至真至切的東西；個人的宗教信念則是指對他自己感覺到的原始真理的認同。

那麼，就個人宗教而言，經驗的對象是什麼呢？宗教經驗對個人生活有什麼影響呢？此類經驗的心理特性何在呢？這是詹姆斯接下來回答的幾個主要問題。

廣義地講，宗教經驗的對象就是「不可見者」（the Unseen）。在個體的宗教經驗裡，「不可見者」被確信為實在的，它決定著某種「不可見的秩序」，適應秩序就是至善。可以說，植根於心靈上的宗教態度就是由這樣一種信仰與自我適應構成的。

> 的確，這種關於實在的情感能如此強烈地加於我們的信仰對象，使我們的整個生活都被徹底「極化了」（polarized），可以說，這是由於我們所相信的那些東西的存在意義，然而，若加以確切描述，那種東西又很難說就出現於我們的心理上。[7]

借用比喻，信仰對象與經驗者的關係就像「磁體」和「鐵棒」。一根鐵棒沒有觸覺或視覺，也不具備表象能力，但內部卻有很強的磁性感；如果在旁邊有個磁體移來移去，它會自覺地變換位置或方向。不用說，這樣一根鐵棒永遠不可能向我們描述出磁源或磁力的外觀，可它卻能強烈感受到磁源的存在及其作用。關於信仰對象之於經驗者的真實性，詹姆斯並不滿足於上述比方，而是將其提升為哲學命題來加以證實：

> 有些抽象的觀念能絕對決定著我們的心理，這是人的性格中的基本事實之一。由於它們「極化著」並「磁化著」我們，我們或轉向它們或背離它們，我們尋求它們、擁有它們、憎惡它們或讚美它們，就彷彿它們是如此多的具體

存在物。作為存在物，它們在其棲居的領域猶如空間裡變化著的、可感覺的事物一樣真實。[8]

詹姆斯指出，此類抽象概念作為心理對象，構成了萬事萬物的背景，或一切可能性的本源；是它們賦予了事物本性，或者說，我們是借助它們的意義來把握現實世界的。然而，人卻不能直接看到它們，因為它們是無形體、無特色、無根基的。根據心理學的假設，關於實在的感知是由人的感官引起的。假如人的意識裡有一種實在感，一種關於客觀存在的感情，一種可稱為「某物此在」（something there）的感覺，那麼，與目前心理學所講的任何特殊感覺相比，這類感覺顯然是更一般、更深刻的。如果這一點成立，我們便可假設，在宗教經驗裡，此類喚起宗教態度和行為的感覺，最初也是由實在感引起的。儘管宗教概念顯得十分模糊、十分遙遠乃至不可想像，可宗教徒卻深信不疑，沒有任何批評能使之動搖。

為證實上述論點，詹姆斯挑選了大量經驗實例，其中既有宗教的也有非宗教的，既有常見的也有神秘的，還有不同性別、不同年齡層的。按詹姆斯本人的意思，這裡節錄幾個偏激的，即有濃厚神秘色彩的。

實例節錄 1：某教士的經驗

一天晚上，就在山頂的那個地方，我的心靈彷彿向「無限」敞開了，有兩個世界相交流，內在的與外在的。我單獨和創造出我的「他」站在一塊兒，還有這世界上的一切美、愛、悲哀和誘惑。我那時並沒有追求「他」，卻感到我的精神跟「他」那

麼融洽。此時此刻，對周圍事物的普通感覺消失了，只剩下一種說不出的歡樂與狂喜。這種經驗是完全不可能描述出來的。夜幕裏住了一個存在物，因爲它不可見，越發能感覺到，「他」就在那裡，比我在那裡更不可懷疑。我那時眞的感到，我沒有「他」更眞實。

我對上帝的最高信仰、對他的眞實觀念，就是那時產生的。從那以後，任何關於上帝存在的爭論都無法動搖我的信念了。我意識到，上述經驗只能稱爲「神秘的」，我也沒有足夠的哲學知識進行辯護，使之不受這樣或那樣的指責。寫下這段經驗時，我只是塗上一些文字而無法清楚地再現。可雖然如此，還是盡我所能認眞加以描述了。

實例節錄 2：某瑞士人的經驗

我和幾個朋友徒步旅行。那是第六天，我的身體很好，心理也很正常，既不疲勞也不饑渴，既沒近憂也無遠慮，我剛得到家裡來的好消息，我們又有一位好嚮導。我那一天的心情可以說是平靜的。

可突然間，我有一種感覺，自己被舉了起來，我感到了上帝的存在，彷彿他的仁慈與力量瀰漫我的全身——我說的都是當時意識到的。此時的情緒震動是那麼猛烈，我只能勉強對同伴講，往前走別等我。然後，我就坐在一塊石頭上，兩眼湧出熱淚，不能站起來了。我感謝上帝，在我生命歷程中教我認識他，他維繫著我的生命，憐憫我這個無意義的造物、我這個罪

人。我強烈祈求獻出自己的一生，踐行他的意志。我感到他同意了。隨後，這種出神入化的狀態在心靈上慢慢消失了，我感覺是上帝收回了賜與我的這種交流。我能往前走了，但很慢很慢，我仍被強烈的內在情感所占據。上述出神入化的狀態可能持續了四、五分鐘，但當時卻覺得很長。

應該補充說，上帝在我的上述經驗裡是無形狀、無色彩的，也不是憑嗅覺或味覺能感受到的，他顯現時也沒有確切的方位感，倒不如說彷彿是我的人格被「精神之精神」（a spiritual spirit）轉化了。但是，我越是想找詞語來表達這種內心深處的交流，越感到不可能用任何通常的印象來加以描述。說到底，最適合描繪當時感受的就是：上帝雖是不可見的，可他就在那裡；這感覺不是來自我的器官，而是我的意識。

實例節錄 3：某女性的經驗

她的母親是個非常出名的反基督教作家，自然從小就不讓她接觸基督教。可當她獨自來到德國生活時，受朋友的影響開始讀聖經。她的皈依猶如一道閃光，是那麼突然，那麼強烈。

她寫道：到今天，我不能理解為什麼竟有人拿宗教或上帝的命令當兒戲。一聽到天父呼喚，我的心立刻就跳了起來，就認他。我跑著伸出雙臂呼喊：「這兒，我在這兒，我的天父。」我的上帝回答：「哦，快樂的孩子，我該做什麼？愛我吧！」我熱情喊著：「我愛，我愛！」「來我這兒，」我的天父呼召。我心跳著回應：「我就來。」我還停下問了點什麼嗎？一點兒

都沒有，我甚至都沒有想到問問，自己是不是那麼好，自己配
不配，我對他的教會又是怎麼想的……滿意！我是那樣的滿
意。我不是找到了我的上帝、我的天父了嗎？難道他不愛我
嗎？難道他沒有呼召我嗎……

從此以後，我的祈禱總能得到直接回答，是那麼有意義，
簡直就像和上帝交談，親耳聆聽他的答案。關於上帝實在的觀
念，時刻也沒有離開過我。[9]

3.1.3 幾個方法論結論

從理論分析到經驗例證，詹姆斯主要得出了如下幾個富有
方法論啓示的結論：

1. 宗教經驗的特殊認識論意義

從根本上講，宗教經驗是「對人之本體的想像」（the
humanontological imagination），此類想像對信仰者是極有說服力
的，它使得某些不可描述的存在物有實在感，其強烈程度很像
幻覺的作用。因此，這類實在感能決定人生的根本態度，猶如
情人的態度取決於戀愛對象的存在。

在信仰者那裡，上述意義上的實在感不能不說是對真理的
真誠感受，此類感覺所啓示的那種實在是任何反面論證也否定
不了的。當然，有些人可能全無此類感覺。可對那些經驗者來
說，此類感覺不但像任何直接的感官經驗一樣真實可信，而且
比任何純粹的邏輯推理更真實可信。

2. 宗教經驗與理性主義的關係

就特性而言，宗教經驗是「神秘的」，可劃歸神秘主義（mysticism）。在哲學上，與神秘主義相對立的就是「理性主義」（rationalism）。按理性主義的主張，所有的信仰均須提供明確的根據，這些根據主要包括：(1)可陳述的、明確的抽象原理；(2)來自感覺的確切事實；(3)基於此類事實作出的明確假設；(4)確切的邏輯結論。照此標準，「關於不明確東西的模糊印象」，在理性主義的思想體系裡是沒有任何地位的。

就積極方面而言，理性主義無疑是一種很好的理智傾向，孕育了現有的哲學和自然科學。然而，如果觀察一下人的整個心理生活，按其生存狀況深入到個體的追求，也就是除知識或科學之外的深層心理活動，那麼，我們便不能不坦白，理性主義所能說明的只是其中的一部分，這部分解釋還是比較膚淺的。

在一般情況下，理性主義觀點有無可置疑的威信，因爲它過於雄辯，要求對手拿出證據，然後據理相爭，直到以理服人。可對一個宗教徒來說，如果他以沈默的直覺來抗爭理性的結論，理性主義觀點是無法使其信服或皈依的，因爲他的直覺來自人性的更深層面，超出了理性主義占有的論辯範圍；他的整個潛意識生活，他的衝動、信念、需要以及直覺等，早就使他胸有成竹：我所信的東西肯定比任何理性主義的強辯更加眞實。

3. 宗教經驗與自然神學的關係

在宗教信仰問題上，正如理性主義的駁難是次要的，正面的論證也不是首要的。神學家和哲學家曾從自然秩序那裡找到

了大量證據，用來證明上帝存在。此類論證在一百年前似有無
可反駁的說服力，可時至今日，這方面的論著只能擺在圖書館
裡「吸塵」了。原因很簡單，我們這一代人已不再相信他們所
論證的那種上帝了。無論上帝是什麼，他都絕不會像我們的曾
祖父深信的那樣，僅僅是一個「自我榮耀的外在創造者」。誠然
上述認識不可能用語言表達清楚，無論對別人還是對自己，概
莫例外。

　　形而上學與宗教領域的真理在於，只有當我們有了關
於實在的不可言說的感覺，並早已用於支持某個結論，有
關同一結論的可言說的理由對我們才是有說服力的。實際
上，到這時我們的直覺與理性才合作，才會形成一些偉大
的世界性體系，像佛教體系和天主教哲學體系。我們出於
衝動的信念在這裡永遠是那種揭示真理原初質地的東西，
而我們可用詞語明確表達的哲學，不過是把信仰翻譯成了
顯赫的公式。這種非理性的、直覺的信念是我們身上的深
層東西，理性的論證則不過是外表的顯示。本能引路，理
智不過是跟隨。如果一個人像我引用的例證那樣，感覺到
有個活生生的上帝，那麼，你的批判性論爭不管多麼前所
未有過地高深，對轉變他的信念來說均屬徒勞。[10]

3.2 佛洛伊德

作為精神分析學的創始人，佛洛伊德的名字可謂家喻戶
曉。他是奧地利人，就讀於維也納大學，獲醫學博士學位，曾

在呂布林研究所和維也納總醫院工作，後來自辦精神治療診所，並在多所歐美大學授課。一九○八年，主持創建了國際心理分析學會、《心理分析學年鑑》和國際心理分析學出版社等。精神分析學旨在探究人的深層精神或心理活動，特別是「下意識」或「潛意識」的作用，所以又稱「深層心理學」或「潛意識心理學」。宗教信仰無疑屬於深層的精神或心理活動，這便使深層心理學一開始就跟宗教心理研究結成了「互助夥伴」。一方面，該領域的開拓者試用精神分析方法來推動宗教心理研究，另一方面，宗教心理作為研究典型又反過來促進了深層心理學發展。佛洛伊德的貢獻主要在前一方面。

3.2.1 從「精神冰山」說起

在宗教心理研究上，佛洛伊德的興趣集中於宗教起源問題。他的思路有兩個明顯特點：(1)試圖推廣精神分析理論；(2)力求深化現有研究成果。所以，先要明確這兩點，才能理解他的解釋。

1. 理論假設

佛洛伊德的宗教起源研究，是以精神分析理論為出發點的。該理論主要基於如下幾個假設：

第一，任何精神或心理現象都有深層原因，所以，我們可借助深入而具體的精神分析來揭示人類精神或心理活動的本來面目。

第二，與傳統觀點相反，整個人類精神或心理活動主要是由潛意識而不是意識構成的。因而，人類精神或心理活動的原因深藏於潛意識，而不是浮現於意識。打個比方，整個精神或

心理活動就像漂在海上的一座大冰山，露出水面的只是一角，這就是人們以往看到的意識現象，冰山的大部分則在水下，那就是未經探討過的潛意識。

第三，「性本能衝動」潛伏於全部潛意識活動，它對整個人類精神生活作出了無可估量的貢獻，準確些講，性欲是人的本能，是支配一切精神或心理活動的原動力。然而，傳統道德觀念和社會生活習俗卻殘酷無情地壓抑了人們的欲望、特別是作爲本能的性衝動，這便是精神病的癥結所在。

第四，就實質而言，人的精神或心理是一種「力」的活動，這種力量可稱爲「力比多」（libido）。「力比多和饑餓相同，是一種力量，本能——這裡是性的本能，饑餓時則爲營養本能——即藉這個力量以完成其目的。」[11]因此，所謂的精神分析學或深層心理學就是探討「力比多」的一門學問。

2. 現有成果

佛洛伊德之所以對宗教起源問題有濃厚的興趣，一來因爲這是當時的研討焦點，二則因爲不滿於現有成果，想用精神分析方法予以深化。兩點綜合起來說，宗教起源問題被佛洛伊德當成了「普及推廣精神分析理論的示範田」。他的收穫主要見於兩本篇幅不大的名著——《圖騰與禁忌》（1912）和《摩西與一神論》（1939）。前者是他涉及宗教問題的第一本書，主要探討了宗教現象的心理起因，後者則屬晚年著作，進一步解釋了宗教現象的演變過程，特別是基督教的產生過程。

以上兩本書相比，儘管相隔二十多年，但思路和結論幾乎一點兒沒變。所以，就我們想要明確的第二個特點來說，後一本書裡可找到多處提示：

　　我的論文的這個續篇將把我二十五年在《圖騰與禁忌》中貢獻的結論連成一體。

　　四分之一世紀前，我已經在《圖騰與禁忌》一書中提到了這種論點，因此現在只須重複一下我那時說過的話。我的論點來源於查爾斯·達爾文的某些評論，並且包含了阿特金森的一點建議。

　　一九一二年，我曾在《圖騰與禁忌》一書裡設想過產生所有這些影響的古代情形。在那本書中，我利用了查爾斯·達爾文、J. J. 阿特金森和羅伯特森·史密斯等人的理論，特別是利用了羅伯特森·史密斯的理論，並且把他的理論與精神分析學實踐中的發現和設想結合起來。

　　我在這裡不可能重述《圖騰與禁忌》的內容……[12]

　這裡費些篇幅羅列以上提示，不但可充分印證第二個特點，還有兩個好處，一是了解了佛洛伊德前後觀點的一貫性，一是在資料上確定了重點處理對象。下面，我們可多省些篇幅了，只要抓住《圖騰與禁忌》，便可再現這位宗教心理學開拓者的嘗試。

3.2.2 「伊底帕斯情結」

　佛洛伊德很關注圖騰研究方面的進展。十九世紀後期以來，圖騰現象便是文化人類學家的研討焦點，因為它被看作人類文化進程中的一個必經階段，透過考察這種原始信仰體系，可發現原始社會結構的基礎。然而，圖騰現象到底是怎麼產生的呢？如何揭示圖騰崇拜的本質呢？儘管眾多文化人類學家進

行了廣泛深入的探討，但佛洛伊德認為，他們並沒得出令人滿意的答案。就圖騰起源問題而言，「歷史的觀點」，也就是達爾文所提出的進化學說，比現有的文化人類學理論更有啓發性。

透過觀察類人猿的生活習性，達爾文作過一個推斷：如同類人猿，人類一開始也是以小規模或小部落的方式群居的。在這種小規模的群居生活中，首領總是由一個年富力強的男性來當的，他有能力占有所有的女性，禁止亂倫；可每當一批男性長大成人，暴力之爭便不可避免了，最強壯者成爲新一代首領，其他的男性成員或被殺死或被驅逐。總的來看，佛洛伊德就是從上述假設那裡找到了一條新的解釋思路。

圖騰對象大多是動物。佛洛伊德指出，小孩子對動物的看法和原始人有明顯的相似處。譬如，小孩子還沒把自己跟動物截然分開，他們表達某些生理需要時，像饑渴感，也覺得自己很接近於動物；可是，小孩子也會對動物特別是寵物突然產生畏懼心理。從精神分析的角度來看，畏懼動物可能是兒童最早發生的心理病症了。儘管目前對這種兒童畏懼症的研究還沒取得根本性的突破，但有不少精神分析個案顯示，患者都是男孩，他們的恐懼從心理深處來看都跟父親有關。也就是說，他們恐懼動物不過是畏懼父親心理的替代現象。

爲驗證上述說法，佛洛伊德舉了幾個精神分析的例子，最典型的一則病例出自他的專著《對一個五歲男孩恐懼症的分析》（1909）。佛洛伊德指出，他利用的材料全是由男孩的父親提供的。這個男孩害怕馬，怕馬闖進家裡咬他，所以很希望街上的馬跌倒（意指摔死）。在心理治療過程中，經過再三保證，消除了他對父親的恐懼心理。結果顯示，原來他是在暗地裡希望自己的父親失蹤（意指外出旅行甚至死亡），因爲他以爲，父親是

和他爭奪母愛的對手（意味著母親是他最早的、朦朧的性愛對象）。由此可見，這個男孩所犯的正是精神病的核心癥結，即陷入了「伊底帕斯情結」的劇烈衝突。[13]

但更重要的是，從此類病例可發現「一個新的事實」，即男孩會把對父親的畏懼情感轉換到動物身上。這就使我們可探究出隱藏於替代作用的「動機」了。

> 一般而言，在小男孩與父親競爭母親喜愛的過程中，要使他對父親的敵意毫無保留地發洩是不可能的，因為，他首先必須克服長期以來對父親所建立的那些仰慕和親近的情感。在這種情感的矛盾中，為了減輕和克服內心的衝突，於是，他開始尋求一個父親的「替代物」來發洩他的敵意和恐懼。不過，此種替代作用並不能使心理的衝突消失，因為，它無法很清楚地劃分喜愛和憎恨二種情感。相反地，此種衝突往往一直延伸到替代物身上。[14]

透過這些分析，佛洛伊德強調，前述事實與原始人的圖騰觀有重要聯繫。這主要表現在兩點：(1)對動物的認同；(2)這種認同所產生的雙重情感——敬仰與畏懼。這兩點聯繫至少可證明，原始人圖騰觀中的動物是父親形象的替代物。這種推斷沒有什麼新奇之處，原始人事實上早就講明白了。在原始人的心目中，圖騰動物所象徵的就是他們的祖先或「原始的父親」。現在的問題在於，文化人類學家恰恰忽視了這一事實。因而，我們可從這個事實出發，把精神分析理論和文化人類學成果結合起來，解開「圖騰之謎」。這樣一來，宗教現象的起因就明朗化了。

在《閃米特人的宗教》（1889）裡，著名人類學家史密斯提

出了一個概念「圖騰餐」，認為這種特殊儀式是原始圖騰信仰的重要組成部分。所謂的「圖騰餐」一般包括以下內容：首先，週期性地屠殺某種作為圖騰對象的動物，讓全部落的人來吃肉喝血；接著，舉行哀悼儀式；隨後，轉入狂歡般的慶典，所有的部落成員都裝成圖騰動物，模仿牠的叫聲動作等，好像自己就是圖騰對象一樣。

佛洛伊德接受了上述概念及其假說。他綜合史密斯所提供的材料和觀點，對「圖騰餐」作了下列環環相扣的心理學解釋：

首先，屠殺圖騰動物本來屬於禁忌，是一種暴行，但這種違禁暴行卻被看作接受神聖喻示的結果，所以，只有透過部落儀式，讓每個成員都在場，才能得到認可。

其次，分食圖騰動物則意味著，全體部落成員藉以獲得圖騰對象的神聖性，增強了對圖騰對象的認同感。

再次，哀悼儀式是有強制性的，反映了一種恐懼心理──可能遭到報復，因而其目的在於，解脫屠殺圖騰動物的罪責。

最後，狂歡慶典則表現了一種本能的許可，是將違禁的暴行合法化、神聖化，所以說，暴行是慶典的本質，狂歡則流露了「打破禁忌後的快感」。

總而言之，這種特殊的圖騰餐主要反映出兩種相反的現象：屠殺圖騰動物通常絕對屬於禁忌；可這種暴行卻變成了一種哀悼方式、一種慶祝儀式。顯而易見，這裡表現出的情感矛盾和前述兒童恐懼症一樣，可歸因於「伊底帕斯情結」。因此，所謂的圖騰就是父親形象的替代物。

在佛洛伊德看來，分析到這裡便可重返達爾文的假設，大致描述宗教現象的起源過程了。這個描述很像一個古老的神話

傳說，而且有些宗教學專著或教科書講到佛洛伊德的宗教起源
觀點時，也傾向於把它當作故事簡述一遍。但為了如實反映佛
洛伊德的原本觀點，我們還是引用他在晚年著作裡所作的歸納
為好，這樣不僅可避免常見的「自我理解式的複述故事」，同時
可使前面評述過的幾條線索匯集起來。

> 從達爾文那裡，我借用了下述假設：人類最初是在小
> 群體中生活的，每一群體都在一個年長的男性統治之下，
> 他用野蠻的暴力實施統治，獨占所有的女性，並奴役或殺
> 害所有的年輕男性，包括他自己的兒子。從阿特金森那
> 裡，我接受了下述設想：由於兒子們的反抗，這種父權制
> 度走到了末路，兒子們團結起來反抗父親並戰勝了他，一
> 起分享了他的屍體。遵循著羅伯特森·史密斯的理論，我
> 認為這種原來由父親統治的群體後來被圖騰制的兄弟部落
> 所取代，為了能夠相安無事，那些取得勝利的兄弟們放棄
> 了群體內的女人，同意實行族外通婚。父親的權力被打破
> 了，家庭開始由母權來管理。兒子們對父親的矛盾情緒在
> 整個發展階段都起著作用。某種動物被定為圖騰來代替父
> 親，牠代表著他們的祖先和保護神，任何人都不准傷害和
> 殺掉牠。然而，每一年中整個部落都要匯集起來舉行一次
> 集會，在這次宴會上，那種被尊崇的圖騰動物被宰殺來吃
> 掉。每個人都必須參加這次宴會，它是謀殺父親的情景的
> 莊嚴重演，在這當中，社會秩序、道德法律、宗教等都得
> 以誕生。[15]

佛洛伊德對上述結論十分自信。他早在《圖騰與禁忌》裡
就指出：

我可以肯定地說，宗教、道德、社會和藝術之起源都
繫於伊底帕斯藏結上。這正和精神分析的研究中認為相同
的此藏結構成了心理症之核心不謀而合。最令我驚奇的
是，社會心理學必須對一種最基本的事情，即人們與其父
親間的關係做進一步研究，以找出其中的解決之道。[16]

　　儘管佛洛伊德這麼自信，但讀者不難想到，等著他的將是
什麼樣的批評。據國際宗教史學會前秘書長夏普的回顧，《圖
騰與禁忌》出版後，主要遭到了兩方面的譏諷：一方面，該書
看似一本人類學著作，大量利用了許多名家觀點，但人類學家
幾乎全都把它看作胡言亂語而不予理睬；另一方面，在宗教學
家看來，該書雖然探討了受人關注的宗教起源問題，幾乎引用
了所有的權威理論，但稍有背景知識或歷史意識的讀者都會感
到，它就像一個擺滿了哈哈鏡的鬧市，裡面什麼都有，可統統
變形了，看不到任何歷史真相，這樣一種歪曲歷史的理論純屬
胡說八道，根本不值得認真考慮。[17]

　　然而，即使那些惡語相加的批評者也不得不承認，佛洛伊
德是二十世紀最有影響的思想家之一，他以科學態度把宗教研
究領進了新大陸——潛意識領域，對他所渲染的泛性論盡可唾
棄，但對他所發現的問題和思路卻不可輕視。讓我們接著來看
佛洛伊德的事業繼承人是怎麼證實這一點的。

3.3 榮格

　　榮格是瑞士人，在巴塞爾大學獲醫學博士學位後，先就職

於蘇黎世的精神病醫院，後來並任教於蘇黎世大學、巴塞爾大學等。一九○七年，跟佛洛伊德相遇，兩人過往甚密。佛洛伊德主持創建國際精神分析學會時，他被力薦為首任主席，佛洛伊德甚至稱他「我的過繼長子」、「事業上的王儲」。一九一三年，由於學術觀點分歧，他跟佛洛伊德分手了，開始創立一個新學派——分析心理學（Analytical Psychology）。此後，他以開拓性的研究成果表明，自己並非那種「欽定的接班人」，而是深層心理學事業的真正繼承者——批判性的繼承者。

3.3.1 批判性的繼承者

榮格之所以能把深層心理學和宗教心理學推向一個新階段，首先是因為，他對前輩的理論缺陷有深刻的認識，並不顧個人情誼，勇於學術批評。

早在一九一二年，也就是跟佛洛伊德分裂的前一年，他在美國大學的系列講演裡就尖銳批評了這位精神分析學鼻祖的泛性論傾向。首先，他從根本上動搖了佛洛伊德的性理論，認為不能簡單地把精神病歸因於性壓抑或性創傷，而應綜合考察心理遺傳、社會環境等因素的複雜影響。其次，他從概念和論點上分析了佛洛伊德的失誤，譬如，把「力比多」這個早有的概念限用於性慾；把「兒童期」解釋為性慾發展並受壓抑的過程；把「戀母情結」只看作男孩戀母現象，沒看到女孩也是如此，更沒意識到這種情結主要不是性慾，而是母愛的結果，即母愛令孩子渴望霸占「她或他的保護神」——母親。

但在克服上述泛性論傾向的同時，榮格不但堅持深層心理學的立場，維護佛洛伊德的主張——潛意識是心理學的「分野概念」，而且致力於史論結合、求實創新的基礎研究。經過長期探

討東西方神話、宗教傳統與潛意識活動的關係，多次實地考察土著部落的心理活動，榮格提出了著名的「潛意識分層構想」，這就是把潛意識劃分為「個人的潛意識」與「集體的潛意識」。按他的解釋，前一分層主要由諸多被遺忘或被壓抑的個體經驗構成；後一分層則主要包括人腦結構所遺傳的「普遍精神機能」，特別是「種族神話聯想」或「種族神秘意象」，這便是潛意識的「原始模型」（archetype），因為作為「種族遺傳的反應方式」，它潛移默化地影響著「種族的、群體的或集體的人格」。

大致說來，榮格就是透過上述兩方面工作──批判和創新來推進深層心理學和宗教心理學的。就宗教心理研究而言，榮格一開始就不趨同佛洛伊德的看法，認為宗教信仰絕不能歸結於性壓抑。他一再質疑道，誰能說明「正常的人或種族」可擺脫如此無聊的性壓抑呢？如果沒人能做到這一點，何以證實宗教現象只是性壓抑的結果而並非真實的東西呢？[18]

作為醫生出身的心理學家，榮格首先是用事實說話的。他透過長期的臨床實踐發現，相當一部分精神病重患者的癥結在於，他們失去了原有的宗教信仰，深陷於人生意義的困惑。關於這一點，《尋求靈魂的現代人》裡提供的一段資料，受到了研究者的廣泛重視。

榮格指出，「我想提醒大家注意下列事實：過去三十年間，我治療過數百名精神病患者，他們來自世界各國，大多數是新教徒，少數人信猶太教或天主教，其中三十五歲以上的中年人，無不心懷一種焦慮：怎麼才能透過宗教找到人生的根本意義呢？也就是說，他們的病根都在於，喪失了那種使自己成為信徒的東西。如果心理醫生無法幫他們重獲宗教信仰，那

麼，這一類患者便不可能痊癒。」

　　有一種神經病是精神上的，它不能不被理解為這樣一類人的痛苦，他們尚未發現自己生命的意義。[19]

　榮格據此認為，人的整個精神或心理活動具有不可忽視的宗教功能，這種宗教心理功能實際上是不可還原的。為證實這一點，他把人格發展問題和宗教心理研究結合起來了。

3.3.2 人格與宗教心理

　「個性化」（individuation）是榮格用來解釋人格發展過程的一個關鍵概念。按他的觀點，所謂的人格就是指「精神整體」；精神整體主要由三個互動的層次組成，即意識、個人潛意識和集體潛意識，同時包括諸多對立的極端因素，像意識與潛意識、理性與直覺、愛與恨等；個性化過程一般表現為，始於渾然的狀態，經過充分的分化，趨於「精神的整合」，也就是形成某種具有平衡性或統一性的人格。

　從人的整個精神或心理結構來看，上述個性化過程實際上反映了「人的先天傾向」，即植根於集體潛意識的「原始模型」。而在宗教傳統那裡，作為基本象徵的「神」或「上帝」，無非就是「原始模型的表達方式」，因為該象徵所要表達的就是「精神的統一」或「存在的本源」。這便意味著宗教經驗在個性化過程中可起重要作用。榮格在後期著作裡申明：

　　我過去並沒有把宗教功能歸於精神，我只是支持了一些事實，證明精神在天性上就是宗教的（naturaliter religinsa），也就是說，精神具有一種宗教功能。[20]

　　宗教功能在整個心理或精神活動中有獨特的表現方式。榮格指出，最主要的一種表現方式就是信徒對「神秘者」（the numious）的直接經驗。此類經驗不以教義或信條爲媒介，是作爲對象的神秘者強加於個人的，常見的形式有夢境、幻象、偶然事件、精神病人的信手塗畫等。但無論形式如何，此類經驗都來自想像，而不借助概念。因此，關於神秘者的經驗是非理性的，沒有明確的意義或邏輯可言。

　　作爲想像的結果，關於神秘者的直接經驗雖然令人恐懼或壓抑，可同時有一種神秘感、一種難以抗拒的吸引力，致使經驗者在某種神秘的象徵體系裡感悟到了偉大而崇高的意義，一旦委身便可安寧。在心理學上可以說，此類想像或夢幻所表現的就是「精神整合境界」，能把經驗者內心的所有衝突因素統一起來。

　　　　不論這個世界如何看待宗教經驗，有這種經驗的人便擁有一筆偉大的財富，一種使他發生重大變化的東西，這種經驗變成了生命、意義和完美的源泉，同時也給予這個世界和人類一種新的輝煌。[21]

　　如何用心理學語言來描述上述宗教經驗，這是榮格很關心的一個問題。他首先指出，作爲個性化過程中的「活化原型」（the activated archetypes），宗教經驗可給人帶來複雜的感受，像神秘感、威嚴感、崇高感、完美感、依存感、活力感、超越感等，促使人們轉變生活態度，追求更積極、更美滿的東西。

　　　　我之所以認真考慮——「religio!」[22]——那些由潛意識產生的象徵，原因就在於此……對你自己和那些愛你的人

來說，假如這樣一種經驗有助於你的生命更健康、更美好、更圓滿、更如意，你盡可放心地講：這是上帝的恩典。[23]

其次，宗教信仰的心理功能表現為「愼重與信賴的態度」，這可看作宗教經驗的結果。榮格這樣描述道：

> 依我看，宗教是人類精神的一種特殊態度，完全可按 religio 一詞的原初用法來加以說明，它意指認真考慮和觀察某些被想像為「力量」的動因：精神、魔鬼、神祇、法則、理念、理想，或人們賦予此類因素的其他什麼名稱，一旦人們在自己的世界裡發現了那些十分強大的、危險的或有幫助的東西而認真地考慮時，或發現了那些十分崇高的、美好的和有意義的東西而虔誠地崇拜和熱愛時，上述種種名稱便出現了。[24]

最後，宗教經驗轉化為信條或教義，也是宗教功能的表現方式之一。榮格指出，作為信仰群體的表達形式，信條或教義雖是經過千百年才建立起來的，但一開始就跟宗教經驗有本質的聯繫。

> 起初，每個信條都是基於兩方面建立起來的，一方面是對神秘者的經驗，另一方面則是 $\pi\tau\sigma\iota\delta$，也就是對神秘本質的經驗、對意識所擔保的變化持有肯定態度，相信或忠誠、信仰或信任。[25]

從佛洛伊德到榮格，深層心理學和宗教心理學的互動關係大體形成了。榮格不再把精神分析理論套用於宗教心理研究，

而是從集體潛意識上發現了二者的共同生長點。儘管榮格的探索大多限於假設甚至猜測，批評者可從其結論、概念一直挑剔到證據或材料，但再重的批評也不影響這樣的評價：自榮格以後，宗教學家開始意識到了宗教心理研究的深度和潛力。

註釋

[1]詹姆斯,《宗教經驗種種》(*The Varieties of Religious Experience*), Macmillian Publishing Co., Inc.,First Collier Books Edition,1961,頁 5。

[2]《宗教經驗種種》,頁37。

[3]《宗教經驗種種》,頁40。

[4]《宗教經驗種種》,頁53。

[5]《宗教經驗種種》,頁42。

[6]《宗教經驗種種》,頁44-45。

[7]《宗教經驗種種》,頁60-61。

[8]《宗教經驗種種》,頁61-62。

[9]上述經驗實例,詳見《宗教經驗種種》,第三章。

[10]《宗教經驗種種》,頁74-75。

[11]弗洛伊德,《精神分析引論》,商務印書館,1984,頁247。

[12]以上引文依次參見弗洛伊德,《摩西與一神論》,三聯書店,1989, 頁44、70-71、119、120。

[13]弗洛伊德例舉的其他幾個精神分析個案也頗有戲劇性,可參見《圖騰 與禁忌》,第四章。

[14]弗洛伊德,《圖騰與禁忌》,中國民間文藝出版社,1986,頁162。

[15]弗洛伊德,《摩西與一神論》,頁119。

[16]弗洛伊德,《圖騰與禁忌》,頁192-193。

[17]以上批評意見,詳見夏普,《比較宗教學史》,頁257-263。

[18]可參見榮格,《分析心理學二論》(*Two Essays on Analytical Psychology*),The Collected Works of C. G. Jung, Vol.VII,Bollingen

Foundation, Inc.，1953，頁71；《人格的發展》(*The Development of the Personality*)，The Collected Works of C. G. Jung, Vol.XVII，1954，頁83。

[19]榮格，《尋求靈魂的現代人》(*Modern Man in Search of a Soul*)，Harcourt, Brace & Co.，1933，頁225。

[20]榮格，《心理學與煉金術》(*Psychology and Alchemy*)，The Collected Works of C. G. Jung, Vol.XII，1967，頁13。

[21]榮格，《心理學與宗教：西方與東方》(*Psychology and Religion: West and East*)，The Collected Works of C. G. Jung, Vol.XI，1958，頁105。

[22]拉丁詞「宗教」，原意為「認真考慮」、「重視」，意指在神靈崇拜上的嚴肅態度。

[23]榮格，《心理學與宗教：西方與東方》，頁105。

[24]《心理學與宗教：西方與東方》，頁8。

[25]《心理學與宗教：西方與東方》，頁8。

4. 宗教語言學

　　我們知道經驗命題在任何時候都只能具有或然性。只有先天命題才是邏輯上確定的。但是我們不能從先天命題中推演出上帝的存在。因爲我們知道，先天命題之所以是確定的，是由於它們是重言式命題。並且，從一套重言式命題中，除了更進一步的重言式命題之外，不能有效地推演出什麼東西。這就必然可以推論出：要論證上帝存在是不可能的。

　　　　　　　　　　　　　　　　　　——艾耶爾

　　艾耶爾 (Alfred Jules Ayer, 1910-1989)，著名的英國哲學家、邏輯學家。

宗教語言學是一片廣闊的天地。不同的宗教傳統有不同的語言體系。雖然各宗教都是用人類詞彙表達出來的，可它們所表達的意思卻不屬於「人間」。所以，只要探討宗教現象，無論從哪個方面或什麼角度入手，像經典、教義、儀式、神學等，首先都會碰到某宗教所特有的語言表達形式。

就此而言，宗教語言研究可謂「宗教學的基本功」；也因如此，以往的論著談到宗教學的分支時一般不提「宗教語言學」；要是提起這樣一門無所不在的學問，似乎叫人無從談起或難以言盡。那麼，我們在此如何討論呢？本章的討論將限定於「哲學家眼裡的宗教語言學」。為什麼單從這個視角來進行考察呢？理由在於，這個視角太重要了！宗教語言之爭——宗教語言到底有沒有意義？在當代宗教哲學論壇上達到了白熱化的程度，以致不爭個明白，便無須研究宗教，便不必信仰上帝了。

4.1 艾耶爾

4.1.1 挑戰當代信徒

宗教徒在二十世紀遇到了一種新的挑戰。這種新挑戰在於，相信上帝是無意義的。也就是說，諸如「上帝存在」、「上帝愛人類」等命題，在認識論上是無意義的；它們缺乏任何明確的意思。這不是說，我們缺乏有關上帝存在的證據，而是挑明，我們連「上帝存在」這種說法的意思都不知道。這便是宗教語言問題。[1]

　　那麼，上述挑戰從何而來呢？其學理依據又是什麼呢？關於這方面的情況，我們可請這場挑戰的發起人之一、著名的英國哲學家、邏輯學家艾耶爾（Alfred Jules Ayer, 1910-1989）從頭道來。

　　一九七八年，英國廣播公司（BBC）播出了一套電視訪談節目（共十五集），專訪了十幾位當代著名的英美哲學家，其中一集名爲「邏輯實證主義及其遺產」，嘉賓便是艾耶爾。主持人開口就提出了一個問題：「邏輯實證主義者當年大張旗鼓，很有理論勇氣，他們到底反對什麼東西呢？」艾耶爾回答：

> 他們主要是反對形而上學，或他們稱之為形而上學的東西，即任何認為在我們的感官所能感覺到的合乎科學和常理的世界之外還有另一個世界的看法。早在十八世紀末康德就曾說過，要了解任何不在可能的感覺範圍內的東西都是不可能的。但維也納學派走得更遠。他們認為，任何論述，只要不合規範（不以邏輯或數學的規範陳述），或不能以經驗相檢驗，就毫無意義。所以他們砍掉了康德意義上的形而上學。不僅如此，它顯然譴責各種形式的神學，譴責任何認為有上帝存在的觀念。[2]

　　艾耶爾雖不是邏輯實證主義的創始者，也算不上維也納學派的早期核心成員，但他的成名作《語言、眞理與邏輯》（1936）卻可謂該學派的「標準讀本」。這個「讀本」的歷史價值至少體現於兩方面：一是，它最早把邏輯實證主義思潮傳入了英語世界；二是，後人可從中找到該思潮在英美學術界得以盛行並引起論爭的原始根據。所以，就爆發於英語宗教哲學論壇上的宗教語言之爭來說，艾耶爾有資格出任「邏輯實證主義的代言

人」。

4.1.2 清除宗教宣言

邏輯實證主義的理論反叛精神，在《語言、真理與邏輯》裡發揮得淋漓盡致。該學派排斥宗教神學的強烈主張，濃縮於該書的第六章「倫理學和神學的批判」。艾耶爾一提筆就指出，宗教知識的可能性，已因我們對形而上學的拒斥而被排除了。為什麼這樣說呢？理由見於如下分析：

1.「上帝存在」是不可證明的

這一點已得到普遍的同意，至少得到了哲學家的承認。要說明這一點並不難，只需追問：「上帝存在」得以演繹出來的前提是什麼？就論證方法而言，假如作為結論的「上帝存在」是確定的，那麼，其前提也是確定的；因為演繹論證的結論含於前提，其前提的任何不確定性必然導致結論的不確定性。

> 可是，我們知道經驗命題在任何時候都只能具有或然性。只有先天命題才是邏輯上確定的。但是我們不能從先天命題中推演出上帝的存在。因為我們知道，先天命題之所以是確定的，是由於它們是重言式命題。並且，從一套重言式命題中，除了更進一步的重言式命題之外，不能有效地推演出什麼東西。這就必然可以推論出：要論證上帝存在是不可能的。[3]

艾耶爾進一步指出，要想證明「上帝存在」的或然性，也是不可能的。這一點雖未得到普遍承認，但同樣不難說明。如果「上帝存在」具有或然性，那麼，該命題必是一個經驗假

設。可這樣一來，儘管從作為經驗假設的「上帝存在」以及其他假設，可推演出有關的經驗命題，但此類經驗命題不可能從別的假設單獨推演出來。因而，這種證明在事實上是根本不可能的。

例如，宇宙論論證歷來被看作關於上帝存在的經驗性證明。有人認為，自然界的有規則性就是對上帝存在的充分證明。艾耶爾反駁，如果「上帝存在」所導致的只是某些自然現象按一定次序出現，那麼，斷定該命題豈不僅僅等於肯定自然界存在必要的規則性嗎？可問題在於，沒有一個信徒會承認：這就是斷定「上帝存在」的全部內容。談論「上帝」，對信徒來說就是提及「某位超驗的存在者」；這位存在者可透過某些經驗被感知，卻肯定不能用此類經驗來定義。

但在這種情況下，「上帝」一詞是一個形而上學的詞。並且，假如「上帝」是一個形而上學的詞，那麼，有一個上帝存在甚至不能是或然的。因為說「上帝存在」是一個既不能真也不能假的形而上學的說法。用同樣的標準[4]，沒有一個想要描寫超驗上帝的性質的句子能夠具有任何字面意義。[5]

2. 邏輯實證主義的宗教觀不同於無神論和不可知論

不可知論的特徵在於，承認「上帝存在」是一種可能性，但相信與否均缺乏充足的理由；無神論的特點則在於，認為「上帝不存在」起碼是或然的；而邏輯實證主義則主張，一切關於上帝的說法都是無意義的。這種觀點不僅不同於無神論或不可知論，不在任何意義上支持這兩種廣為人知的觀點，而且從根本上不可能與它們同時成立。

先就無神論而言，如果「上帝存在」是沒有意義的，那麼，無神論者否定「上帝存在」也是缺乏意義的。再拿不可知論來說，雖然不可知論者避免作出判斷：上帝存在或沒有上帝，但並不否認「超驗的上帝存在與否」是一個真問題；也就是說，並沒有肯定下列兩個命題在實際上必有其一非真即假：「有超驗的上帝」或「沒有超驗的上帝」。不可知論能告訴我們的，只是上述兩個命題無法辨別真偽，都是不可信的。而按照邏輯實證主義的看法，既然這兩個命題都是無意義的，不可知論自然也就被排除了。

3. 宗教與自然科學的衝突並無邏輯根據

有神論者的宗教用語根本構不成真命題，所以，宗教用語與科學命題沒有任何邏輯關係，宗教徒與科學家也不存在什麼對立。在艾耶爾看來，宗教信仰與自然科學之所以發生衝突，似乎是因為科學從宗教那裡奪走了信仰的動機。眾所周知，宗教情感的一個主要來源就是人們無法決定自己的命運；而科學的不斷發展則打破了人們對外部世界的畏懼感，使人相信自然過程是可理解、可預見的，甚至在一定程度上是可控制的。近來，物理學家同情宗教成為一種時髦。這種現象有利於前述宗教情感來源的假設，因為它表明現代物理學家對過去期望的效準失去了信心，他們已跟十九世紀科學界的那種獨斷主義的反宗教傾向分手了。這是剛經歷過危機的現代物理學的自然結果。但艾耶爾指出，更深地研討宗教情感的原因或宗教信仰長久持續的或然性，已超出了邏輯實證主義的關注範圍。邏輯實證主義要回答的只是「宗教知識是否可能」，想證實的就是「不可能有任何宗教意義上的超驗真理」，因為有神論者用來表達此

類「眞理」的句子在字面上是沒有意義的。

4. 邏輯實證主義的結論可得到有神論者的佐證

　　有趣的是，艾耶爾發現，上述幾點結論是與有神論者的許多一貫說法相符的。

(1)「上帝的性質是神秘的，是超出人的理解力的。」若說某物超出人的理解力，就是指此物不可理解，而不可理解的事物肯定不能給以有意義的描述。

(2)「上帝並非理性的對象而是信仰的對象。」這種說法不過是承認，「上帝存在」只能靠信仰才可領悟，而不能進行邏輯證明。

(3)「上帝純屬神秘直覺的對象，無法用理性所理解的詞語加以定義。」如果承認無法用可理解的詞語來定義上帝，那就等於承認：某個句子既是有意義的又是論及上帝的，這在邏輯上顯然說不通。如果某個神秘主義者認爲，他所直覺或洞見的對象不可描述，那就得同時承認：他描述該對象時所說的，肯定都是無意義的。

　　關於「神秘直覺」，艾耶爾還作了一些分析。神秘主義者可能會堅持，雖然他獲得的眞理是無法向別人解釋的，但直覺確能揭示信仰的眞理。艾耶爾認爲，不具有神秘直覺的人，自然沒有根據否認此類直覺是一種認識能力。就發現或表達眞命題的方法而論，不能先天斷定只有一條途徑；換言之，方法或途徑很可能是多種多樣的。因此，除了歸納式的理性方法，絕不應否認純直覺的方法也能發現綜合性的眞理。問題的關鍵在於，任何一個綜合命題，無論是怎樣形成的，均須服從於實際

經驗的檢驗。而神祕主義者根本就沒有提出可用經驗證實的命題，也根本無法提出任何可理解的命題。我們據此只能說，所謂的神祕直覺並沒有向神祕主義者顯現出什麼事實；退一步說，儘管神祕主義者自認為掌握了事實，可此類無法表達的事實等於沒用。

5. 根據宗教經驗來論證「上帝存在」也不能成立

在許多哲學家看來，宗教經驗可有效地論證「上帝存在」，因為從邏輯上說，如同感覺內容可直接認識，人們也有可能直接認識上帝。譬如，可比較如下兩個說法：(1)某人說：「我看見了一片黃色。」(2)該人又說：「我看見了上帝。」為什麼我們可相信前一種說法，而不信後一種呢？這在邏輯上是沒道理的。

對於以上論辯，艾耶爾是這樣答覆的：如果該人說看見了上帝，只是斷定他自己經驗到了某種特殊的感覺內容，我們絕不會否認他的斷言可能是真的。然而，所謂「見過上帝的人」，一般不僅僅是講他經驗到了某種宗教情感，而是說「有一位超驗的存在者」；這就像看見黃顏色的人，通常不僅僅是講自己視域裡包括黃色的感覺內容，而是說「有一個黃色的東西」。由此分析可作出判斷，相信說法(1)的內容，即「黃色物體的存在」，而不信說法(2)的所指——「超驗的上帝的存在」，這在邏輯上並非不合理，因為說法(1)表達的是一個能被經驗證實的真綜合命題，而說法(2)在字面上是無意義的。

我們可以得出結論，從宗教經驗而來的論證完全是謬誤的。人們具有宗教經驗，從心理學的觀點來說，是有趣味的事實，但是這個事實，並不以任何方式暗示著有宗教

知識這樣的東西，正如我們具有道德經驗並不暗示著有道
德知識那樣的東西。有神論者如同道德家一樣，可能相信
他的經驗是認識的經驗，但是，除非有神論者能提出可以
用經驗證實的命題來表述他的「知識」，我們就可以肯定，
他是在那裡作自欺之談。這就必然得出結論，那些哲學
家，他們的著作中滿篇都是斷言他們透過直覺「知道」這
個或那個道德或宗教的「真理」，這只是為精神分析學家提
供資料而已。因為，除非直覺活動提出了一些可證實的命
題，這種活動就不能被認為是顯示出有關任何事實的真
理。但是，所有可證實的命題都應當被包括在構成科學的
經驗命題的體系中。[6]

　　以上分析雖然簡要，但分量就像一篇清除宗教信仰和神學
思想的「邏輯宣言」。讀罷這篇宣言，我們便可領悟到這場挑戰
的嚴峻性了。在語言問題上，邏輯實證主義者推崇科學精神，
提出了異常明確的「意義標準」或「證實原則」：一個命題有
無意義，取決於能否用經驗事實來確證其真假；也就是說，如
果可被經驗事實檢驗，該命題就是有意義的，否則便是無意義
的、應被清除的。按此標準，諸如「上帝存在」等說法，顯然
不屬於可證實的或有意義的命題；這樣一來，如同形而上學，
千百年來根深柢固的宗教信仰和神學思想也被連根剷除了，因
為所謂的「宗教意義上的知識或真理」根本無從談起，或簡言
之，宗教徒和神學家所說的一切根本沒有意義。

4.2 眾哲學家

從理論線索來看，宗教語言問題就是由於上述挑戰而成了當代宗教哲學研究的一大難題，其爭論焦點在於，宗教用語或神學命題到底有沒有意義呢？如果有的話，又是哪一種意義呢？問題本來是艱深的，但有趣的是，這場爆發於英語宗教哲學圈子裡的爭論，是由一則寓言引起的，後來的研討者紛紛效法，於二十世紀中期達到了高潮，上演了一場生動的「寓言大論戰」，這就是當代宗教哲學文獻裡常提到的「學院派寓意之爭」（university discussion）。

4.2.1 威茲德姆：隱身的花匠

有兩個人重歸故里，走進他們以前的花園。這個花園長期沒人照管了，可他們很驚訝地發現，雜草叢中以前種的幾株花木生機勃勃。甲對乙說：「肯定有個花匠一直來這兒照看。」但經過查問，他們發現鄰居們從未見過什麼人在花園裡幹過活。甲又對乙講：「他一定乘人們睡覺的時候來幹活。」乙說：「不會的，即使如此也會有人聽到他幹活的聲音。再說了，不論誰來照看這些花兒，都會踩倒周圍的雜草。」甲則指出：「看看所有這些被安排的，這裡頭有目的，有一種美感。我相信有個花匠來過，只不過凡人的眼睛看不見罷了。我相信，越是留神，就會發現越多的東西來證明這一點。」於是，他倆便留神地察看整個花園，有時他們發現一些新的東西，使人覺著有個花匠

來過；有時又發現一些事情，讓人覺著並非如此，甚至叫人覺著有個搗蛋鬼一直待在這裡。除了留神察看花園，他們還做了研究，長期遺棄的花園都會發生什麼變化，也彼此交流了關於這個問題和這個花園的所有看法。結果，做完這一切後，甲說：「我還是相信有個花匠來過。」乙則講：「我不信。」到這時，對於他們已在花園裡發現的東西，對於如果繼續察看還會在花園裡發現的東西，對於沒人照看的花園多久會變成荒園等等，他倆的不同說法已反映不出任何不同的意思了。因此，到這種時候，在這種背景下，關於花匠的說法不再是一個可經驗的假設了，而接受者與拒斥者的差別也不是一個是否期待某種東西的問題了。那麼，他們二人的差別在哪兒呢？甲說：「來者是一個無影無聲的花匠，他只是透過我們大家熟悉的工作來顯現自身。」乙說：「根本就沒有什麼花匠來過。」而且，就他們關於這個花匠所說的那些話裡包含的上述差別來看，隨之產生的是他們對於這個花園的感受方式的差別，儘管事實上沒有一個人想藉這一差別來期待另一個人並不期待的任何東西。

這則寓言出自劍橋大學哲學教授威茲德姆（John Wisdom, 1904- ）的一篇著名論文〈諸神〉（"Gods"）。作者極富想像力地讓「甲」裝扮成有神論者，「乙」化身為無神論者，「花園」和「花匠」則讓人聯想到「世界」和「上帝」。簡單提示這些，其寓意便凸顯如下了：

儘管有神論者與無神論者久爭不息，兩派說法完全相反，但從經驗事實來看，無論目前的還是將來的，論辯雙方所陳述

的一切並不存在根本分歧，因爲他們所面對的是同樣的事實或同一個世界，他們的爭論就像寓言裡兩個花園主人的爭執一樣，其分歧僅僅在於感覺方式和語言概念的差異，即只不過是用不同的語言或命題來表達不同的感受罷了。對有神論者和無神論者來說，他們的不同感受雖有這樣或那樣的價值，可滿足他們各自的需要，但問題在於，他們生活於同一個世界，事實全都擺在那裡了，可爭論結果卻表明，他們用來表達各自感受的命題，都是非事實性的陳述，都是不可證實的。

一則意味深邃的寓言，其影響往往勝過枯燥的長篇大論。一般認爲，就是這則寓言把邏輯實證主義的證實原則引進了當代宗教哲學圈子，從而與艾耶爾等人裡應外合，掀起了一場曠日持久的宗教用語或神學命題意義之爭。接下來登場的「學院派寓意之爭」，便是接著前述寓言留下來的問題展開的。

4.2.2 弗盧：兩個探險家

從前，有兩個探險者在一片叢林裡發現了一小塊開墾過的園地。這裡長滿了鮮花和雜草。甲說：「肯定有個園丁照看著這塊園地。」乙不同意：「這裡根本就沒有園丁。」於是，他倆安營紮寨，搭起帳蓬，輪番觀察。結果，沒有發現什麼園丁。甲又說：「這個園丁可能無影無蹤。」然後，他們又用裸露的導線圍起了一道電網，並輪流帶著幾條獵狗巡視（因爲他倆記得 H. G. 沃爾所描寫的那個「看不見的人」，雖然人眼無法看見他，但他有氣味，有形體）。可是，沒有任何尖叫聲表明有人闖進來時遭到了電擊，紋風不動的電線也說明不了有個看不見的人爬了進來，幾隻獵狗也沒有叫過。然而，甲還是不信服：「可這

裡是有一個園丁，他無影無蹤，既感不到電擊也沒有任何氣味或聲音，他總是神秘地進來，照看著這個他喜愛的花園。」最後，乙絕望了，對甲質問道：「到底是什麼東西使你固執最初的看法呢？就憑你說的那個既看不見又摸不著、永遠不可捉摸的園丁嗎？這和一個想像的園丁，和根本就沒有園丁有什麼不一樣呢？[7]

上述寓言出自英國基利大學哲學教授弗盧（Antony Flew, 1923-　）之手，它乍看起來酷似「隱身的花匠」，其實別有一番新意，這就是轉而從「證僞原則」立論，以更嚴格的標準來質疑宗教用語或神學命題。

弗盧解釋道，這則寓言使我們不難悟出宗教用語或神學命題特有的「危險」和「弊端」，即「不可證僞性」。例如，「上帝創造了世界」、「上帝是有目的的」、「上帝愛我們，猶如父親愛子女」，這些貌似宇宙論或倫理學的說法，實際上都是不可證僞的。

一般說來，肯定某事物如此，同時相當於否定某事物並非如此。用符號學的語言來說，P ≡ ≡ ≈ ≈ P。因此，假若我們拿不準某人的論斷，甚至懷疑他是否有所肯定，常用的一種理解方式就是設法找出與其論斷相反的事實，因爲如果他的說法眞是一個論斷或命題的話，那麼，該論斷或命題對相反的事實必然構成一個否定式；而且可以說，任何有悖於該論斷或命題的東西，或能使斷言者承認自己判斷有誤的事物，必定或部分或全部地存在於該論斷或命題所否定的意域。所以，若能了解某個論斷或命題的否定意域，我們便可把握其意義了；反之，如果某個論斷或命題無所否定，也就無所肯定，就不會是一個眞

的論斷或命題。

正是根據上述原則，弗盧向有神論者提出了更嚴厲的詰難：如果你們眞的相信傳統的神學命題，那麼，能否列舉條件或事實來加以證僞呢？因爲眞理需要檢驗，假如沒有任何東西能證僞神學命題的話，它們便無意義可言，既不值得我們較眞更不值得人們信仰。如同寓言所示，那個懷疑論者（乙）之所以絕望，對有神論者（甲）發出最後的質疑，無非是想挑明：到底有什麼東西可使你放棄固執的信念呢？你的最初說法幾經檢驗，幾經削弱，還稱得上是一個關於事實或眞理的論斷或命題嗎？

4.2.3 黑爾：牛津的瘋子

弗盧的話音剛落，牛津大學哲學教授黑爾（R. M. Hare, 1919- ）便登台回應。他首先承認，就立論根據而言，弗盧對宗教用語或神學命題的詰難無可挑剔，但他想藉另一個寓言來說明自己的不同觀點。這則寓言如下：

> 在牛津大學校園裡有一個瘋子，他深信所有的教授都想殺害他。爲了消除他的這種念頭，朋友們想方設法，把所有能找到的那些最和善、最受人敬重的教授們一一引見給他。每當這些教授裡有人退休，朋友們便對瘋子解釋：「你明白了吧，他實際上並不想殺你；他跟你講話時多親切；你現在眞該信了吧？」可瘋子總是回答：「是嗎？那只不過表明他像惡魔一樣狡詐，其實他和別人一樣，一直算計著我。我曉得這一點，才告訴你們的。」到最後，不管向他引見多麼善良的教授，也不論對他怎麼解釋，瘋子

的反應如故。

黑爾指出，我們不妨先用弗盧所主張的證偽方法來檢驗一下「瘋子的理論」。這位瘋子顯然是被某種東西矇騙著。問題在於，是什麼東西在矇騙著他呢？是某個真實的還是虛假的論斷或命題呢？在瘋子本人看來，眾教授的言談舉止並不能否證他的理論。因此，根據弗盧的觀點，「瘋子的理論」也就沒有肯定任何東西，沒有什麼意義。然而，就對待牛津教授的態度而言，這並不意味著「瘋子的想法」與「我們的觀點」不存在任何差異；否則的話，我們就不會把自己稱為「正常的人」，而把他看成「瘋子」。那麼，造成這種差異的原因又是什麼呢？黑爾回答，是不同的「伯利克」（bliks），瘋子有一種不健全的「伯利克」，我們的「伯利克」則屬健全型的。

此處出現了一個新詞「伯利克」。這是黑爾為闡釋自己的觀點而獨創的概念。他首先強調：

> 認識到這一點很重要，我們並不是根本沒有「伯利克」，而是具有一種健全的「伯利克」；因為任何爭論必有雙方——如果瘋子有一種錯誤的「伯利克」，那些對牛津教授抱有正常態度的人就肯定有一種正確的「伯利克」。弗盧已經表明，「伯利克」並不屬於某個論斷或論斷體系；不過，具有正確的「伯利克」還是非常重要的。[8]

接著，黑爾舉了一個經驗色彩濃厚的例子，試對「伯利克」的涵義與意義作出具體解釋。他說，我自己開車時，有時會突然擔心方向盤失靈，雖然我從來沒有遇到這種事故，我也十分了解汽車作業系統的製造材料，以及主要的故障原因。汽車作

業系統的主要零件選用的都是性能優良的鋼材，而方向盤失靈
大多是由於鋼製零件介面處脫節、鋼製操縱桿斷裂等等，可我
怎麼才能知道不會發生此類事情呢？眞實的答案只能是：我無
法知道。我只是對鋼材及其性能抱有一種「伯利克」，所以，在
正常情況下，我相信汽車所用鋼材的安全程度。

　　但另一方面，我們也不難想像，如果有人失去了上述信任
感而傾向於一種相反的「伯利克」，他對開車的態度又會如何
呢？拿我來說，我就永遠不會再開車。顯然，一旦我抱有這樣
一種「伯利克」，不論多少次安全駕駛的例證都無法使之改變或
消除，因爲此類例證或檢驗畢竟是有限的，而我的「伯利克」
與這有限數量的例證或檢驗是有可能和諧共存的。進一步講，
別人當然可指出，我對汽車所用鋼材持有的是一種不正常的
「伯利克」，是荒唐可笑的；但這並不能否認我們各自的「伯利
克」是不一樣的，是有現實差異的，而這種差異必然導致我們
各自的不同選擇及行爲。在黑爾看來，這正是休謨哲學留給我
們的主要啓示：

> 　　我們與這個世界的全部交流活動都取決於我們對這個
> 世界抱有的「伯利克」；而關於世界的諸多「伯利克」的
> 差異，是不可能透過觀察這個世界上所發生的事情來予以
> 解決的。[9]

　　雖然黑爾本人一直沒有明確界說「伯利克」，但綜合他那環
環相扣的解釋，從「瘋子的寓言」經「開車的例子」到「休謨
的啓迪」，我們可以大致把握這個獨特的概念。一方面，所謂的
「伯利克」顯然是指一種「基本信念」，我們不妨借用傳統哲學
術語稱之爲「世界觀」；另一方面，黑爾再三強調，這種「基

本信念」或「世界觀」具有絕對的「非邏輯性」和「超驗性」，或用分析哲學語言來說，這種東西是既「不可證實」也「不可證偽」的。以上兩點恐怕就是黑爾爲什麼不願用現有的哲學概念而去重造一個新詞的主要原因。

正是立論於「伯利克」這個新概念，黑爾試圖指明弗盧等人的宗教語言觀的偏頗之處。如前所見，弗盧是完全站在邏輯實證主義者一邊向傳統的宗教用語或神學命題發起挑戰的。黑爾指出，弗盧等人所選擇的這種哲學立場，其偏頗之處就在於，誤把宗教用語或神學命題看成是「一種解釋」（an explanation），即自然科學家們通常所理解或接受的那種意義上的解釋。如果照此來看，宗教用語或神學命題自然也就顯得不合邏輯、荒謬絕倫了。譬如，對深受科學薰陶的現代人來說，誰會相信「上帝和阿特拉斯[10]一樣頂天立地」呢？

可值得深究的是，能否把「神學命題」視同爲「科學命題」呢？或者說，能否用「科學的解釋」來取代「宗教的解釋」呢？按黑爾的看法，這二者無疑是有明顯差異的，不宜簡單混同；更何況，這二者的表面差異之下還隱含著基本信念的分歧，即不同的「伯利克」。

> 沒有「伯利克」，就不可能有解釋；因爲我們正是根據自己的「伯利克」才決定了何謂解釋、何者不成解釋。不妨假設，我們曾經相信，過去發生的一切純屬偶然。這當然不會成爲一種斷言；因爲它是和任何正在發生或不在發生的事情相容的，也是與其偶然碰到的矛盾因素相容的。但是，假如我們抱有這種信念，我們就不可能去解釋、預測或計畫任何事情。這樣一來，儘管我們不應對任何不同

於某種較正常的信念的東西有所斷言，可我們之間還是存在一種巨大的差異；而這也就是存在於那些真的相信上帝的人與那些真的不信上帝的人之間的所謂差異。[11]

黑爾總結道，我的寓言和弗盧的寓言相比，有如下重大區別：弗盧所寄意於的那兩個探險者並不「介意」（mind）他們發現的那塊園地，他倆之所以就那塊園地爭來爭去，只是出於興趣，根本不抱「關切」（concern）；而我所說的那個瘋子，卻對牛津大學的教授們格外「介意」，我所講的「那個作爲駕駛者的我」，也對自己車子的方向盤十分「介意」，因爲常有我所「關切」的人搭乘我的車子。換個角度講，如果我是弗盧筆下的探險者，肯定會特別「介意」那塊園地上正在發生的一切事情，因爲這裡也就是我「發現了自己」的地方，我不可能分享那兩位探險者的「超然態度」。

由此可見，對弗盧等人的挑戰，黑爾的寓言及其闡釋採取了這樣一種以守爲攻的策略：首先承認宗教用語或神學命題確是無法用經驗事實來證實或證僞的，但緊接著強調，此類不可證僞的語言或命題所表達的基本信念有其不可忽視的重要意義。

4.2.4 米切爾：記游擊隊員

這則寓言的講述者是牛津大學哲學教授米切爾（Basil Mitchell, 1917-　），他所代表的是第三種觀點：既對弗盧等人的詰難還以質疑，又對黑爾的立場加以修正，力求說明宗教用語或神學命題不但是有重要意義的，而且是「一種不乏經驗根據的陳述」。

　　戰爭時期，在一個被占領的國家裡，有個游擊隊員某天晚上遇到了一個陌生人。這天晚上，他倆徹夜長談。陌生人對游擊隊員講，他也是站在抵抗運動一邊的，而且還是領導人；同時，他要求這個游擊隊員，無論發生什麼事情，都要相信他。初次見面，陌生人的坦誠態度和堅強性格就給這個游擊隊員留下了深刻印象。因而，他很信任那個陌生人。可從那以後，兩人再沒有私下裡碰過頭。有時，朋友們告訴這個游擊隊員，陌生人幫助了很多抵抗運動成員，他就高興地說：「他是我們這邊的。」但有時，人們又看見那個陌生人身著警服，抓了不少游擊隊員交給敵方。這時朋友們就抱怨開了，可這個游擊隊員還堅持說：「他是我們這邊的。」因為他依然相信，不管表面上看起來如何，陌生人並沒有欺騙過自己。有時，他求助於那個陌生人，並得到了幫助，他便很激動；可有時，他的求助沒有任何結果，這時他就說：「那個陌生人知道怎麼辦最好。」每當這時，朋友們便惱怒地問道：「你說，那個陌生人非得做出些什麼事情，你才能承認自己錯了，才能承認他不是我們這邊的？」對於這種質問，游擊隊員總是拒絕回答，因為他不贊成用這種辦法來驗證那個陌生人的真實身分。最後，朋友們禁不住對他發牢騷了：「好吧，要是你所說的──『他是我們這邊的』，只不過是這麼一種默認，那他還是趕快跑到敵人那邊吧，越快越好！」

　　和前兩個寓言相比，這則寓言更像一個情節曲折的故事，因為它有更現實的背景，更戲劇化的衝突。據米切爾的解釋，這個寓言的立意首先在於表明，作為主人翁的游擊隊員不容許

任何東西從根本上否定自己的命題——「那個陌生人是我們這邊的」，因爲這將詆毀他的基本信念及其正義事業——抵抗運動。當然，他也清醒認識到，那個自稱領導者的陌生人，其身分和行爲都是曖昧不明的，是與自己一夜間形成的高度信任感相衝突的。可在他看來，眞正的信念及其事業怎能不經受充滿衝突或矛盾的考驗呢？

其次，耐人尋味的是這樣一個具體情節：當這個游擊隊員求助於陌生人卻得不到任何結果時，他可作哪些選擇呢？米切爾指出，他的選擇不外兩種：(1)據此斷定，「那個陌生人不是我們這邊的」；(2)堅持認爲，「那個陌生人是我們這邊的」。顯然，以上兩種選擇都不缺少經驗事實根據。問題在於，這個游擊隊員斷然拒絕了第一種選擇，而第二種選擇又能堅持多久呢？

米切爾認爲，對這種眼下尙無結果的事情，恐怕沒有人能預先找到答案。目前只能判斷，這首先取決於那個陌生人給游擊隊員留下了什麼印象；其次取決於這個游擊隊員以何種方式去理會陌生人的所作所爲。據此可想見，假如僅僅由於一時沒有得到幫助，這個游擊隊員便放棄了自己的信念及其事業，那他將被看作一個不正常的、沒有思想的人；可另一方面，他顯然不能輕易作出如下解釋：我之所以堅持「那個陌生人是我們這邊的」，其根據就在於該人的諸多曖昧舉動，因爲這樣一來，他便和某些稀裡糊塗的宗教徒沒什麼兩樣了，無異於用「上帝的意志」來解釋一場可怕的自然災害。

以上分析表明，如果這個游擊隊員充分體驗到了某些經驗事實的確與自己的命題或信念相衝突，那麼，我們只能把他的說法或選擇看作正常的、有理智的。米切爾強調：

我的寓言區別於黑爾寓言的地方就在於此。這個游擊
隊員承認，很多事情可能而且確實跟他的信念發生衝突；
而黑爾所説的那個對牛津教授抱有一種「伯利克」的瘋
子，卻不承認任何東西跟他的「伯利克」發生衝突。有什
麼東西能跟「伯利克」相衝突呢？此外，這個游擊隊員有
一種根據，使他自己從一開始就有所依託，這就是那個陌
生人的性格；而瘋子對牛津教授抱有的那種「伯利克」卻
是毫無根據的。[12]

米切爾強調上述區別，是為了進一步回應弗盧等人的挑
戰。他就此闡明了兩點：(1)弗盧等人提出的問題的確是尖銳
的、有深度的，我同意他們的觀點，宗教用語或神學語言也必
須構成「論斷或命題」，譬如，寓言裡游擊隊員的説法便構成了
一個論斷或命題——「那個陌生人是我們這邊的」；(2)但弗盧
等人對宗教用語或神學命題的看法是不盡中肯的，因為前述分
析已表明，宗教論斷或神學命題無論在什麼意義上都可看成
「一種解釋」，譬如，這個游擊隊員的論斷或命題就是對陌生人
行為所作的解釋，而且該論斷或命題所表達的信念有助於解釋
陌生人活動背景下的那場抵抗運動。

4.2.5 希克：兩個旅行者

有兩個人同路旅行。其中一個人相信，這條路通往天
國，另一個人則認為目的地並不神聖，可眼下的路只有這
一條，他倆只能結伴而行。這條路他倆誰也沒有走過；因
此，誰也説不出將在每個拐角處發現什麼。旅途上，他們
有過開心快樂的時候，也有碰到艱難險阻的時刻。一路

上，其中的一個人無時不把這次旅行看作天國朝聖。所以，她把那些快樂時光解釋為對自己的鼓勵，而把艱難險阻解釋為對自己目的的考驗、對自己耐力的教導，所有這些都是天主預先設計好了的，為了使她抵達天國後能成為一個合格的公民。然而，另一個人則不信這一套，只把他們的旅程看作一種不可避免的、漫無目的的遊蕩。既然他在這種事情上別無選擇，只好隨遇而安，有好處便享有，見壞處就忍受。對他來說，並不存在什麼尚待奔赴的天國，也不存在什麼包羅萬象、注定旅程的目的，存在的只是這條路本身，以及一路上天氣好壞之類的運氣。[13]

這個寓言的意蘊何在呢？不難看出，所謂的「旅行」在希克的筆下意指「人生之旅」，兩位旅行者的態度及其感受則來自不同的「人生目的」。希克首先指出，這兩個人在整個旅途中的分歧並不是某種經驗意義上的爭論，也就是說，他倆懷有的不同期待只跟目的地相關，而和一路上碰到的具體事情沒有多大關係。然而，這並不意味著他倆的不同期待是不可證實的。等走過最後一個拐角，結果就會一目瞭然，他倆必有對錯之分。所以說，他們的分歧雖然一直都不帶有經驗的性質，但仍屬於一場有現實意義的爭論。正因如此，不僅他們對整個旅途的不同感受存在著是否符合實際的區別，而且他們對一路境遇的相反解釋也構成了有競爭性的兩種斷言或兩個命題。不過，這裡說的「斷言或命題」有特殊性，即它們只有等轉過最後一個路口才能成立。

希克接著解釋，這則寓言的創作動機僅想表明，在猶太教或基督教那裡，所謂的有神論實質上是以「一種終極的、確定

性的存在」與「我們現有的、不確定性的存在」為出發點的。
這就意味著，既存在著一種抵達狀態，也存在著一種跋涉狀
態；既存在著一種永恆的天國生活，也存在著一種塵世的朝聖
過程。不必否認，這種有神論作為現有經驗的一種解釋，是不
可能用所謂的「未來經驗」來加以證實的；但同樣不可否認的
是，在有神論和無神論之間，「未來的經驗」完全可為我們提
供一種選擇，而且是一種實際的、並非空洞的或字面意義上的
選擇。

　　針對前幾則寓言留下的解釋難點或主要問題，希克認為，
這個新寓言可為研究者提供以下幾點富有建設性的意見：

(1)就一個事實性的論斷而言，所謂的「證實」並不等於
「邏輯證明」。證實觀念的核心思想在於，排除理性懷疑
賴以存在的諸多根據。例如，命題P已被證明，就是指
某事的發生已明確表明P為真，因而對該命題來說不存
在懷疑的餘地了。

(2)所謂的證實有時必需這樣一個先決條件：親臨某一境
況，或從事某種特殊活動。例如，要想證明「隔壁有一
張桌子」，只有走進這個房間，才有作證的資格。

(3)一般說來，雖然「可證實的」意指「可公開證實的」，即
原則上能被任何人所證實。但這並不等於說，某個已知
可被證實的命題，事實上可被或將被所有的人加以證
實。換言之，對任何一個特殊的、真實的命題來說，加
以證實的實際人數都有賴於各種各樣的偶然因素。

(4)就某個命題而論，一方面在原則上是可被證實的，另一
方面在原則上卻是不可證偽的。例如，「π 的小數點值

裡有三個連續的七」，現有的計算結果並沒證實這個命
題。可是，由於這道題可無限地演算下去，很有可能在
數學家目前尚未達到的某個計算結果裡真會出現三個連
續的七。因此，假若該命題為真，將有一天可被證實；
假若為假，則永遠不可證偽。又如，根據基督教的「來
世觀念」，一個人的肉體死後，他還有意識，能夠經驗，
而其經驗裡必然包括關於肉體死亡的記憶。上述預言若
是真的，可由死後的經驗證實；若是假的，則無法證
偽。

　　說到這裡，我們可做小結了。從威茲德姆、弗盧到黑爾、
米切爾和希克，一連串富有哲理性的寓言，形象地喻示出了宗
教語言或神學命題在意義問題上存在的諸多疑難。從晚近的文
獻來看，關於宗教語言的神哲學研討就是圍繞著這些疑難層層
深入展開的，探索進路大體上可從如下兩方面來把握：

　　第一，狹義的宗教語言意義問題研究。這裡說的「狹義」
不帶「貶義」，而是指針對艾耶爾等人的挑戰，深入探討宗教語
言與科學語言的邏輯異同，以解釋下列主要問題：傳統的宗教
語言特別是神學命題到底有什麼意義呢？有無經驗前提呢？有
哪些證據或根據呢？其證實標準又是什麼呢？

　　就這方面的進展而言，目前最引人注目的是普蘭丁格
（Alvin Plantinga, 1932- ）和斯溫伯恩（Richard Swinburn, 1934- ）
的研究成果。前者透過發掘喀爾文的思想資源，否定傳統的自
然神學，揚棄近代哲學的基礎論原則等環節，用分析哲學方法
和當代邏輯語言，嚴格地論證了「宗教命題的合理性」。後者則
綜合科學哲學、宗教哲學、語言哲學等領域的新觀點，用歸納

邏輯實證論的符號和公式，系統地推導了「傳統神學的核心命
題」。

　　第二，廣義的宗教語言意義問題研究。這條探索進路是相
對於「狹義的宗教語言意義問題研究」而言的，主要傾向在
於，有意克服「科學命題與神學命題語義之爭」的局限性、狹
隘性或偏頗性，轉而注重文化背景與宗教語言的關係問題，透
過反省現代文化背景下的人類生存難題，試用新的觀念、理論
和概念等來闡發宗教語言的特性、意義或功能。

　　由於這條進路過寬，難以歷數探索足跡。這裡僅舉出三種
有影響的理論供讀者參考：田立克（Paul Tillich, 1886-1965）的
宗教象徵理論，有助於重新思考宗教語言的特性；布爾特曼
（Rudolf Bultmann, 1884-1976）的解除神話理論，有助於重新解
釋宗教經典的意義；范·布倫（Paul van Buren, 1924-　）的
「宗教語言邊緣理論」，有助於理解宗教語言在現代人類語言活
動範圍裡的獨特處境和複雜功能。但需要留意，以上三位學者
的啟發性，主要是就方法論觀念而言的，而不是指他們的具體
觀點或結論。

註釋

[1]埃萬斯,《宗教哲學:思考信仰》(*Philosophy of Religion: Thinking about Faith*),Inter Varsity Press,1982,頁141。

[2]布萊恩·麥基編,《思想家——當代哲學的創造者們》,三聯書店,1987,頁154-155。

[3]艾耶爾,《語言、真理與邏輯》,上海譯文出版社,1981,頁131。

[4]指邏輯實證主義的「可證實標準」,筆者註。

[5]艾耶爾,《語言、真理與邏輯》,頁132。

[6]《語言、真理與邏輯》,頁137。

[7]弗盧,〈神學與證偽〉,弗盧等主編,《哲理神學新論》(*New Essays in Philosophical Theology*),Macmillian Publishing Co., Inc.,1955,頁96。

[8]《哲理神學新論》,頁100。

[9]《哲理神學新論》,頁101。

[10]阿特拉斯(Atlas)見於古希臘神話,是肩扛天宇的提坦神。

[11]弗盧等主編,《哲理神學新論》,頁101-102。

[12]《哲理神學新論》,頁105。

[13]希克,《宗教哲學》(*Philosophy of Religion*),Prentice-Hall, Inc.,1983,頁101。

5. 宗教文化學

　　宗教與文化的問題，好比一張複雜而廣泛
的關係網，它把社會生活方式跟精神信念、價
值觀念聯繫起來了，這些精神信念和價值觀念
被視為社會生活的最高法則，以及個人和社會
行為的最高準則；要想研究上述關係，只能從
具體的背景入手，也就是如此種種關係所歸屬
的整個歷史實在。

——道森

　　在所有的人類活動和人類文化形式中，我
們所發現的是「多種功能的統一」。藝術給予我
們直觀的統一；科學給予我們思維的統一；宗
教和神話則給予我們情感的統一。藝術為我們
敞開了「生活形式」的世界；科學為我們揭示
了規律與原則的世界；宗教和神話則起始於，
人類意識到生命的普遍存在和根本同一。

——卡西爾

　　恩斯特・卡西爾 (Ernst Cassirer, 1874-1945)，德國哲學家。被譽為「當代哲學中最德高望重的人物之一，現今思想界具有百科全書知識的學者」。

在當代人文科學領域，「宗教文化研究」已被推到了學術前沿，吸引了眾多一流學者，他們開展的大量探索，如拓荒者群策群力，正在宗教與文化的相匯處或結合部爲一門新學科奠基，這就是交叉性或綜合性極強的宗教文化學。

說到該領域的開拓者，前面介紹過的韋伯和馬林諾夫斯基當屬其列，本章限於篇幅只能再推舉三位，他們是道森、湯恩比和卡西爾。儘管這五位開拓者的探索足跡不能盡顯宗教文化學的交叉性或綜合性，但筆者仍寄兩點期望：(1)透過彙總他們的思路，勾勒出這門新學科的方法論立意；(2)再經過點評方法論上的啓發性，讓讀者來暢想「本篇未竟的學術縱橫」。

5.1 道森

道森（Christopher Dawson, 1889-1970）是當代著名的歷史學家、宗教學家和文化史學家，代表作有《進步與宗教》、《宗教與現代國家》、《宗教與文化》、《宗教與西方文化的興起》、《中世紀論文集》等。

從傳記資料來看，道森跟宗教文化史研究有不解之緣。他從小就生活於濃厚的宗教氛圍，父親是布雷肯的副主教。在牛津大學三一學院讀完本科，他前往瑞典學習經濟，但一年後就重返牛津大學改修歷史學和社會學。就在這時，他深爲特羅伊奇（Ernest Troeltsch）研討宗教與文化的著作吸引，從此便把畢生精力傾注於宗教文化史，以求揭示文化變遷是怎樣跟宗教信仰形影相隨，又是如何以宗教信仰爲基本動因的。

5.1.1 「宗教是歷史的鑰匙」

本節標題是句名言，出自著名的英國歷史學家阿克頓勳爵
（Lord Acton, 1834-1902）。它被道森視為學術生涯的座右銘。把
傳統的歷史觀念引向全新的文化視野，透過探究宗教與文化的
深層聯繫而樹立一種整體性的文化史觀，這是道森一生的追
求。

> 真正的文明實質上是一種精神秩序，因而其準則並非
> 物質財富，而是精神洞見。文明所追求的是一種Theoria，
> 即一種對實在的直覺，所謂的實在既表現於形而上的思
> 維，又反映為藝術創作和道德行為的結果。[1]

譬如，中國文明的最高境界在於，對宇宙規律的洞見和儒
家的倫理觀；這種境界在印度文明那裡表現為，對絕對存在的
洞見和聖人的道德觀；希伯來文明的最高境界則在於，對理智
世界的洞見和哲學的倫理觀。由此可見，凡有生機的文化都有
精神的動力。一般說來，這種動力來自宗教傳統。

> 宗教與文化的問題，好比一張複雜而廣泛的關係網，
> 它把社會生活方式跟精神信念、價值觀念聯繫起來了，這
> 些精神信念和價值觀念被視為社會生活的最高法則，以及
> 個人和社會行為的最高準則；要想研究上述關係，只能從
> 具體的背景入手，也就是如此種種關係所歸屬的整個歷史
> 實在。[2]

道森屬於那類大器晚成的學者，直到四十歲左右才著手著
書立說，這使其言論一開始就顯得沈穩。「我想要探討的是這

樣一種至關重要的歷史性關係——宗教與文化。從以往的研究來看，社會學家常常低估了宗教的社會功能，宗教學家則偏重於宗教的心理作用或倫理意義。如果真像我相信的那樣，凡在文化上有生氣的社會必有某種宗教信仰——無論明顯的還是隱秘的，而宗教信仰又在很大程度上決定著該社會的文化形式，那麼，有關社會發展的全部問題，便必須從宗教與文化的內在關係入手來重新研討了。」[3]

道森後來的說法顯得嚴謹多了。宗教信仰雖然遠離社會生活，但它卻爲社會生活注入了精神因素，引導著人類邁向更高的實在境界。所以，無論對人類的歷史還是對個體的經驗，宗教信仰都起著潛移默化的重大影響。若把某種文化看作一個整體，我們就會發現，宗教信仰與社會成就固有內在的關係，「甚至連一種特別注重來世、看似全盤否定人類社會的價值與規範的宗教，也會對文化產生能動作用，並爲社會變革運動提供動力」[4]。

正是本著上述思路，道森重新考察了西方現代文化的起因。

5.1.2 現代文化何以興起？

爲什麼現代文化興起於歐洲大陸呢？爲什麼現代文化能在征服自然、改造世界的過程中取得巨大的成就呢？以往的學者大多以「宇宙進化法則」來解釋現代文化的起源，將其成就歸於世俗原因，像經濟擴張、軍事侵略等。

但道森認爲，此類解釋不足以立論，因爲它主要是以「非理性的樂觀主義」爲根據的，而這種樂觀主義正是以往的學者想要解釋的那些文化現象的一部分。值得深究的是，從歐洲文

化傳統來看，到底哪些因素才能真正說明現代文化的興起與成就呢？一旦涉及這個問題，宗教信仰的歷史作用便顯得格外重要了。

如前所述，宗教與文化固有至關重要的內在關係。因而，人類歷史上形成的諸多文化現象，實際上標誌著宗教信仰與社會生活相結合的不同類型。總的看來，東方的宗教信仰，像中國的儒家學說、印度的種姓制度等，都已融入了某種神聖的秩序，以致社會生活的各個方面都由神聖秩序主宰。所以，東方文化千百年來相對穩定。那麼，為什麼歐洲文化能不斷變化呢？道森認為，這是因為西方的宗教觀並不崇拜某種永恆而完美的偶像，而是致力於一種化作人性、改造世界的精神。所以，在西方文化的演變過程中，宗教信仰既沒被束縛於某種神聖的秩序，也沒被局限於純粹的宗教範圍，而是獲得了獨立自由的社會地位，這就使其能對理智活動和社會生活產生長遠影響。

例如，西方工業革命看似純屬物質方面的成就。其實，如果沒有新教觀念所支持的道德心與義務感，這場具有劃時代意義的工業革命根本就不可能發生。關於這一點，韋伯作過深入分析，無須多談。

再如文藝復興和人文主義，表面看來，它們是以世俗主義和自然主義為鮮明特徵的，其實也深受宗教傳統的影響。文藝復興不但始於那場重新發現古典文化的思想運動，而且紮根於「充滿神秘色彩的人文主義」。這種神秘思潮的倡導者是聖方濟各、但丁等人，文藝復興後期的代表人物裡則有大量追隨者。道森感嘆，文藝復興時期的傑出人物是精神偉人，他們之所以具有偉大精神力量，用來征服物質世界，創造出一種新的世俗

文化，難道跟悠久的宗教傳統和他們的宗教信仰無關嗎？

的確，人文主義掀起了一場觀念變革，其主旨在於「回歸自然」、「重新發現自然和人的意義」。可是，這場觀念變革的推動者並非「自然意義上的人」（the natural man），而是「信基督教的人」（the Christian man），也就是那些歷經十個世紀的苦苦修行而培育起來的基督徒。越是深入考察人文主義，越會清楚地認識到，人文主義興起的基本文化動因不僅是精神的，而且是宗教的。[5]

因此，若要揭示現代西方文化的起因，便絕不可忽視宗教文化傳統的歷史積澱過程，尤其不可低估那段處於現代文化前夜的、以基督教文化為特徵的歷史，因為不僅現代文化所必需的精神力量，甚至包括現代文化的先驅者們，都是在這段歷史中孕育而成的。正是懷著這樣一種濃重的歷史感，道森把一生的大部分精力投入了相對冷僻的中世紀文化史研究。

5.1.3 為「黑暗時代」翻案

「西方的中世紀」在歷史教科書裡被描述為「黑暗的時代」。這是現代理性主義歷史學家的定論。怎麼能為這種時代翻案呢？道森一語驚人：「中世紀」一詞是由文藝復興以後的理論家杜撰出來的，是用來貶低甚至抹殺一段長達千年的歷史進程的！

按他們的觀點，以古希臘羅馬為代表的古典文明和以歐洲為中心的現代文化，在西方歷史上燦爛輝煌，值得大書特書，「中世紀」則是處於二者間的「空白」。因此，在很長一段時間裡，歷史教科書是由那些深受啟蒙運動薰陶的歷史學家持筆的。他們把中世紀視為「宗教統治嚴酷、理智活動消沉、社會

生活衰敗的黑暗時代」、「從古典文明走向現代文化途中的荒漠曠野」，故對這段長達千年的歷史一筆帶過甚至略而不提。

道森申明，他是在相反的意義上來理解「中世紀」這個概念的，他所關注的並非「那段空白的或間歇的歷史」，而是基督教文化史研究。這種歷史之所以值得探討，並不在於它本身的緣故，而是因為它是一種新的文化模式的精神源泉，也就是我們在社會學意義上稱為歐洲的這個整體的文化根源。

宗教文化史可謂晚近歷史研究中的顯學，其中尤以基督教文化史的研究成果令人矚目。雖然道森算不上該領域的開拓者，但他對宗教文化史確有獨到見解。在他看來，世界上的幾大宗教猶如「神聖傳統的歷史長河」，它們源遠流長，流經一個個時代，澆灌著諸種偉大的文化。

但就絕大多數宗教傳統而言，要想追本窮源，實在相當困難，因為它們的源頭已消失於遠古時代的文化遺跡。因此，研究者很難找到一種能從整體上來回顧宗教歷程的文化類型。可是，以基督教為特徵的西方文化卻屬例外。從研究現狀來看，我們不但較全面地了解基督教產生的背景，掌握早期教會留下的資料，而且能較完整地再現它傳入西方文化的過程。

當然，基督教文化史研究也有不少困難。道森認為，最大的困難在於，現有的資料不是太少而是過多，這便導致了該研究領域的專業化傾向。這種專業化傾向有利也有弊，一方面，形成了諸多獨立的研究方向，從不同角度豐富了歷史知識，從而有助於打破以往對中世紀的陳腐成見；另一方面，這種分而治之的專業化傾向，顯然無法全面把握宗教與文化的關係問題，其不良後果主要在於，把本應綜合考察的文化因素割裂開來了，以致基督教與整個西方文化進程的互動性這個關鍵課題

被忽視或被冷落了。

更發人深省的是，所謂的宗教，在道森看來，並非一種抽象的意識形態，也不僅是一種古老的精神資源，而且是一種綿延歷史的文化傳統和潛移默化的文化習俗。他針對以往研究中的一大罅漏指出，在中世紀文化史研究中，歷史學家往往把注意力集中於「高層次的問題」，像政治的、思想的、理智的等，他們沒有意識到這些問題在長長的歷史畫卷上只占很小的一部分；實際上，眞正對平民百姓和社會生活影響最大的還是文化習俗或宗教傳統，儘管這種影響既很難觀察又很少記載，但可以肯定，當中世紀後期的政治家致力於改革社會制度，思想家熱衷於復興古典文化時，平民百姓仍生活於中世紀的宗教信仰氛圍。

綜上所述，道森的思路可概括爲：以中世紀文化史研究爲突破口來重新闡釋現代西方文化的起因。他在這方面的成就濃縮於篇幅不長的《宗教與西方文化的興起》。要是把握上述思路，那就能掂量出這部宗教文化史名著裡最後幾行文字的分量了。

> 我一直在描述的這些世紀的重要性，是無法在它們業已創造或力圖創造的外在秩序中發現的，而只有在它們給西方人的心靈所帶來的內在變化中方可察覺，這是一種永遠也不可能被根除的變化，除非全盤否定或徹底毀滅西方人本身。[6]

5.2 湯恩比

二十世紀中葉，一部資料充實、見地新穎的巨著轟動了國際學術界，這就是著名歷史學家、歷史哲學家湯恩比（Arnold Joseph Toynbee, 1889-1975）的《歷史研究》（1934-1954）。這部長達十二卷的鴻篇巨製，縱貫古今，博論東西，透過比較近六千年來的人類史，力圖揭示諸種文明型態興衰演變的基本模式，闡發一種新創的歷史哲學體系──文明型態理論。通覽全書，作者所潛心的歷史解釋思路就是，深究宗教傳統與文明社會（廣義的文化）的關係問題。

5.2.1 「文明是歷史的單位」

歷史研究的「單位」（unit）是什麼？通俗些說，歷史學家的工作應從何入手呢？這是湯恩比首先追究的問題。在《歷史研究》裡，他提筆就批評了以往歷史研究的一大缺陷。近幾百年來，「民族主權國家」登上了歷史舞台，其明顯特點在於獨立自主、自給自足。這便誘使歷史學家的目光停留於歷史表象，把一個個民族國家當作「歷史研究的基本範圍」。就歐洲而言，其實沒有一個民族國家能獨立地說明它自身的歷史問題。無論近代國家的典型──英國，還是古代國家的典型──古希臘城邦，都證實了如下判斷：

> 歷史發展中的諸種動力並非民族性的，而是出於更廣泛的原因，這些動力作用於每個部分，除非綜合考察它們

對整個社會的作用，我們便無從理解它們的局部作用。所以，為了理解各個部分，我們首先必須著眼於整體，因為只有這個整體才是一種可獨立說明問題的研究範圍。[7]

那麼，這種「可獨立說明問題的研究範圍」是什麼呢？湯恩比回答：「是文明社會。」概括他的多處解說，文明社會的規定性主要如下：(1)在歷史研究中，只有兩個可獨立說明問題的範圍，一是原始社會，一是文明社會；(2)一個文明社會就是一個歷史整體，該整體既不是某個民族國家，也不是全人類，而是某個具有一定的時空聯繫的群體，該群體一般由數個同類型的國家構成；(3)就結構而言，文明社會主要由政治、經濟和文化三個剖面組成，其中政治和經濟是次要的，而文化是精髓，所以，若想識別文明型態，當以文化作為根據。[8]

以上觀點主要來自湯恩比對英國歷史的回溯性考察。從現代到古代，大致可把英國的歷史劃為如下章節：工業經濟制度的建立（1775-1880）；責任制議會政府的建立（1675-1770）；海外擴張（1550-1575）；宗教改革（1525-1550）；文藝復興（1475-1550）；封建制度的建立（始於十一世紀）；宗教改信（始於六世紀末）。

先看最後一章，若想了解英國的工業革命，既要考察西歐的經濟狀況，也要分析非洲、美洲、俄羅斯、印度和遠東的經濟情況。因此，就空間範圍而言，這時英國所屬的文明社會幾乎包括了整個世界。

再看責任制議會政府，一旦從經濟方面轉到政治方面，這個文明社會的空間範圍便縮小了。顯然，英法兩國的政治制度不適合於俄羅斯的羅曼諾夫王朝、土耳其的鄂圖曼王朝和印度

斯坦的帖木兒帝國等。

　　接著考察前幾個章節，海外擴張不但限於西歐，而且限於大西洋沿岸國家；宗教改革和文藝復興，顯然跟俄羅斯、土耳其等的宗教文化狀況無關；英國的封建制度也跟拜占庭、回教國家的封建制度無關；眞正値得重視的則是英國人改信基督教，正是這一事件把六個野蠻社會組成了一個新的文明社會。

　　從上述歷史考察可得到一種「空間剖視方法」。湯恩比指出，用這種方法來剖視英國歷史進程時，「我們不能不劃分社會生活的不同層面——經濟的、政治的和文化的，因爲顯而易見，隨著我們把注意力轉向不同的層面，整個社會的空間範圍也明顯地變化了。」[9]就英國所屬的文明社會而言，儘管目前其經濟、政治剖面已具有世界性，但文化剖面的空間範圍是相對穩定的；而且越往前剖視則可發現，經濟、政治剖面的空間範圍日趨縮小，逐漸與現今文化的空間範圍相重合。

　　因此，湯恩比以文化爲根據，先把英國所屬的文明社會定性爲「西方基督教社會」，又將其他四個現存的文明社會取名爲「東正教社會」、「回教社會」、「印度小乘佛教社會」和「遠東大乘佛教社會」，然後透過比較這五個文明社會的「親屬關係」，概括出了下列二十六個文明社會：

　　西方社會、東正教社會、伊朗社會、阿拉伯社會、印度社會、遠東社會、希臘社會、敘利亞社會、古印度社會、古中國社會、米諾斯社會、蘇美社會、赫梯社會、巴比倫社會、埃及社會、安地斯社會、墨西哥社會、猶加敦社會、馬雅社會。其中，東正教社會可分成拜占庭東正教社會和俄羅斯東正教社會；遠東社會可分爲中國社會和朝鮮社會。此外還有五個「停滯的文明社會」，玻里尼西亞社會、愛斯基摩社會、游牧社會、

斯巴達社會和奧斯曼社會。

回顧上列文明社會的形成演變過程，它們大多是某個或幾個文明社會的「母體」或「子體」。但是，這種固有的歷史繼承性並不排斥它們的可比性。湯恩比主要做了以下兩點論證：先就時間意義而言，歷史最長的文明社會不過三代，時間跨度剛超過六千年。所以，從時間指標來看，文明社會是很年輕的，原始社會則幾乎是與人類同年的，即使就平均估計數字來說，其存在時間也有三十多萬年了，相比之下，文明社會的歷史長度只占人類歷史的2％。因此可假定，所有的文明社會在哲學意義上都是屬於同一時代的。

再就價值意義而論，和時間一樣，所謂的價值也是一個相對的概念。要和原始社會相比，所有的文明社會都取得了巨大的成就；可跟任何理想標準相比，這些成就又都是微不足道的了。因而可假定，所有的文明社會在哲學意義上都是具有同等價值的。

在解釋自己的歷史觀時，湯恩比指出，「我的最重要的論點有二：(1)歷史研究中可獨立說明問題的最小範圍是文明社會；(2)所有的文明社會就哲學意義而言都是平行的、同時代的。」[10]這兩個論點之所以重要，就在於它們是這位思想家展開文明社會比較研究的起點，建構一種新的歷史哲學體系——文明型態理論的基石。

5.2.2 文明社會泛宗教觀

如前所述，湯恩比根據文化來劃分文明社會。那麼，「文化」指什麼呢？他廣泛吸取了人類學、社會學、心理學等學科的成果，用文化範疇來總括某個文明社會所特有的精神活動；

在他看來，精神活動以價值體系爲標誌，價值體系則以宗教信仰爲根基；因此，以宗教信仰爲根基的價值體系，不但制約著精神活動，而且從根本上決定著一個文明社會的經濟、政治乃至全部活動。關於這一點，湯恩比在與日本宗教活動家池田大作的對話中做過明確解釋。

談到文明社會的生機源泉時，湯恩比指出，自古以來，創建文明社會的起碼條件就是生產剩餘——能生產出超過最低生活需求的物質資料，這才有可能使人們從事政治、藝術、科學、哲學、宗教等活動。但從根本上說，生產剩餘只是一個必要條件，真正促使各個文明社會形成與發展的生機源泉則是宗教信仰。這無論對長達三千年的埃及文明還是對歷史更悠久的中國文明來說都是如此。

譬如，有兩個古老的文明社會是在埃及和伊拉克形成的。當初，人們要把荒地變成良田，把難以支配的自然環境改造成適於生活的人類環境，就必須修建大規模的水利設施，而如此大的工程必須萬衆一心，致力於同一個遠大的目標。這便表示，社會權威和社會合作在一開始就出現了，而這種社會性的權威和合作必定紮根於領導與群衆共有的宗教信仰。爲什麼這麼說呢？顯然，只有以社會性的宗教信仰作爲精神樞紐，激發精神力量，才有可能致力於社會經濟活動，創造出更多的物質財富，從而出現生產剩餘現象。

所以，「一種文明型態就是其宗教的表達方式」[11]。一旦某個文明社會對其宗教失去了信仰，勢必走向衰落，或在內部陷入社會崩潰，或從外部遭受軍事攻擊，直到被一種新文明型態所取代。例如，古埃及文明衰落後，回教文明取而代之；古希臘文明衰落後，取代者則是基督教文明。

　　從以上解釋及其例證來看，湯恩比的宗教概念顯然不屬於傳統意義上的「信仰主義」，而是一種現代型態的「泛宗教觀」。這是讀者閱覽他的論著時需要留意的。譬如，《選擇人生》一書裡就把科學主義、國家主義和共產主義稱爲「現代西歐社會的三大宗教信仰」。所以，「宗教」一詞在湯恩比的筆下，不僅僅指通常說的基督教、佛教、回教等，也不但包括有爭議的「儒教」等，而是泛指古往今來的一切人生信仰。

> 　　我所講的宗教，就是指這樣一種人生態度：能在某些大問題上，像宇宙的神秘性、人在宇宙中的作用等，令人的精神得到滿意的答案，並為人的生存提供切實的訓誨，從而使人們能克服人之為人所面臨的諸多困難。[12]

　　上述泛宗教觀在另一本書裡表達得更完整了，這就是《一個歷史學家的宗教觀》裡提出的宗教分類理論。

> 　　據我們所知，在不同的時空，許多人類社會和團體信奉不同的宗教，如果想要通盤考察一下的話，我們首先會留下這樣的一種印象：無窮多樣，無從下手。然而，如果加以思考和分析的話，這種表面的多樣性便會自行瓦解了，也就是說，按照人的崇拜或追求方式，形形色色的宗教無非分為三種對象或三個目標：自然、人本身和某種絕對化的實在。雖然絕對化的實在既不是指自然也不是指人，但是，它既存在於又超越於二者。[13]

5.2.3 文化心理與社會變遷

　　從文明型態理論的建構過程來看，上述泛宗教觀可謂湯恩

比的「方法論槓桿」。他試圖靠這根槓桿撬開「人類文明興盛史的謎底」。瀏覽《歷史研究》可留下如此印象：作者之所以一直牢牢抓住宗教傳統與文明社會的關係問題，就是為了深入文明社會變遷的幕後緣由，讓「作為文化心理的宗教信仰」顯露出來。概括起來，上述嘗試主要體現在以下幾方面：

1. 潛心發掘文化心理與文明型態的深層關係

前面提到，湯恩比試以宗教信仰來辨別文明社會。這種做法暗含一條思路：作為文化心理或文化潛意識的宗教信仰，很可能和文明型態有不可輕視的深層聯繫。

湯恩比構思寫作《歷史研究》期間，正值深層心理學影響高漲的年代。在他看來，儘管這門學科起步不久，評價不一，但現有成果已能證實，潛意識的確在人類精神和文化活動中起著重要作用。一般認為，潛意識主要有兩個層次，「個人的潛意識」和「種族的潛意識」。湯恩比據此推斷，這兩個層次之間很可能還有一層，它是由某種文明的社會經驗積澱而成的，故可稱為「社會的潛意識」；該層次之所以值得深究，因為它從根本上流露出了某個文明社會所特有的文化或精神氣質，這無疑有助於我們闡釋不同的文明型態及其興衰原因。

湯恩比所講的「社會的潛意識」，其實就是指晚近人文研究裡常提到的「文化心理」或「文化潛意識」。按他的判斷，文化心理或文化潛意識集中體現於宗教信仰；現存的各大宗教傳統之所以能吸引眾多信徒，就是因為它們分別對應於人類的幾種主要心理類型，從而滿足了不同的信徒在不同的文明型態下切身體驗到的情感需要；所以，文明社會的全部活動，包括政治的、經濟的和文化的，正是靠宗教信仰所喻示的生活方式來維

繫的。

2. 深入辨析文化心理與文明社會起源發展的精神關聯

「挑戰與應戰」（challenge and response），這是湯恩比發現的
「文明社會起源與生長的基本規律」。他首先用大量史料表明，
人類之所以能創造文明，就是因為面對一個個困境的挑戰而進
行了一系列成功的應戰。總的來看，第一代文明社會主要起源
於「自然困境的挑戰」，第二、三代文明社會則主要起因於「人
為困境的挑戰」。

那麼，在文明社會的發展過程中，「挑戰與應戰」是如何
體現出來的呢？按照湯恩比的看法，這主要借助於「少數創造
者的人格」。這裡涉及兩個概念。「少數創造者」不難理解，就
是指某個文明社會的先行者或領導人。「人格」一詞則需辨
析。在人格心理學裡，「人格」一般指「個體的精神狀態」，也
就是，某人透過一定的行為模式而體現出來的心理特徵總和。
湯恩比則加以發揮，用人格來概括「少數創造者的靈魂特徵」，
也就是，文明社會的先驅領袖們所特有的心理傾向或精神面
貌，像人生態度、善惡觀念、審美意識、創造意向等。

> 這些罕見且超人的靈魂，打破了原始人類生活的惡性
> 循環，重新開始了創造工作，我們可把這些靈魂所具有的
> 新特性稱為人格。只有透過人格的內部發展，少數人才能
> 在行為場所外從事那些促使人類社會生長的活動。[14]

湯恩比強調，所謂的人格只能看作精神活動主體，而唯一
可想像的精神活動範圍就是「精神間的聯繫」。因此，只有跟其
他社會成員相溝通，少數創造者的精神面貌才能表達出來並發

揚光大。一般而言，上述關係表現爲，一方面，少數創造者透過神秘化的心理直覺而獲得非凡的人格或信念後，不得不改造廣大社會成員，使他們成爲自己的信徒；另一方面，廣大社會成員經過模仿前輩和領袖的人格或信仰而獲得了「文化習俗」，即特定的信念、思想、情感、能力等。這樣一來便形成了文明社會向前發展所必需的文化素質。

3. 注重考察文明社會衰落解體時期的文化心態

這部分考察與前兩部分是相反相成的。湯恩比指出，某個文明衰落解體之時，也就是該社會喪失了信仰和創造力之時；此時，「社會成員的靈魂分裂」[15]反映於所有的行爲、情感和生活方式，以致各種方式都裂變爲一對相反的、衝突的活動類型，這就是面臨強大的挑戰，或陷入「被動的反應」或作出「主動的反應」，但它們都因缺乏創造力而無法應戰了。

例如，「自暴自棄」與「自我克制」，這兩種對立的「個人行爲方式」普遍見於文明解體時期，它們是用來取代創造行爲的。前者意指「靈魂放鬆自己」，在理論上或實踐上，有意識或潛意識地奉行「道德虛無主義」，這種人以爲，放縱本能的欲望，便會從「神秘的女神」那裡重獲創造力。反之，後者是指「靈魂抑制自己」，這種人以爲，只有戰勝自然的欲望，才能恢復創造力。

「逃避責任」和「以身殉道」，則是這一時期普遍存在的兩種對立的「社會行爲方式」，它們是用來取消模仿行爲的。逃避責任者認爲，以往的理想不值得追求。以身殉道者則主要不是爲了事業而是尋求解脫。這兩類人都屬於現實生活的逃避者。

又如，「流離感」與「原罪感」，這是兩種對立的「個人情

感方式」，二者都深感文明社會解體時期的道德敗壞現象，但同時痛苦地意識到，不得不逃避眼前盛行的邪惡勢力。前一種人之所以屈服，就是因為認識到他們對社會環境無能為力，從而相信整個宇宙包括人本身的支配者純屬某種異己的、非理性的力量。後一種人則感到，邪惡就源於人心，所以靈魂無法控制自身，人不可能成為自己的主人。

「雜亂感」和「劃一感」則是這一時期普遍萌生的兩種對立的「社會情感方式」，它們頂替了文明社會生長階段所形成的「風格感」，二者的反應雖然不一樣，但都喪失了「形式上的敏感」。所謂的雜亂感喻指，靈魂將自己投入了無所不包的大熔爐。譬如，在語言、文學和藝術等領域，這種方式表現為詞彙的龐雜、題材的雷同、風格的混亂等；在哲學和宗教領域，主要表現為「拿來主義」或「調和主義」。所謂的劃一感，則藉傳統風格失落的機會，轉向了某種普遍的或永恆的格調。

另外，湯恩比關於兩種對立的生活方式的分析，即「復古主義」與「未來主義」（個人的）、「冷漠」與「神化」（社會的），也富有寓意，耐人尋味，有興趣的讀者可參閱《歷史研究》的有關章節。

5.3 卡西爾

卡西爾（Ernst Cassirer, 1873-1945）是著名的文化哲學家。他創建的文化哲學體系叫做「文化符號形式哲學」，該體系結構宏偉，內容豐富，試對人類文化現象展開哲學面面觀，逐一涉獵語言、神話、宗教、藝術、科學、政治等文化符號形式。其

中，「神話─宗教研究」[16]處於顯要地位──整個文化哲學反思
過程的起點，因爲卡西爾力求闡明，人類文化的全部內容「是
如何以原始精神活動爲先決條件的」[17]。

5.3.1 「人是符號的動物」

卡西爾爲什麼如此看重神話─宗教研究呢？這要從他的文
化哲學觀說起。

所謂的哲學，歸根結底，就是關於人性的學問，或簡稱
「人學」。人是什麼？卡西爾的回答畫龍點睛：這是古往今來的
哲學家所關注的「阿基米德點」。早在古希臘，哲學家就說「人
是理性的動物」；所以，哲學便成了「理性的沈思」。十九世紀
以來，儘管屢受非理性主義思潮的衝擊，但古典的人性觀和哲
學觀仍占主導地位。理性的確是人類活動的重要特徵。可是，
一旦考慮到人類文化創造形式的豐富多樣性，傳統的理性觀便
不足以包羅萬象了。

毋庸置疑，人是文化的產物。若把全部文化活動比作「人
性的圓圈」，那麼，豐富多彩的文化活動形式，語言、神話、宗
教、藝術、科學、歷史等，則如「這圓圈上的一個個扇面」。需
要強調，所有這些文化活動形式，實際上都是「文化創造的符
號形式」。因此，我們應把古典的人性定義改寫爲「人是符號的
動物」，從傳統的理性哲學觀轉向一種新的文化哲學觀。

文化哲學始於如下假設：人類文化世界並非零散事實
的簡單總和。它試圖把這些事實作爲一個系統、一個有機
整體來加以理解。在此，我們感興趣的是人類生活的廣
度，我們專注的是特殊現象的豐富性與多樣性，我們欣賞

的是以「多彩畫法」或「複調音樂」表現出來的人性。[18]

正是出於上述構想，「神話—宗教」被卡西爾納入了文化哲學的批判視野，其立意可從以下兩方面品味出來：

先從橫向來看，神話—宗教研究可展現人類文化創造活動的豐富多樣性。卡西爾認為，「神話—宗教」理應看作一種基本的文化活動、符號形式或思維方式。它跟語言、藝術、科學等比肩而立，相輔相成，共同構成了文化整體。

> 在所有的人類活動和人類文化形式中，我們所發現的是「多種功能的統一」。藝術給予我們直觀的統一；科學給予我們思維的統一；宗教和神話則給予我們情感的統一。藝術為我們敞開了「生活形式」的世界；科學為我們揭示了規律與原則的世界；宗教和神話則起始於，人類意識到生命的普遍存在和根本同一。[19]

再從縱向來看，神話—宗教研究可揭示人類文化塑造人性、創造自由的歷史進程。如前所述，人是文化的產物。因此，人類文化的演變過程實質上就是一個塑造人性、創造自由的歷史進程。就全部人類文化活動而言，「神話—宗教」可謂最古老、最複雜、也最難認識的一種形式、符號或思維方式了。接著前述比喻說，假如作為一個整體的文化規定了「人性的圓圈」，展現了「人類自我解放的歷程」，那麼，「神話—宗教」就是「最早形成的一個人性扇面」了，它標示著「人類走向自我解放的第一站」。

這樣一來，神話—宗教研究便有非同尋常的理論意義了。借用卡西爾的華麗文筆，此項研究是他的文化哲學觀為人性畫

上的「頭一筆色彩」，譜出的「第一重音調」。接下來，我們看看這位獨具匠心的思想家是如何著筆的。

5.3.2 從神話和語言著筆

在卡西爾那裡，神話─宗教研究始於「神話與語言問題」，該問題則來自對現代哲學的深刻反省。

從主流來看，現代西方哲學致力於理性批判，這種理性批判是以科學思維方式爲依託的。在卡西爾看來，這個看似牢靠的邏輯支點，恰恰是值得推敲的。科學雖然是現有文化的最高成就，但也是迄今人類在理智發展過程中邁出的最後一步。質言之，科學並非人類文化歷程的「起點」，而是「終點」。

> 在科學世界出現以前，人就生活於客觀世界了。甚至早在科學方法發現以前，人的經驗也並非表現為一團亂麻似的感覺，而是有頭緒、有組織的。也就是說，人的概念從一開始便有某種明確的結構。但是，那些最初用來把握世界統一性的概念，跟我們現有的科學概念既不屬於同一個類型，也不處於同一個層次，而是神話的或語言的概念。[20]

那麼，「神話的或語言的概念」是怎麼形成的呢？這個問號之所以不可小看，是因爲它涉及科學概念的源頭或根柢。因而，解開這個問號，既被卡西爾稱爲「神話─宗教研究的目標」，又被看作「文化哲學的首要任務」。

勾畫上述問號時，有一點值得注意：爲什麼卡西爾把神話概念和語言概念相提並論呢？在他看來，這兩種概念可歸爲一類，並加以比較；所以，遠溯神話概念和語言概念的形成過

程，就是考察二者在歷史上是怎麼吻合的，在本質上有什麼聯繫；此項比較研究工作基於如下事實：從人類理智發展史來看，最早出現的神話概念和語言概念，實際上反映了同一類「理解形式」，它的思路與我們現有的科學思維正好相反。

科學思維的顯著特徵是「推演」，也就是，透過具體的事物，發現普遍的聯繫，追求「存在的整體」或「理智的同一」。相反，神話思維不但不能自由支配經驗材料，反而被突然間直覺到的某事物所吸引所感染。因而，這種古老的思維方式總是駐足於直接的經驗，眼前的東西如此博大，以致自我全身心地生活於這個唯一的對象，其他的事物則彷彿萎縮了甚至消失了。

> 所有的神話思維和神話法則的先決條件就在於，把力量傾注於唯一的一點。[21]

這就是神話—宗教的本來情景。卡西爾指出，我們在此情此景中發現的，不是具體事物的推演，而是直覺經驗的終結；不是趨於整體的擴張，而是趨於集中的衝動；不是事物外延的分類，而是某物內涵的凝聚。以上結論可從宗教學和人類學那裡得到佐證。

語言學家、宗教學家烏西諾（Usener）的研究表明，神祇觀的演變過程大致經歷了三個階段：「瞬間神」（momentary gods）、「功能神」（functional gods）和「人格神」（personal gods）。從最初階段來看，所謂的「瞬間神」大多形成於原始生活狀態下的緊要關頭，這時迫於特殊的需要，人們會把個別事物直接神化。因而，這種神化過程是瞬間實現的，甚至沒有起碼的「類概念」，以致眼前的那個東西就是神本身。

　　即使在現存的原始部落那裡，我們仍可找到上述神化過程的事例。據斯皮思（Spieth）考察，在南多哥依韋族人的生活中，如果某人跳進一條小河躲過了兇猛的野獸，或大家固守一座城堡抵禦了敵人的進攻，他們事後就說，那條小溪或這座城堡能逢凶化吉。再看一則傳說，依韋族人剛到德桀克城住下時，四處尋找水源，一位祖先走進山洞，見地面濕潤舉刀就砍，隨即噴出一股泉水，於是這處山泉便成了家族神。概括此類現象，斯皮思指出，在當地人的生活裡，不論某個事物或某種屬性凶吉，一旦跟他們有重要關係，頃刻間便產生了某個鬼神。

　　又如，人類學家科德林頓提出了一個重要概念──「瑪納」（mana）。瑪納意指超自然的力量，它是美拉尼西亞人宗教觀的基礎。當地人相信，這種超自然的力量四處遊蕩，時而居於某物，時而見於某人，時而又從某物或某人轉入他物或他人。因此，這是一種無所不在的、既可敬又可畏的神秘力量。後來，在世界各地現存的原始部落那裡，人類學家又發現了大量類似的神祇概念，像阿爾昆金族人的「瑪尼圖」（manitu）、蘇茲族人的「瓦肯達」（wakanda）、易洛魁族人的「奧蘭達」（orenda）等。

　　雖然目前對上述概念沒有達成共識，但至少可肯定，最早的神祇觀還不包含任何人格因素，它們是從個別的直覺經驗中創造出來的。因而，這種直覺性的符號創造形式可為我們提供「一把鑰匙」，打開「概念之謎」。接下來的難題是，概念具有恆久性，怎麼能形成於動態的過程呢？感覺和情感帶有模糊性或波動性，怎麼能創造出語言的結構呢？

　　上述難題仍可從瞬間神的產生過程得到啟發。卡西爾認

為，瞬間神雖是頃刻的產物，形成於某種個別的或不復重現的
境況，可它形成後便脫離了偶然的條件，獲得了實體性。也就
是說，一旦瞬間的恐懼或希望過後，那時產生的意象就單獨存
在了，變成了某種客觀的、超人的力量，以後的崇拜則使它有
了越來越確定的形式。所以，即使直覺經驗逐漸淡化乃至消失
後，瞬間神的意象還會長期存留於原始崇拜者的心間。

　　從功能來看，原始語言也是如此。和神祇觀一樣，最早的
詞語並非人們憑空造出來的，它們的意義來自個別的、實在的
東西。如同瞬間神的形成過程，每當原始人處於緊要關頭，若
能透過詞語來宣洩緊張情緒，那麼，某種主觀的內心刺激便轉
化為客觀的語言形式了，從而使他們的語言活動發生一次次轉
折，乃至形成了一個日趨進步的客觀過程。經年累月，日久天
長，隨著人類逐步拓展自主活動範圍，語言世界也以同樣的節
奏建構起來了。

　　在上述形成發展過程中，語言概念與神話概念似乎總是並
行不悖的。卡西爾指出，二者的走向主要取決於人類自主活動
的路線，這在原始神話那裡反映得尤為明顯。「神話創造形式
所反映的，並非事物的客觀特徵，而是人類實踐的形式。」[22]
在原始生活裡，神祇的功能大多限於很小的範圍，不僅各行各
業信奉不同的神，甚至某項活動的諸多階段也受制於不同的鬼
神。原始人的活動範圍就是這樣被眾神分而治之的。例如，在
古羅馬神話之中，伐木活動便是由眾神分別掌管的。伐木之
前，人們先要舉行儀式，供奉森林女神狄亞（Dia）；砍樹時，
再求狄佛倫達神（Deferenda）；去樹枝，祈求柯木林達神
（Commolenda）；截樹幹，祈求柯伊昆林達神（Coinquenda）；
燒樹葉，還要求阿都林達神（Adolenda）等等。

在原始語言中，也可看到同樣的情形。原始人往往不是用一個詞來理解一項活動的，而是把該活動分為若干行為，再用不同的動詞來一一指稱。更能說明問題的是，語言和神話不但從一開始就相輔相成，一起孕育了最早的概念，而且後來也齊頭並進，共同推動著概念的成熟。

> 語言和神話都超出了瞬間的感官直覺，即使這種最初的桎梏被打破後，它們依然長期同行，難解難分。事實上，語言和神話的聯繫太密切了，以致我們根據經驗材料無法斷定，在走向一般性的法則和概念的途中，它們何者率先，何者只是亦步亦趨。[23]

5.3.3 探求文化尋根意識

語言跟神話之所以有上述重要聯繫，絕非偶然，而是紮根於神話思維形式。因此，卡西爾以語言為橋樑，橫跨人類思維史的兩端，探討了神話思維與科學思維的功能差異。

一般而言，科學思維形式趨向於推演、綜合、聯繫或整體，也就是，依據公式來綜合現象，以發現「系統的聯繫」或「存在的整體」。因而，按照這種思維形式，詞語不過是實現目的的手段，屬於「觀念化的記號或符號」；至於詞語所指的對象，並非「物質實體」，而是「語言關係」。以上特點表明，科學思維方式的基本功能就在於，以語言概念為手段來實現「思維的普遍化或觀念化」。

相反，神話思維形式則趨向於集中、凝聚、個別或實體。所以，神話概念的形成過程實際上就是將個別的事物實體化。在此過程中，除了眼前的事物，其他的東西彷彿「不存在」或

「無意義」，更沒有「聯繫」和「整體」可言，所有的思維內容都被直譯成「直覺對象的專有名稱」；這樣一來，詞語便不是工具或符號，而是同化於直覺對象了，以致「可命名的東西」就是「大寫的實在」。由此可見，神話思維的基本功能就在於，透過語言概念來實現「思維的個別化或實體化」。

透過以上對比，獲知神話思維的原始功能，其認識論意義非同尋常。卡西爾指出，從整個文化史來看，不但語言活動經歷了神話—宗教思維形式的實體化過程，其他文化活動形式，不論理智的還是技術的，也脫胎於這樣一種原始過程。

以技術領域為例，原始人拿起工具時，還沒有自視為製造者，而是把一樣樣工具都看成「某種本來就有神奇力量的東西」。因而，在原始生活中，工具非但不受人的支配，反倒成了神或鬼。這就無怪乎，鋤頭、弓箭、魚鉤、長矛、斧頭、鎚子等，都曾成為原始人的崇拜對象，圍繞著它們不知形成了多少神話傳說或宗教儀式。例如，在依韋族人看來，鎚子就是「大力神」。在古希臘神話裡，崇拜工具或武器的事例可謂俯拾即是。譬如，《七將攻特洛伊》裡生動寫道，帕耳忒諾派俄斯深信，他的利劍就是天兵天將。此類例證表明，工具或武器在早期人類的心目中是「天賜的」，它們來自「文化英雄」。至於理智活動，也可如是觀，因為理智工具和技術工具本來就沒有明確的界線。

卡西爾之所以要把「神話—宗教思維的實體化過程」推而廣之，就是因為他深信，該過程蘊涵著一條辯證規律，可使我們把握人類文化活動或符號創造形式的來龍去脈。這條重要規律可表述如下：

　　沒有哪一種符號形式一開始就表現為個別的、可單獨識別的形式；相反，諸種符號形式無一不是從同一個母體——神話中派生出來的。對我們來說，所有的精神內容，無論多麼真實地呈示著一個個獨立而系統的領域和它們各自的「原則」，只有被還原於上述派生關係，它們才是切實可知的。諸如下列符號形式，理論的、實踐的和審美的意識，語言的和道德的世界，群體的和國家的基本形式等，一開始都是和神話—宗教概念息息相關的。這種聯繫如此之重要，一旦諸種個別形式從原初的整體中顯露出來，從此有別於尚無差異的背景而表現出具體的特性，它們就彷彿拔去了自己的根子，喪失了某些固有的本性。這些形式只是漸漸地表明，這種自我分離是自我發展的一部分；這種自我否定孕育著一種新的肯定的萌芽；正是這種自我分離才形成了一種新的聯繫的開端。[24]

　　說到這裡，便可引出卡西爾賦予神話—宗教研究的深遠立意了：遠在人類文化活動初期，原始的神話概念就形成了一種特有的感知方式。這種方式雖然是質樸的、情感的、低於理性的，但就人類經驗而言，它卻是最原始的思維傾向，也是最基本的理解形式。因而，從人類經驗結構來看，神話—宗教所反映的原初情感，事實上處於比理性更深的層次，該層次可比作知覺和概念的「母體」或「發源地」。所以，文化哲學只有觸及神話—宗教這一最原始的、最基本的經驗層次，才有希望再現人類思維方式及其功能的由來。

　　由此可見，這位文化哲學開創者所探求的是「人類文化活動或符號創造形式尋根意識」。

5.4 新學科大寫意

5.4.1 圈點與品味

　　剛領略過三位開拓者的嘗試，再回顧起韋伯和馬林諾夫斯基的探索，我們便有五個研究範例了。若把它們比較一下，有不少可圈點之處。

　　譬如，這五個範例都來自當代人文研究的前列學科，像文化人類學、宗教社會學、文化史學、歷史哲學、文化哲學等。一般來說，前列學科最能反映理論動向，而其學術帶頭人的成果尤其值得重視。

　　又如，這五位思想家的人生信仰雖然不同，有無神論者，也有宗教徒，還有泛宗教論者，可他們卻不約而同地相聚於宗教研究與文化研究的交叉點，把二者密切結合起來了。是否可作出判斷：宗教研究與文化研究的交叉融合已並非人文領域的個別現象，或已成為趨勢了呢？

　　最值得圈點的是，儘管這五位開拓者來自不同的學科，以不同的觀點來探討宗教與文化的關係問題，可這些學科和觀點並非是不相干或排斥的，而是相關聯或互補的。這就使他們的探索成果多方位地顯示了同一研究主題的豐富內容和巨大潛力，或者說，交織出了一門新學科的宏偉藍圖。

　　那麼，如何品味這幅藍圖呢？依筆者所見，「大問題」和「方法論」可謂人文研究的二要素。這裡說的「大問題」，是指那些恆久的或基本的問題，譬如，人是什麼？歷史是什麼？文

化是什麼？何謂真？何謂善？何謂美？所謂的「方法論」，不是泛指世界觀，而是定位於「認識的或理解的範式」。就此而言，是否可這樣認為：人文研究得以深化的主要標誌在於，透過更新方法論來重新認識或理解大問題。如果這麼說不無道理，我們就從方法論談起。

5.4.2 方法論新立意

前述幾位開拓者之所以相聚於宗教與文化的交叉點，描繪出了一門新學科的藍圖，首先是因為他們從學術取向上共同倡導著一種新的方法論觀念。

這種方法論觀念，目前只是初露萌芽。它在現有文獻裡尚無明確的提法，我們可稱之為「宗教—文化觀」。因為這種新觀念的探索精神就在於，廣泛借鑑當代人文科學的大量成果，尤其是對「宗教」與「文化」兩個基本範疇的重新闡釋，著意強調宗教與文化之間存在的那樣一種由來已久、錯綜複雜的內在關係，以及此種關係對於全面而深刻地研討宗教現象乃至整個文化的關鍵性意義。

就認識或理解範式而言，這也就是把宗教與文化的關係問題推到了首要位置，作為整個研究過程得以起始、展開與回歸的「後設問題」或「基本關係」。在這一「後設問題」或「基本關係」裡，所謂的「文化」與「宗教」已在很大程度上排除了以往眾說紛紜、莫衷一是的眾多涵義，重新獲得了一種基本的規定性：前者所涵蓋的是「人類歷史活動的整體」，後者則指「一種基本的歷史現象或文化形式」。這樣一來，「宗教」與「文化」便構成了一對相互依存的「關係範疇」。

這對「關係範疇」在前述五位開拓者那裡，既是一個新的

認識起點，又形成了一個富有觀念更新意義的理解和解釋領域。為說明上述特點，我們可簡要歸納一下，他們對「文化」和「宗教」兩個範疇及其關係問題的把握。

> 文化實質上是由兩大部分構成的——物質的和精神的，即業已形成的環境和業已改變的人類機體。文化的實在就存在於這兩方面的關係之中，正如我們所見，片面強調其中的任何一方都勢必導致社會學上的形而上學，即陷入無聊的臆想。[25]

按馬林諾夫斯基的看法，在作為整體的文化中，文化要素、文化功能和文化制度三者間有不可忽視的關係。若想規定任一文化要素，只有將其納入作為背景的文化制度，闡明它所處的地位，揭示它所起的功能，因為文化功能就是「文化要素的特徵」和「文化需要的反映」。

所以，馬林諾夫斯基主張，首先應把原始宗教看作一種基本的文化要素，然後將其納入整個原始文化生活來展開具體的考察。他針對泰勒、繆勒、涂爾幹等人的觀點指出，宗教絕非超越於文化結構的抽象觀念，而是一種相伴於「生命過程」、有特定功能的人類基本需要。這種需要既是生理的又是心理的，既是個體的又是社會的，歸根結底是文化的。

韋伯和道森對文化的理解大體上一致，因為他們關注的是同一個問題——現代文化的起因。所以，這兩位思想家都是把西方世界作為一個文化整體來加以歷史探討的。他們對宗教的看法也有明顯的類似處，這主要表現在，都把宗教看成一種基本的文化特性，注重揭示宗教傳統在現代文化形成過程中的重大影響。

　　但相比之下，道森的研究規劃顯然比韋伯複雜得多。韋伯十分謹慎地反覆驗證宗教經濟倫理與世俗經濟倫理的歷史聯繫，而道森則盡可能地勾畫著「一張錯綜複雜的歷史關係網」——宗教與文化。透過考察宗教傳統對政治、經濟、學術、藝術等領域的深遠影響，道森強調，宗教信仰作為一種文化氛圍，對社會下層或平民百姓的影響尤為值得重視，因為這種潛移默化的影響可使我們觸摸到歷史積澱過程。儘管由於史料等方面的限制，道森感嘆可提供的證據太少，但他的敏銳思路無疑為後繼的探索者提示了一個很有價值、極富潛力的研究方向。

　　相對以上三人來說，湯恩比可稱得上集大成者。他的文明型態理論基於一種新的歷史觀，「歷史就是文明或廣義的文化」。因此，像傳統的歷史研究那樣，單就國家而論歷史，無法觸及歷史本性。人類歷史是以文明為載體的，歷史的意義寓於作為歷史現象的文明社會；而宗教傳統則是文明社會的生機源泉，是文明變遷的深層原因。於是，在湯恩比的歷史哲學體系中，馬林諾夫斯基一帶而過的宗教信仰與文化結構的關係問題被提上了研究日程；韋伯和道森所側重考察的現代文化起源問題，也被融入了人類文明通史，經過梳理文明型態的演變過程而獲得了前後關係。此外，像宗教信仰與文化類型、文化變遷，以及作為文化心理或文化潛意識的基本功能等問題，也在湯恩比那裡得到了初步的探討。

　　最後，我們在卡西爾那裡看到的是一種更深邃的方法論立意。卡西爾是一位力求文化批判意識的人本主義哲學家。正因如此，文化的本質問題在他的筆下顯得格外醒目。他一再強調，所謂的文化哲學實質上就是「人學」。人是文化的主體，是一種「符號的動物」。因而，本義上的文化就是一個人性自我創

造與人類自我解放的過程，就是一種符號創造活動；而宗教則是文化整體中的一種基本形式，人性創造中的一個重要側面，人類自我解放過程中的一個必經階段，符號思維過程中的一種原初型態。這樣一來，「神話—宗教研究」便成了卡西爾進行「人性尋根」或「符號形式探源」的出發點。

5.4.3 啓發性一二三

學術批評旨在議論日後探索的合理趨向。那麼，作爲一種新的方法論嘗試，宗教—文化觀可給我們帶來哪些啓發呢？擇要而論，其啓發性集中於以下兩方面：

1. 推陳出新，強化問題意識

這主要是就研究對象而言的。前面提到，宗教—文化觀的特徵在於，力主把宗教與文化的關係問題置於首位，作爲整個研究過程得以起始、展開、回歸的「後設問題」或「基本關係」。這種意義上的宗教與文化的關係問題，顯然爲人文研究提供了一個新的解釋意域，其學術價值首先在於，更新傳統的宗教觀，使我們充分意識到宗教現象及其問題的長期性、重要性和複雜性。

歷史地看，儘管我們不好說，以往宗教研究中的諸多學派從未涉及宗教與文化的關係問題，更不能講，它們根本就不重視宗教信仰在整個文化中的地位與作用，但就方法論觀念而言，過去的宗教研究的確沒把宗教與文化的關係問題擺在至關重要的邏輯位置，因而也就不可能充分闡釋宗教現象的文化意蘊。不言而喻，這主要是由以往的人文研究水準造成的歷史局限性，各個學派都難以擺脫。

　　宗教—文化觀的萌發，則以現有人文研究成果爲土壤，使作爲研究對象的宗教獲得了更深刻、更具體的表達形式。與傳統觀念相比，所謂的宗教在上述新的解釋意域中不再簡單表現爲抽象的精神信仰或意識形態，其諸多層面或向度的文化意蘊得以明朗化了，像傳統的、習俗的、心理的、情感的、意志的、體驗的、價值的、目的的、人性的……

　　就此而論，能否說作爲一種歷史傳統乃至文化習俗的宗教是不存在的或不重要的呢？能否說占世界人口絕大多數的宗教徒的心理、情感、意志、體驗等是虛幻的或愚昧的呢？能否說他們所追求的價值、目的和人性是沒有意義的或虛無縹緲的呢？顯然，對於諸如此類的問題，不宜作出武斷的或簡單的回答。相反，晚近宗教學的大量成果表明，宗教現象所固有的諸多層面或向度的文化意蘊，是值得重視、需要探討、有待解釋的。

　　進而言之，若以宗教與文化的關係問題作爲出發點或解釋意域，並意識到宗教現象的複雜文化意蘊，那麼，以往研討過的課題，像宗教與文化、宗教與民族、宗教與社會、宗教與政治、宗教與經濟、宗教與法律、宗教與倫理、宗教與哲學、宗教與科學、宗教與文學、宗教與藝術等，便不能再孤立地或片面地議論下去了，而應一併納入宗教與文化「這張錯綜複雜的歷史關係網」，重新加以全面的認識、理解和解釋。

　　基於以上認識，我們可再進一步。如果能把宗教與文化的關係問題作爲新的出發點或解釋意域，一系列深層問題，像宗教與文化差異、宗教與文化型態、宗教與文化傳統、宗教與文化心理或文化潛意識、宗教與文化傳播、宗教與文化衝突、宗教與文化交流或跨文化對話等，也將被提到我們的研究日程上

了。關於這些問題的研究，其意義顯然不僅僅限於揭示宗教現象及其問題的複雜性了，而是把我們推向了當前文化研究裡的焦點、難點、交叉點和突破點。

2. 兼容並蓄，注重人文底蘊

這主要是就研究方法及其目的而言的。如前所見，作為一種新的方法論傾向，宗教—文化觀力求呼應人文研究的大趨勢——日漸強化的交叉性或跨學科性。因而，當代人文領域的諸多新視角或成果，像人類學的、社會學的、心理學的、語言學的、神話學的、符號學的、文化學的等，被廣泛引入宗教研究領域，促發並助長著宗教—文化觀，也就成了一種必然現象。

從前述範例來看，以宗教—文化觀為導向的理論探索，在研究方法上具有明顯的多樣性。這主要體現在兩方面：(1)多種研究方法的並存性，譬如社會學的、心理學的、人類學的、神話學的、語言學的、文化史學的、歷史哲學的、文化哲學的等；(2)多種研究方法的交叉性，例如一種方法為主其他方法為輔、運用不同的方法來分析不同的問題，或兼用幾種方法來考察某個問題的不同方面等。

這就對傳統的方法論觀念提出了挑戰：能否只用一種方法來窮盡錯綜複雜的宗教現象呢？透過反省這個問題，能否達成一點共識：所謂的研究方法是與研究對象互動的。研究方法的多樣化是研究對象之複雜性的必然要求；或者說，研究對象的複雜性主要是靠多樣化的研究方法揭示出來的。因此，若以宗教—文化觀為導向，把宗教與文化的關係問題提升為整個研究過程的出發點乃至核心議題，既有利於集聚各人文學科的具體研究方法，很可能也有助於避免或平抑以往眾理論流派在哲學

方法論上的紛爭、衝突或排斥。

不難理解，一旦將宗教現象納入文化整體來加以認識，面對研究對象的多重複雜性——像宗教作爲文化整體中的一種基本形式、一種歷史現象、一種精神資源、一種價值觀念、一種生活方式等；加上研究課題的多重複雜性——像宗教與文化差異、宗教與文化型態、宗教與文化心理或文化潛意識、宗教與文化傳播、宗教與文化衝突、宗教與文化交流或跨文化對話等，再在具體研究方法上固執一端，或在哲學方法論上故步自封，便顯得沒有多少道理了。因此，就研究對象及其問題的複雜性而言，研究方法上的兼容並蓄姿態可謂一種邏輯的、客觀的要求。因爲只有這樣，才可能開放觀念，集思廣益，充分揭示出宗教現象的各個方面；也只有先做到這一步，才可能回過頭來深思哲學方法論問題。

不言而喻，人文研究以人爲本，以傳承文化爲使命。若把宗教與文化的關係問題作爲出發點或解釋意域，似乎勢必引發一種傾向——「宗教研究的世俗化」，即立足於世俗文化來闡釋宗教信仰的特性、地位、功能、本質以及人文意義。例如，馬林諾夫斯基強調，所謂的宗教並不是超越於人類文化結構的；韋伯指出，現代世俗經濟倫理與新教禁欲主義有不可漠視的歷史聯繫；卡西爾則論證，神話—宗教是人性的「一個扇面」，是人類自我解放的「一個階段」，是人類思維方式或符號創造活動的「母體」或「發源地」……前述五位開拓者那裡，諸如此類的精闢論斷不知有多少，感興趣的讀者應找來原著靜心品味。

當然，對這幾位思想家的具體論點盡可見仁見智，甚至持批判態度。但不可否認，「宗教研究的世俗化」，是在晚近人文研究趨勢的直接影響下形成的一種探索傾向，其主要合理性在

於，廣泛借助當代人文科學的新材料、新視角、新方法等，將
貌似超凡脫俗的宗教現象置回於文化整體，以還其原有的文化
根據、人文價值或人生意義。我們不應懷疑，任何一種宗教傳
統若有價值或意義，必定體現於人生和社會，並紮根於活生生
的文化型態。既然文化創造活動是全部人類歷史的載體，那
麼，作爲一種歷史現象或文化傳統的宗教信仰，其特性、地
位、功能和本質也只有放到文化整體及其歷史進程當中，才可
能得到客觀的、具體的、全面的解釋。

　　筆者的點評到此爲止，但開拓者的魅力卻不止於此，因爲
他們勾畫出的那幅藍圖——宗教文化學，幾乎把宗教研究的交叉
性或綜合性推到了現有人文意識的極致。就此而言，年輕的宗
教學在人文天地裡豈不有無限的縱橫時空嗎？

註釋

[1]道森等，《論秩序》（*Essays in Order*），Image Books，1939，頁239。

[2]道森，《宗教與西方文化的興起》（*Religion and the Rise of Western Culture*），Image Books，1958，頁12。

[3]道森，《進步與宗教》（*Progress and Religion*），Image Books，1960，「前言」。

[4]道森，《宗教與西方文化的興起》，頁14-15。

[5]以上例證參見《宗教與西方文化的興起》，頁15-16。

[6]《宗教與西方文化的興起》，頁224。

[7]湯恩比，《歷史研究》（*A Study of History*），Abridgement of Volumes I-VI，Oxford University Press，1947，頁3、5。

[8]以上規定性依次參見《歷史研究》，頁35、5-11、3、7、408。

[9]《歷史研究》，頁7。

[10]湯恩比，《文明：經受著考驗》（*Civilization on Trial*），Oxford University Press，1947，頁8-9。

[11]湯恩比、池田大作，《選擇人生》（*Choose Life*），Oxford University Press，1976，頁287。

[12]《選擇人生》，頁288。

[13]湯恩比，《一個歷史學家的宗教觀》（*A Historian's Approach to Religion*），Oxford University Press，1979，頁16。

[14]湯恩比，《歷史研究》，頁212。

[15]在湯恩比那裡，這個概念與前述「少數創造者的靈魂特徵」相對應，意指廣大社會成員在文明社會解體時期的文化心理活動狀態。

[16]這是卡西爾的一種特殊提法。他認爲，神話和宗教並無本質區別，二者實際上屬於同一種思維方式，即「神話的思維方式」。

[17]卡西爾，《符號形式哲學》（*The Philosophy of Symbolic Forms*），Yale University Press，1944，卷1，頁80。

[18]卡西爾，《人論》（*An Essay on Man*），Yale University Press，1944，頁222。

[19]卡西爾，《國家的神話》（*The Myth of the State*），Yale University Press，1946，頁37。

[20]卡西爾，《人論》，頁208。

[21]卡西爾，《語言與神話》（*Language and Myth*），Dover Publications Inc.，1953，頁33。

[22]《語言與神話》，頁41。

[23]《語言與神話》，頁42。

[24]《語言與神話》，頁44。

[25]馬林諾夫斯基，《文化》（*Culture*），Typewritten Manuscript，北京大學圖書館藏，頁130-131。

下篇　問題聚焦

宗教與理智

　　科學與宗教的對立實質上就是「觀察或知識」跟「權威或教義」的衝突，整個一部自然科學發展史就是知識不斷征服教義、科學不斷戰勝宗教的歷史。

——羅素

　　假如上帝很可能不存在，那麼，你崇拜他或向他悔罪，便無任何意義。再假如現代論著裡拋出了某些理性論證，也建議說，上帝很可能不存在，那麼，便需要認真對待了。

——斯溫伯恩

　　羅素（Bertrand Russell, 1872-1970），當代著名的數學家、邏輯學家，分析哲學創始人。

　　人的精神世界大致由智（理智）、情（情感）、意（意志）三方面構成。一般說來，哪方面最重要呢？哲學家早就斷言，人是一種理智的或理性的動物；也就是說，人能靠理智能力和理性知識來辨別是非、權衡利害、支配行為等。因而，首先試以理智或理性來認識判斷宗教信仰，也就自然成了宗教思想史的邏輯起點。這條思想可稱為理智論。理智論猶如「雙刃劍」，既可用來護教也能用來焚教。所以，無論在宗教信仰的辯護者還是批判者那裡，都能找到思想大師級的理智論者。譬如，辯論者一方有奧古斯丁、托馬斯·阿奎那、笛卡兒、黑格爾等；批判者的一邊則有休謨、伏爾泰、狄德羅、費爾巴哈等。我們不從頭說起，而是從當代學者裡選出兩位代表，先請他們陳述同一條思路的兩種相反傾向——無神論的和有神論的，然後展開分析評論，找出疑難問題。

6.1 羅素

　　對大多數讀者來說，羅素（Bertrand Russell, 1872-1970）是個熟悉的名字。他是當代著名的數學家、邏輯學家，英美哲學主流——分析哲學的創始人之一。羅素有一本思想自傳，叫《我的哲學的發展》，記錄了他的探索歷程。

> 　　我十五歲便開始思考哲學問題了，這種興趣來自兩方面，一方面，我急於發現，對於任何可稱為宗教信仰的東西，哲學是否可提供辯護，不管多麼籠統；另一方面，我想要自己相信，如果不在別的領域，至少在純數學裡，有

些東西人是可以知道的。

起初，雖然是數學方面的問題主導著我的哲學思考，但在情緒上真正促使我投入哲學沈思的動力卻主要來自宗教方面的問題，這就是對宗教教義的懷疑。[1]

從此以後，對宗教傳統的懷疑批判，便成了這位「少年哲學家」的畢生任務，他思想成熟時期的宗教觀主要見於兩本書——《宗教與科學》和《為什麼我不是基督教徒》。

6.1.1 新舊兩種世界觀

在羅素看來，宗教與科學乃是人類社會生活中長期衝突的兩個方面，衝突雙方所反映的是新舊兩種世界觀。宗教世界觀源遠流長，早在人類思想史初期就占據了重要地位。科學世界觀的興起則晚到十六世紀，但後來者居上，從確立的那一天起就對人類思想和社會制度產生著日漸重大的影響。這兩種世界觀的根本對立主要表現在以下兩方面：

1. 兩種方法論的根本對立

宗教教義都是從某一普遍原則演繹出來的。譬如，在基督教那裡，其普遍原則就是相信上帝和《聖經》的絕對權威。按托馬斯·阿奎那的解釋，基督教所傳播的真理完全可靠人的理性得以證明。「上帝存在」就是可證明的。既然作為造物主的上帝是全知全能的，他肯定讓人具有足夠的理解能力。也就是說，只要相信上帝存在，我們需要的任何知識都能從這個普遍原則推論出來。

科學方法則與宗教信仰完全相反。科學方法的出發點不是

普遍的原則而是特殊的事實。因此，科學活動是一種依靠觀察或根據實驗的推理過程。首先，發現世界上的各種特殊事實，然後，從它們的相互聯繫中發現普遍規律。一言以蔽之，宗教信仰與科學方法的根本對立在於，前者充作出發點的普遍原則，在後者那裡只表現為推論結果。

2. 兩種真理觀的根本對立

宗教教義體系自稱擁有永恆的、絕對的真理。例如，在中世紀經院哲學家看來，《聖經》、天主教教義和亞里斯多德哲學都是毋庸置疑的。地球之外是否有人類、木星是否有衛星、自由落體的速度是否與質量成正比，諸如此類的問題根本無須觀察或實驗來回答，更容不得任何獨立思考，只能依據《聖經》、教義或亞里斯多德的權威解釋。

與這種唯權威獨尊的真理觀相反，科學家歷來就承認現有知識的暫時性，他們不斷探索，不斷發現，不斷用新的成果來推動人類知識進步，使已有的理論日漸精確化。所以，科學真理觀的精神就是拋棄「絕對真理」，追求有實踐意義的「技術真理」。總之，在真理問題上，科學家的態度絕不取決於絕對權威，他們只相信經驗證據，堅持那些經得起檢驗的學說。[2]

重讀那本曾風行於英語國家的名著《宗教與科學》，羅素就是從上述觀點出發，先把科學與宗教對立起來，再以科學史為線索來考察二者衝突的理智原因和歷史結局的。該書的結論是，科學與宗教的對立實質上就是「觀察或知識」跟「權威或教義」的衝突，整個一部自然科學發展史就是知識不斷征服教義、科學不斷戰勝宗教的歷史。

打開另一本名著《為什麼我不是基督教徒》，可找到羅素對

宗教本質的具體解釋。宗教是什麼呢？他以數學家與邏輯學家特有的簡捷思路回答：

> 我關於宗教的觀點就是盧克萊修的觀點。我認為，宗教是由於恐懼產生的病症，是人類災難深重的淵源。[3]

盧克萊修（Titus Lucretius Carus，約西元前99-55）是古羅馬的無神論哲學家，伊比鳩魯主義的代表人物。顯然，羅素把自己的宗教觀歸根於盧克萊修，不想詮釋古人，更無意做「盧克萊修第二」，而是立足於當代知識水準，發揚光大盧克萊修所開創的無神論傳統。這是引文裡第一句話的意思。

第二句話的兩個分句則點明了宗教信仰的認識論根源和社會歷史作用。在羅素看來，作為一種社會歷史現象，宗教之所以能吸引眾多信徒，主要原因不在理智，而在一種特殊的情感，即人們對未知世界、神秘事物、艱難世事等的恐懼心理。

> 我認為宗教基本上或主要是以恐懼為基礎的。這一部分是對於未知世界的恐怖，一部分是像我已說過的，希望在一切困難和紛爭中有個老大哥以助一臂之力的願望。恐懼是整個問題的基礎——對神秘的事物，對失敗，對死亡的恐懼。恐懼是殘忍的根源，因此，殘忍和宗教攜手並進也便不足為奇了。[4]

總的來看，正是根據上述兩部分觀點——科學與宗教、宗教的本質，羅素對宗教傳統進行了全面批判，著力點主要有兩個：知識論批判和道德觀批判。他本人把這兩方面的批判稱為「反對宗教的兩種主要理由」。限於篇幅，下面只概述前一方面的批判，對後一方面有興趣的讀者，可查閱《為什麼我不是基

督教徒》。

6.1.2　清算基督教神學

羅素認為，無論哪一種宗教，對於其眞實性的哲學思考均可歸結於一個問題：上帝或神靈是否存在呢？作為西方學者，他就這個問題主要批判了基督教神學的基本論點。

1. 論點一：最初起因

這個論點也就是所謂的「第一因論證」，它曾是一種最通俗、最流行的「上帝存在證明」。羅素回憶說，「我年輕時就認眞思考過世界萬物有沒有最初的起因，並在很長時間裡相信正統神學的說法，上帝就是最初的起因。但十八歲那年，彌爾的一段話令我發現了這個論點的謬誤所在。彌爾在自傳裡寫道，父親教導我，有個難題是沒法解答的：誰創造了我？因爲人們接著要問：上帝又是誰創造的呢？」[5]這就是說，如果萬物都有起因，上帝也不例外；如果某種東西沒有起因，其可能性將被世界和上帝對分。

基督教神學所講的最初起因，其實屬於普遍的宗教成見。例如，印度教徒相信，世界被駝在一隻大象背上，這隻大象則被駝在一隻巨龜背上；可誰能說清楚，那隻巨龜又被駝在何物背上呢？最初起因論點的荒誕性，可藉以上二例相互印證。時至今日，經過科學家和哲學家的大量研究，所謂的最初起因已毫無邏輯可言了。

2. 論點二：自然法則

這個論點是在十八世紀、特別是在經典物理學和宇宙進化論的影響下形成的。根據牛頓力學，行星是按萬有引力定律而

繞太陽運行的。於是，神學家便論證，自然法則必有其立法者，他就是上帝。

羅素指出，在牛頓生活的時代，人們還不了解萬有引力定律的原因，這就使上述論點成了一種貌似深刻的解釋。而在今天，愛因斯坦已為我們解開了萬有引力之謎。同時，根據目前的科學認識，許多自然法則明顯帶有隨機性。比如，原子的活動過程並不像我們原先想像的那樣有嚴格的規律性，物理學家所描述的原子運動規律還只是隨機事件的平均統計數。以上分析表明，自然法則在很大程度上反映的是不斷變化中的自然科學的暫時結論。而正統神學的自然法則論點，主要謬誤就在於把自然法則歸因於上帝意志，從而將「自然法則」和「人為法則」混為一談。

眾所周知，人為法則是對人類行為方式的規定，可遵守也可違背；而自然法則是對事物運動方式的反映，是求實的、客觀的。因此，神學推理沒有可靠根據。如果說上帝創造了自然法則，為什麼他僅僅創造了這些法則而不是相反呢？如果說上帝意志決定一切，為什麼很多事物並無法則可言呢？換言之，即使我們承認神學推理，上帝自身能否擺脫自然法則呢？總之，無論如何，神學論點也是站不住腳的。

3. 論點三：事先計畫

這個論點大致如下：世界之所以被造成現在的樣子，就是為了適於人類生存；否則的話，人類就不會存在。譬如，兔子生有長長的耳朵，是為了讓人易於捕捉；人生有高高的鼻樑，是為了能架眼鏡。如此種種荒誕的說法，在歷史上不知出現過多少。但從達爾文生活的年代起，人們開始接受了一個道理，

生命不斷適應環境，而不是上帝預先造好了環境。

如果略加思考的話，還會發現一個驚人的事實：竟有人相信，這個暫存的、殘暴的世界是完美的，是由一位全知全能的上帝創造出來的。羅素指出，只要接受起碼的科學規律，我們就該承認，地球上的生命現象，包括人類，都是一定發展階段的產物，也將在一定的發展階段消亡，這是整個太陽系生成演變的必然過程。從另一方面來看，如果像神學家說的那樣，上帝是宇宙的創造者，我們就不免驚訝了：宇宙的出現已有千百萬年了，難道這位全知全能的上帝竟創造不出比三Ｋ黨和法西斯更好點的東西來嗎？

4. 論點四：神明道德

該論點曾以多種形式流行於十九世紀，羅素批判了兩種主要的說法。第一種說法認為，若不存在上帝，人間便無是非。羅素指出，問題不在於「有無是非」，而在於「是非標準」。如果說是非標準取決於上帝的話，那麼，上帝本身就沒有是非可言了，相信他的至善性也沒有意義了；反之，只要相信上帝的至善性，那就不得不承認，是非標準不以上帝的意志為轉移，因為只有這樣才能判斷上帝是否有至善性。

另一種說法認為，為了伸張正義，必須上帝存在。這種說法看似吐露了良好的願望，憤恨邪惡現象，渴望正義之神，可一旦用科學態度來加以分析，荒誕之處便一目瞭然了。按現有的科學知識，這個世界只是整個宇宙的一小部分；因此，據或然性可作出判斷，這個世界很可能是宇宙整體的一個樣板，而其他組成部分很可能也像這個世界一樣存在著邪惡現象。打個通俗的比方，我們打開一筐橘子時，要是發現上面一層爛了，

一般可肯定，這是一筐爛橘子，而絕不會認為，下面的橘子肯定是好的。神學家藉口伸張正義來論證上帝存在，這豈不像比方裡的後一個判斷嗎？

6.2 斯溫伯恩

斯溫伯恩（Richard Swinburn, 1934-　）現任牛津大學教授，在基督教哲學界很受推崇，被稱作「當代基督教的首席理性辯護士」。他綜合自然科學、科學哲學、宗教哲學、語言哲學，特別是現代邏輯等領域的成果，重新論證了基督教神學的基本命題。他的系列代表作號稱「一神論哲學三部曲」——《一神論的一致性》、《上帝的存在》和《信仰與理性》。

6.2.1 反省現代世界觀

斯溫伯恩之所以要用理性方法來重新論證宗教信仰，起因於他對現代世界觀的反思。儘管當代知識份子信奉不同的世界觀，但他們的傾向都是「反宗教的」，這突出表現為「唯物主義世界觀」跟傳統宗教世界觀的激烈衝突。所謂的唯物主義世界觀，就是指認同科學知識。因此，當代知識份子相信「進步」，「進步」則意味著遺棄宗教信仰，因為「道成肉身」之類的傳統教義實屬荒謬。

據斯溫伯恩回憶，上個世紀五○年代，他在牛津大學讀哲學時深感困惑的倒不是唯物主義與宗教信仰的衝突，而是教會當局不認真對待這場衝突。牧師們在教堂裡虔誠佈道，講解經文，可他們講的東西和現代科學、倫理學、哲學沒有一點兒聯

繫。爲什麼要相信《聖經》呢？難道道德眞理不純屬主觀意見嗎？爲什麼要從根本上假設上帝存在呢？對於此類難題，傳道士只能簡單回答，宗教就是「信仰」，他們解釋不了爲什麼要信基督教而不是相反的世界觀呢？

> 教會對於現代知識的懶惰、冷漠態度令我驚訝；儘管一九五四年聯合王國人口中仍有多達20％的人進教堂，可我認爲，除非基督教能更好地適應知識份子的世界觀，事情便不會按教會的態度繼續下去。[6]

但更值得反省的是，前述「懶惰、冷漠態度」的背後還隱藏著某種神學觀，即認爲「理性」無助於確立信仰。當代最有名的系統神學家都來自德語世界，他們在哲學上繼承的是歐洲大陸傳統，諸如黑格爾、尼采、海德格、沙特等人的思想。這些歐洲哲學家的一個明顯特點就是「論證草率」，傾向於粗線條地描繪宇宙而不作精確的說明或透徹的證實。因而，他們主張的是「一種適於文學的而不是科學的哲學」。在接受上述哲學傳統的過程中，當代神學家深受祁克果的影響，認爲信仰是「非理性的」。正因有感於此，斯溫伯恩強調：

> 假如上帝很可能不存在，那麼，你崇拜他或向他悔罪，便無任何意義。再假如現代論著裡拋出了某些理性論證，也建議說，上帝很可能不存在，那麼，便需要認真對待了，並指出這些論證的荒謬之處。因爲忽視它們就是侮辱上帝，上帝給了我們理性，讓我們在理論科學或實踐科學中用於良好的效果。可遺憾的是，二十世紀五○年代流行的系統神學卻沒有對策來處理此類問題。[7]

上述看法使斯溫伯恩轉向了對當代英美哲學主流——邏輯實證主義的反思，其結果主要體現於兩方面：一方面，他不同意邏輯實證主義的證實原則，特別是反對該學派否定形而上學、倫理學和神學的傾向；另一方面，他從邏輯實證主義那裡得到了啓發，這就是高度重視現代科學知識，以精確的分析來彌補歐洲大陸哲學的「草率論證」，用科學的理性來證明基督教的基本信念，讓傳統的自然神學在理智上重新贏得人們的敬重。

為此，斯溫伯恩提出了六種「後驗性的論證」：宇宙論論證、目的論論證、意識論論證、道德論論證、根據奇蹟啓示所作的論證、根據宗教經驗所作的論證。下面就以典型的設計論論證為例，看看斯溫伯恩是如何立論的。不過，為便於讀者理解，我們將避開專業性很強的符號化表述。

6.2.2 新版設計論論證

斯溫伯恩翻新設計論論證，是以科學解釋的本質及其局限性為著眼點的。設計論論證的主要特徵在於，從「自然秩序」來展開論證，即假定自然界的秩序性是與某些「最普遍的定律或法則」相一致的。問題在於，那些最普遍的定律或法則到底是什麼呢？這是科學知識還不能準確解答的。就目前所知，科學可依據某種「較普遍的定律」來解釋某些「狹義的規律或定律」，但無法解釋「為什麼會存在最普遍的自然定律」，因為按照科學假說，現已發現的那些較普遍的定律都不能解釋其自身的作用。從上述問題入手，斯溫伯恩主要提出了如下論點：

1.「簡單解釋」(the simple explanation) 的必要性

從無窮的時空來看，確有必要對物體與定律的一致性作出

簡單的解釋。定律並非事物，而是獨立於物體的。如果說所有
的物體都符合定律，也就是認為，它們具有完全相同的活動方
式。譬如說，行星的運動符合克卜勒定律，就是指所有的行星
每時每刻都具有該定律所陳述的運動特徵。因此，對於物體在
任何時空條件下都具有的活動特徵，即物體與自然定律的一致
性，理應就其共同來源作出某種簡單解釋。

斯溫伯恩說明，其所關注的問題是，自然定律和自然事物
得以存在的根本原因何在呢？宇宙及其自然定律可謂無所不
在，以致易於令人忽視。可一般人沒料到，「宇宙根本就不會
出現」或「一直處於混沌無序狀態」，都是很有可能性的。所以
說，宇宙及其秩序性的存在足以讓人驚訝，也確實超出了科學
的解釋能力。這種解釋的局限性並非暫時現象，不能歸因於二
十世紀科學的落後，而是科學解釋的本質使然，因為科學的解
釋終止於「某種終極的自然定律和物質結構」。

2. 一神論解釋的可行性

作為一種假設，一神論能對宇宙的秩序性作出「簡單解
釋」，即認為質子和電子的有序活動方式來自於上帝。按有關假
設，上帝肯定有力量做到這一點，問題在於，他為什麼要作出
這樣的選擇呢？斯溫伯恩解釋說，秩序性不僅使宇宙美好，更
重要的是，可使人類學會控制與改變宇宙。因為對人類來說，
只有存在簡明的自然定律，才能預期事物的因果關係；假如不
能預期，也就無法改變事物。例如，只有知道「種瓜得瓜、種
豆得豆」，以及播種、除草、澆灌等，才有可能發展農業；而且
只有存在著易於把握的自然規律，才有可能獲得農業知識。所
幸的是，現存的人類作為「渺小的創造者」，透過自由選擇而有

了上帝創造宇宙的活動。因此，「自然定律來自上帝」，這種簡單解釋便成了一種合理期待；否則的話，很難預期宇宙會展現出如此驚人的秩序性。

3. 進化論解釋的不成熟性

設計論論證流行於十八世紀到十九世紀初。那時人們覺得，動植物的結構難以思議。譬如，動物都能捕捉適於各自消化器官的食物，還能逃避天敵，牠們的生理結構酷似複雜的機器，肯定是由某位設計大師組裝起來的，同時還爲牠們設計了繁殖的能力。一八五九年，達爾文進化論的提出突然中止了這種流行的護教論論證，從此作爲設計師的上帝似乎顯得多餘了。

但斯溫伯恩指出，進化論觀點對設計論論證的否定是不成熟的，因爲我們可深究下述問題：爲什麼會存在進化法則呢？毫無疑問，這是因爲進化法則遵循物理現象的基本定律。然而，爲什麼物理定律會導致進化法則呢？爲什麼一開始就存在原始的有機物呢？打破砂鍋問到底：爲什麼原始物質從一開始就適於進化過程呢？

就上述問題而論，有兩種不同的選擇：承認無法作出解釋，或透過假設來作解釋。首先，問題不在於，爲什麼存在「自然定律」或「物質能量」（因爲二者分別是設計論論證和宇宙論論證的前提）；關鍵在於，爲什麼這二者有一個明顯特徵，就像早已上緊了的發條一樣，勢必導致植物、動物和人類的出現。其次，既然科學的解釋有其終止之處，要麼將上述特徵看成「終極的、非理性的事實」，要麼則應超出科學解釋的局限性，靠一神論假設來作出合理的解釋。

晚近的科學研究很重視宇宙的高度協調性。宇宙大爆炸階段，物質能量必須具備一定的密度和衰變速度；哪怕其密度和速度增減百萬分之一，也會影響到宇宙能否具備生命進化的原始條件。比方說，如果總物質能量的衰變過程略快一點兒，便不會形成銀河、星系或行星，以及適於生命的自然環境；如果衰變過程臨近邊沿時放慢的話，那麼，宇宙早在形成生命前便自行崩潰了。同樣，要能形成生命現象，諸多自然定律必須在很有限的範圍內維持其恆量。

　　因此，如果以為諸多定律和最初條件只是偶然具備了某種產生生命的特徵，這是極不可能的。上帝能給予物質和定律這種特徵。如果我們能表明上帝有理由這麼做，那麼，就會支持這樣一個假設：他這麼做過。至此可再次得到的理由（除了宇宙的美感），也就是以前得到的那種理由——為什麼上帝的選擇會產生一個在根本上有秩序的宇宙，為什麼進化過程所產生的有感覺的、肉體化的存在者，尤其是人類都有創造價值，而人類自身又能對所應存在的世界種類作出有知識根據的選擇。[8]

6.3 理智論兩面觀

6.3.1 羅素功過三七開

羅素無愧為當代無神論的理智論楷模。世紀之交，他被《時代》雜誌列入「二十世紀最有影響的二十位思想家」（據筆

者印象，其中哲學家只有他和維根斯坦）；其實幾十年前就有人斷言，「沒有任何哲學家對二十世紀的理智生活給予了比羅素所給予的更加有益的影響。」[9]

因而，若寫一部當代社會思想史，很多章節都不會拉下羅素的名字。他活躍於社會思想領域長達半個多世紀，留下了大量針砭時弊、傳播知識、倡導變革的論著，這部分言論起碼占其著作總量的三分之二，幾乎論及現代社會生活的所有問題，諸如教育、道德、婚姻、女權、種族、宗教、政治、戰爭、和平、環保、科技發展、生活方式、社會改革等；他榮獲過「世界和平獎」和「諾貝爾文學獎」；他被譽爲當代最有影響的評論家、最有感染力的演說家、英語散文家大師，甚至多產的暢銷書作家。艾耶爾評論道，羅素「喜歡自比伏爾泰」，他越到後來越熱衷用自己的才智和熱忱去抨擊迷信、愚昧、虛僞以及非正義現象。[10]這爲我們理解羅素的宗教觀提供了一條歷史線索。

伏爾泰（Francois-Marie de Voltaire, 1694-1778）是法國啓蒙運動的鬥士，又被推舉爲整個歐洲啓蒙運動的領袖。衆所周知，十七到十九世紀初相繼興起於歐洲各地的啓蒙運動有兩大目標：一是衝擊宗教蒙昧主義，樹立理性與科學的權威；二是推翻封建專制主義，建立自由、民主、平等與法制的社會。啓蒙思想家之所以將「宗教批判」跟「政治批判」相提並論甚至擺到首位，就是因爲在當時的文化背景下，傳統的宗教勢力仍是禁錮人民思想、阻礙社會進步的主要原因。

到羅素生活的時代，儘管社會制度改變了，科技也有了長足發展，但在他看來，啓蒙思想家提出的宗教批判任務還沒有完成，負有歷史使命的知識份子理應繼承這一未竟的事業。羅

素在宗教觀上之所以能成爲啓蒙思想的發揚光大者，歸因於他的哲學觀：

> 在混亂紛紜的各種對立的狂熱見解當中，少數起協調統一作用的力量中有一個就是科學的實事求是；我所說的科學的實事求是，是指把我們的信念建立在人所可能做到的不帶個人色彩、免除地域性及氣質性偏見的觀察和推論之上的習慣。我隸屬的哲學派別一向堅持把這種美德引入哲學，創始了一種能使哲學富於成果的有力方法，這些乃是此派的主要功績。在實踐這種哲學方法當中所養成的細心求實的習慣，可以推廣到人的全部活動範圍，結果在凡是有這種習慣存在的地方都使狂熱減弱，而同情與相互了解的能力則隨之增強。哲學放棄了一部分武斷的浮誇奢求，卻仍繼續提示啓發一種生活方式。[11]

羅素就是以這段話來結束其名著《西方哲學史》的。從這段結語裡，細心的讀者可找到他對幾個主要問題的回答，像科學方法的精神是什麼，爲什麼要否定傳統的宗教信仰，科學、哲學與現代生活方式有什麼關係等。關於這段話，著名的宗教學家麥奎利有如下評論：

> 無論我們可以怎樣給他貼標籤，羅素哲學就本質而言，在觀點上是科學的，在精神上是世俗的。既然科學不爲信仰上帝或信仰永生提供支持，那麼這些信仰就必須被作爲較早時代的不成熟思想的殘餘而拋棄，但是給我們以補償的，是科學本身向我們提供的前景；如果能夠正確地引導科學的力量的話，在科學的精神中，羅素看到了人類

的主要的希望。[12]

綜合以上分析，我們可從以下兩方面來評價羅素的宗教觀。

首先，羅素的宗教觀屬於一個思想時代。他所主張的理智論與啓蒙精神一脈相傳。因此，就整體而言，羅素的宗教批判有不可漠視的歷史合理性，這就是繼承發揚了科學的理性主義精神，透過回顧科學史，對啓蒙運動以降的宗教批判思潮作出了劃時代意義的總結。要想評說以羅素爲代表的當代理智論，這是首先應重視的大背景。

其次，羅素的宗教觀既有功績又有缺陷。就方法論傾向而言，羅素所主張的理智論可稱爲「科學的理性觀」。如果不否認羅素的宗教批判有歷史的合理性，那麼，這種科學的理性觀功不可沒。任何一個思想時代至少要有兩種力量——革新的和守成的，對這兩股基本力量的評價，自然離不開特定的歷史階段和文化背景。自近代自然科學和世俗哲學興起以來，科學理性觀所扮演的歷史角色就是革新者。可以說，在當時的背景下，若不以科學理性觀來猛烈抨擊因襲守舊的宗教勢力，便不會出現思想解放、科技發展、社會變革等蔚爲壯觀的歷史場面。

然而，如果宗教信仰作爲一種歷史或文化傳統，跟人類社會的過去、現在與未來有錯綜複雜的源流關係，那麼，羅素所代表的理智論批判態度是否過於簡單化了，是否流露出科學理性觀的偏頗性或極端化呢？這種疑慮的根據在於，羅素把科學知識作爲唯一標準，把宗教哲學批判簡化爲「自然科學判斷」——符合自然科學知識或成就的即爲眞，否則爲假。這顯然表明科學理性觀的歷史合理性在羅素那裡被誇大了，被推向了「唯

自然科學主義」。可印證這一點的還有羅素對價值或道德問題的武斷認識。按他的推論，凡知識必來自（自然）科學方法，凡（自然）科學無法發現的必是不可認識的；所謂的價值問題就是如此，因而根本不存在道德知識。[13]

若非就人論人，可提出一個大問題：現代文化有哪些主要特徵呢？這麼大的問題自然有不同的見解。但有一點不致引起異議，這就是現代生活已離不開科技了，物質生活是這樣，精神活動也如此，像我們的語言、概念和思想，甚至包括個人的心理、經驗與情感。透過評說羅素所代表的理智論，是否可使我們反省一下：面對傳統的宗教信仰，以科技爲顯著特徵的現代文化氛圍，特別是科學思維方式會不會或直接或潛移默化地左右著我們的判斷呢？

6.3.2 傳統思路行得通？

「一個自然神學家的使命」，這是斯溫伯恩思想自傳的標題，也是這位牛津資深教授的自勉。目前，他的名望雖沒法跟故去的羅素相比，但作爲「現任首席理性護教士」，他推出的新版神學論證卻可跟羅素相抗衡了。如果說羅素以「幾十年前的科學知識」清算了傳統神學的基本論點，那麼，斯溫伯恩則藉新近的成果把它們重新演算了一遍。

用「演算」來形容斯溫伯恩的有神論論證，一點兒也不誇張。英美同行說過，此公是個奇才，要跟他商榷，先得進修最新的科學知識，特別是邏輯理論，讀過他的書再和他一起開會，筆者確有同感──他所用的知識證據和邏輯語言「太前沿」了，沒幾個同行能吃透拿準。但筆者認爲，如果從方法論上來看，此公不但不前衛，而且很保守，因爲他所矢志的事業可謂

「一項復古工作」，即復興中世紀過後一直受冷落的自然神學思路。這樣來看的話，商討斯溫伯恩的研究成果時，那些最新的證據和前衛的邏輯便顯得不那麼重要了，關鍵倒在於，傳統的自然神學思路能否行得通呢？

就上述關鍵問題，我們可請一位同行專家來作學術評議，他就是漢斯‧昆（Hans Kung, 1928-　）。爲什麼要請他呢？漢斯‧昆可稱「雙重意義上的斯溫伯恩同行」：既活躍於神學領域又聞名於宗教哲學界；既致力於理論革新又傾心於理智護教。所以，他的評議很有參考價值。

翻開大部頭的《論基督徒》，漢斯‧昆和斯溫伯恩一樣，首先反省的也是現代世界觀對傳統基督教的嚴峻挑戰。他指出，從十九世紀到二十世紀初，眾多思想家一再宣告「宗教終結了」，他們盼望著科學徹底取代宗教的那一天。可今天看來，這只是一種設想或推測，不但沒有得到證實，而且在方法論上盲目信賴科學或理性。然而，上述預測的落空以及對科學與理性的懷疑，並不等於對宗教或上帝的證實。「關於上帝的問題是一個開放的問題。」[14]因此，宗教信仰不僅不能迴避理性檢驗，而且必須闡明信仰內容與現實生活的聯繫。這就重新提出了理性與信仰的關係問題。

理性與信仰是一道歷史遺留下來的難題。它使人們至今仍無法擺脫這樣一種困境：如果能證實宗教信仰，那麼，是否還需信仰呢？反之，假如無法證實的話，那麼，如何理解信仰呢？爲表明上述邏輯困境，漢斯‧昆分析了兩種主要的神學思路及其缺陷。

1. 辯證神學

　　這條思路所強調的是「上帝的不可證實性」。上帝是主動的，透過聖經啟示而向人顯現，使人有可能獲得認識。若無作為恩典的啟示，有罪的人根本無法認識上帝。因此，只有上帝才能證實上帝，而對人來說上帝則是不可證實的。

　　以上解釋思路來自宗教改革家路德的神學思想，當代的代表人物主要是巴特、布林特曼，以及福音神學的追隨者。在路德看來，「理性猶如妓女」，在信仰上誘使人倒向懷疑主義。以巴特為代表的辯證神學則進一步強調人與上帝之間的「無限距離」。從人到上帝無路可通；可從上帝到人卻有通道，這就是上帝對人的恩典與啟示，即只有這種辯證的啟示才能消除「無限距離」。這種辯證神學觀念所反對的就是羅馬天主教的那種傳統的「自然神學」，還有施萊爾馬赫所倡導的那種「人類中心論的新教神學」。

2. 自然神學

　　與上述思路相反，自然神學強調的則是「上帝的可證實性」。只有首先借助理性認識上帝，才能樹立信仰。理性對信仰的證實來自於現實世界，因為理性對現存世界的反省可清楚地證明，上帝是萬事萬物的原因和目的。

　　這條思路可追溯到中世紀經院哲學的集大成者托馬斯·阿奎那。它所謀求的是一條中間路線，既不像理性主義者那樣拒絕一切「超自然的事物」，把信仰約減為「理性」，也不像篤信主義者那樣拒絕一切「關於上帝的自然知識」，將理性縮減成「信仰」。儘管上帝與人明顯不同，但二者有類似性，這就使理性能進行一種「類比的論證」。

3. 主要缺陷

以上兩條思路都有迴避不了的問題。先來看前者，難道信仰問題不能探討嗎？難道「信仰上帝」無法證實嗎？難道有了信仰就不得不拋棄理性、犧牲理解嗎？

> 信仰不應該是盲目的，而應是負責的。人不應該受到精神上的強制，而應該在理性上深信不疑，這樣他才能夠作出可加以辯解的信仰決定。

> 信仰不應該脫離現實，而應該聯繫現實。人不應該不加檢驗地獲得信仰。人的陳述應該透過與現實的接觸，在人和社會現今經驗範圍之內加以證實和檢驗，因而得到現實具體經驗的容納。[15]

同樣，後者也存在嚴重問題。首先，能用證據來證實上帝嗎？能像處理科技問題那樣來對待信仰問題，或用邏輯推理來證實上帝存在嗎？其次，能用上述方法來證實的東西還是「上帝」嗎？最後，人的理性有這麼大的能力嗎？康德對「純粹理性」的限制不是已被廣泛認可了嗎？人的理性能力不是仍局限於經驗範圍，任何超驗的嘗試不是仍被看成不合理的嗎？康德哲學對本體論、宇宙論、目的論等傳統論證方式的批判，不是早就把「上帝存在證明」從我們手裡奪走了嗎？

> 從以往的經驗看，對於上帝的存在來說是不存在可能具有普遍說服力的純理性證明方法的……關於上帝的種種證實事實上也不會對每個人都有強制力。不存在被普遍接受的一項證實。[16]

6.3.3 「雙刃劍」是否愼用？

前面以羅素和斯溫伯恩爲典型，分頭評述了兩種相反的理智論傾向。如果把它們放在一起思考，可發現一個關鍵問題：前者用科學知識來否定宗教信仰，後者則反其道而用之，那麼，如何解釋科學與宗教的關係呢？

這的確是個關鍵問題。可以說，在我們所生活的科學時代，提起宗教，便觸及這個問題；若不回答，就沒法討論下去。因而，長期以來科學與宗教的關係問題一直是人文領域的爭論焦點。概括起來，主要有三種不同的觀點：對立論、相關論和分離論。評介過羅素和斯溫伯恩，前兩種觀點不必多談了。下面，我們看看分離論的代表人物田立克有什麼話要說。

田立克指出，自科學時代以來，越來越多的人之所以疏遠了宗教傳統，主要是因爲從理智上，特別是科學知識的角度曲解了信仰的意義，即把「信仰」看作一種證據不足的「知識行爲」（an act of knowledge）。

> 信仰與知識之間的鬥爭，幾乎都根源於對信仰的誤解，即把信仰理解為某種只有低級證據而依賴宗教權威的知識。[17]

因此，要想避免或消除科學知識與宗教信仰的激烈衝突，首先需要澄清兩點：科學和宗教各是什麼？二者追求的眞理又有什麼區別？

科學旨在說明宇宙的結構和聯繫，方法是實驗的與計量的。科學命題的眞理性就在於，能準確地描述現實事物的結構法則，而且這種描述經得起實驗的反覆證實。所以，凡是科學

眞理都有不確定性，即有待充實、修正或深化，因爲人類對宇
宙的認識和描述是沒有止境的。這種不確定性不但不會貶低科
學論斷的眞理價值，反而可使科學家避免教條主義或絕對主
義。

因而，如果像歷史上的不少宗教思想家那樣，藉口科學論
斷的不確定性，爲給宗教信仰保留地盤而拒斥科學眞理，這無
疑會在方法論上陷入窮途末路，因爲這種做法隨著科學的不斷
發展只能節節讓步，乃至走投無路。田立克強調，宗教信仰之
所以不同於科學研究，原因就在於，二者所尋求的眞理不屬於
「同一個意域」（the same dimension of meaning）。所以，我們理
應區別對待，分而治之。

> 科學無權干預信仰，信仰也無權干預科學。一個意域
> 是不能干預另一個意域的。[18]

如果上述判斷能被大家接受，那麼，科學與宗教的長期衝
突便需要重新解釋了。田立克認爲，以往的衝突其實並非來自
眞正意義上的科學和宗教，而是「一種宗教觀」與「一種科學
觀」的衝突，因爲衝突雙方都沒有清醒地意識到各自的「有效
意域」。

例如，現代天文學一出現，便遭到了某些基督教神學家的
激烈反對甚至殘酷壓制。這些人只知道神學體系裡使用了「亞
里斯多德—托勒密的天文學語言」，而沒有認識到這種用法是
「象徵性」，其宗教涵義不同於天文學命題。

又如，某些現代物理學家傾向於還原論，把整個實在徹底
約簡爲物質微粒的機械運動，以致從根本上否認了生命與精神
的實在性。這種觀點難免跟宗教信仰發生衝突，因爲它不屬於

科學論斷而是在表達信念了。

> 科學只能與科學相衝突，信仰只能與信仰相衝突；保
> 持為科學的科學不可能跟保持為信仰的信仰發生衝突。這
> 對其他科學研究領域來說也是如此，比如，生物學和心理
> 學。[19]

最能說明問題的是那場沸沸揚揚、曠日持久的進化論之
爭。從歷史背景來看，到底是哪些人爭執不休呢？一方是某些
基督教團體的神學家，另一方則是某些偏執進化論的學者。為
什麼雙方難免爭鬥呢？田立克指出，前者拘泥於「聖經的字面
意義」，誤把創世傳說看成科學描述，這不但歪曲了宗教信仰，
而且在方法論上干預了科學研究；後者則把人類僅僅看作低等
生命形式進化的產物，以致忽視了人與動物的區別，否定了人
性，這種解釋顯然不是「一般科學」而是「一種信仰」了。

田立克是一位富於反省精神的神學家。他厲言相告神學家
和宗教徒：宗教真理與科學真理是有根本區別的，切忌用科學
發現來證實信仰。這方面的教訓太多了。譬如，量子論和測不
準原理一出來，馬上就有人用來證明創世論、神蹟說、自由觀
等。

> 如果用這種方式利用物理學理論，神學便混淆了科學
> 與信仰的範圍。信仰的真理是不能用物理學、生物學或心
> 理學的晚近發現來證實的，正如它不能被這些東西所否定
> 一樣。[20]

田立克還是一位富於批判精神的宗教哲學家。對於他的具
體論點，盡可見仁見智，但對他提出的問題卻不可漠視或低

估。如果科學和宗教確有本質區別的話，那麼，無論羅素的支
持者還是斯溫伯恩的同路人，在動用理智論這個利器前，最好
三思一下田立克的「分離論忠告」。

註釋

[1]羅素，《我的哲學的發展》，商務印書館，1982，頁7、22。

[2]以上觀點詳見羅素，《宗教與科學》，商務印書館，1982，第一章。

[3]羅素，《為什麼我不是基督教徒》，商務印書館，1982，頁27。

[4]《為什麼我不是基督教徒》，頁25。

[5]《為什麼我不是基督教徒》，頁13。

[6]斯溫伯恩，〈一個自然神學家的使命〉，克拉克主編，《作為信仰者的哲學家──十一位思想界帶頭人的精神歷程》（*Philosophers Who Believe: the Spiritual Journeys of 11 Leading Thinkers*），Inter Varsity Press，1993，頁180。

[7]《作為信仰者的哲學家》，頁181。

[8]《作為信仰者的哲學家》，頁196。

[9]懷特，《分析的時代──二十世紀的哲學家》，商務印書館，1984，頁197。

[10]艾耶爾，《二十世紀哲學》，上海譯文出版社，1987，頁48。

[11]羅素，《西方哲學史》，下卷，商務印書館，1982，頁397。

[12]麥奎利，《二十世紀宗教思想》，上海人民出版社，1989，頁285。

[13]羅素，《宗教與科學》，第九章。

[14]漢斯·昆，《論基督徒》（上），三聯書店，1995，頁53。

[15]《論基督徒》（上），頁55。

[16]《論基督徒》（上），頁58。

[17]田立克，《信仰的動力》（*Dynamics of Faith*），Happer & Row, Publishers，1957，頁33。

[18]《信仰的動力》，頁81-82。

[19]《論基督徒》，頁82-83。

[20]《論基督徒》，頁85。

7. 宗教與情感

　　宗教的本質既不是思維也不是行動，而是直覺和感受。它希望直觀宇宙，它想虔誠地聆聽宇宙自身的展現與行動之音，它渴望在孩子般的寧靜與柔順中被宇宙的直接影響所抓住所充滿。

　　　　　　　　　　　　　　　　　　　──施萊爾馬赫

　　宗教情感或許有時猶如一陣和緩的潮汐連綿而來，使一種深切崇拜的寧靜心情充滿整個精神。它也許過後又變成了一種更穩定的、更持久的心靈狀態，這種狀態可以說是連續不斷地、令人激動地使心靈得以激勵，產生共鳴，直到最後平息，心靈恢復其「世俗的」、非宗教的日常經驗狀態。它也許驟然間伴隨著痙攣，挾帶著驚厥從心靈深處爆發出來，或許還會帶來強烈的刺激，叫人欣喜若狂，心醉神迷，以致出神入化。它有其野蠻的、惡魔般的形式，能淪落為一種近乎猙獰的恐怖與戰慄。它有其原始的、野性的前身和早期表現型態，另一方面它又可能發展成某種美麗的、純潔的與輝煌的東西。它也許會變成作為被造物的謙卑，面對某種不可表達的神秘而沈默、震顫、啞然無語。

　　　　　　　　　　　　　　　　　　　　　──奧托

　　施萊爾馬赫（Friedrich Schleiermacher, 1768-1834），現代新教神學之父，現代解釋學的先行者，宗教情感論的首倡者。

從宗教思想史的邏輯軌跡來看，情感論是作為理智論的反對者或修正者出現的。該理論旨在表明，宗教的本質和意義並不體現於理智的活動和成果，而在於這樣一種獨特的情感：透過直覺「無限者」或體驗「神聖者」而喚起的那種「絕對的或無條件的依存感」。

若想把握情感論的主旨要義，至少了解兩個關鍵人物：施萊爾馬赫（Friedrich Schleiermacher, 1768-1834）和奧托（Rudolf Otto, 1869-1937）。前一位是首倡者，可把我們引回理論起點；後一位則是傳承者，他的闡釋成果還沒人能超過。

7.1 施萊爾馬赫

在同時代的德國同胞心目中，施萊爾馬赫是一位「叱咤風雲的知識精英」。他學識廣博，性情奔放，仗義執言，精力過人，活躍於宗教界、哲學界、教育界、藝術界和政界等。從後人的眼光來看，這位才華洋溢的思想家至少在三方面有不可取代的地位：「現代新教神學之父」、「現代解釋學的先行者」和「宗教情感論的首倡者」。

所以，在晚近的宗教研究裡，只要研討宗教與情感的關係問題，還得從生活於一百多年前的施萊爾馬赫說起。他所倡導的情感論之所以深受後人重視，就是因為該理論力圖更新以往的宗教觀，把信仰者和研究者的目光從「理性主義時代」引向「浪漫主義時代」。

7.1.1 廢止流行觀念

　　施萊爾馬赫投身於學術活動時，西方思想界占主導地位的
是機械論的世界觀。當時由於物理學、數學、天文學、地質學
等學科的長足發展，傳統的宗教信仰在社會上特別是知識界遭
到冷落。因而，施萊爾馬赫力圖闡發一種新的宗教觀，以向同
時代人──那些有文化的、受科學薰陶的人表明，他們對宗教的
認識深受某些膚淺觀念的誤導，因而他們所批判或蔑視的那些
東西，並非宗教信仰的核心或本質內容。正因如此，施萊爾馬
赫為其處女作起名為：《論宗教：對有文化的蔑視宗教者的講
話》。

　　宗教是什麼呢？或者說，宗教信仰的本質何在呢？在施萊
爾馬赫看來，要想重新思考這個問題，首先必須放棄兩種傳統
的觀點。第一種是「理論的（形而上學的）觀點」，它把宗教等
同於最高知識，看作「一種思想方式、一種信仰、一種獨特的
沈思世界方式」；另一種則是「實踐的（道德的）觀點」，它把
宗教視同於道德實踐，看成「一種行動方式、一種獨特的願望
和愛心、一種特殊的行為和品質」。為什麼會形成上述觀點呢？
主要原因在於，宗教、形而上學和道德三者的對象相同。

　　　如果登上形而上學和道德的最高處，你們會發現，二
　　者的對象和宗教一樣，這就是宇宙以及人性和宇宙的關
　　係。長久以來，這種相似性為五花八門的偏見提供了基
　　礎；因此，形而上學和道德便在很多場合侵入了宗教領
　　域；同時很多屬於宗教的東西也以不當的形式隱藏到形而
　　上學和道德裡了。但只因為這一點，你們就相信宗教和形

而上學或道德一樣嗎？我知道，直覺所告訴你們的答案正好相反，而且這種答案也來自你們的見解；因為你們從未承認宗教的步伐會像形而上學那麼堅定，你們也忘不了使勁地觀察宗教史上留下的邪惡污點。如果有上述差別的話，那麼，就必須不顧共同的主題，而在某種意義上把宗教從形而上學和道德那裡分離出來。[1]

那麼，在什麼意義上才能把宗教跟形而上學和道德分離開來呢？施萊爾馬赫回答，就在於三者處理同一主題的方式和目的不同。

先來看形而上學，它做的事情大致如下：對宇宙進行分類，分成這個存在和那個存在，探求現存事物的諸多原因，透過勾勒世界本身的實在性和規律性來推演出現實事物的必然性。因而，在這個領域裡，宗教絕不能冒進，像假設實質、確認本質、迷戀推理、尋求最後的原因、宣稱永恆的真理等。

再來看道德實踐，它從人性以及人類和宇宙的關係那裡發展出了一種責任體系，靠終極的權威來頒布命令，要求人們必須做什麼，不能幹什麼。顯然，這種事情也是宗教絕不能做的。

說到這裡，施萊爾馬赫動情地指出，「可問題在於，你們大夥兒所說的宗教似乎就是由形而上學和道德實踐的碎片拼湊起來的；其實，這就是作為常識的宗教觀；我已就此提出了懷疑，現在到了廢止此種流行觀念的時候了！」

為了擁有屬於自己的領域，宗教提出的全部訴求如下：放棄那些屬於其他領域的東西，並將以往強加於本領域的東西如數奉還。宗教不想模仿形而上學，按照本質來

規定和解釋宇宙；它也不願如同道德，依靠自由的力量，或透過某群人的神聖自由選擇，來推動宇宙發展乃至完善。宗教的本質既不是思維也不是行動，而是直覺和情感。它希望直觀宇宙，專心聆聽宇宙自身的顯現和活動，渴望如孩子般的被動性被宇宙的直接影響所抓住、所充實。因此，從構成其本質和表徵其作用的所有因素來看，宗教都是跟形而上學和道德相反的。形而上學和道德在整個宇宙中所看到的只是人性，人性是一切關係的中心、一切事物的條件和一切變化的原因；宗教的著眼點則是人性，也就是一切個體的、有限的形式，它想看到的就是無限、無限的痕跡和顯現。[2]

7.1.2 絕對的依存感

施萊爾馬赫一生的宗教思想主要留在兩本名著裡，一本就是剛提過的青年時代著作《論宗教》（1799），另一本是完成於壯年時期的《基督教信仰》（1821-1822）。以往的研究者一般認為，情感論的核心命題——宗教的本質就在於「絕對的依存感」（the feeling of absolute dependence），是在後一本書裡提出來的。實際上，如果不拘泥於文字形式，該命題的基本內容早在前一本書裡就表達出來了。

如前所見，施萊爾馬赫指出，宗教的本質並非「思維」或「行動」，而在於「直覺和情感」。他接著提醒讀者：

> 我請你們熟悉這個概念：對宇宙的直覺（intuition of the universe）。它是我整個講演的關鍵；它是最高的、最普遍的宗教公式，你們基於它就能發現各處的宗教，你們根

據它便可確定宗教的本質和界限。[3]

那麼，何謂「直覺宇宙」？為什麼這種直覺如此重要呢？施萊爾馬赫的解釋可概括為下述幾點：

首先，從直覺與對象的關係來看，所有的直覺都發自「被直覺者」的作用，也就是說，先有直覺對象的獨立活動，作為直覺者的人才能作出符合人性的把握、理解和表達。舉個簡單例子，如果光線沒有作用於感官，你便無所直覺感受；但你所直覺感受到的只是「光的作用」，並非「光的本質」，你所知道或相信的那種本質是遠遠超出直覺範圍的。宗教的實情也是如此。宇宙處於不斷的活動過程，每時每刻都顯現於我們。大千世界豐富多彩，而宇宙就像萬事萬物的母親，它所孕育產生的各種形式、每個生命以及一切事情，都是作用於我們的「同一項活動」。因此，所謂的宗教就是這樣一種直覺感受：所有「個別的事物」都是「整體的部分」，一切「有限的東西」都是「無限的表象」。

其次，就直覺和思維的區別而言，直覺總是保持為「直接的感覺」，把某物看成個別的、分離的；思維則屬於「抽象的思想」，把個別事物聯繫起來，納入某個整體。宗教的實情也是如此。信仰者總是止步於「關於現存事物和宇宙活動的經驗」，停留於「個人的直覺和情感」。

最後，從直覺和情感的關係來看，各種直覺就本性而言都是跟某種情感相聯繫的。施萊爾馬赫強調，要描繪出「宗教的全景」，這一點是不能拉下的……

分析到這裡，我們就不必引用施萊爾馬赫關於「宇宙直覺和宗教情感」的大量解釋了，因為他在前面已提示讀者，「對

宇宙的直覺」所喚起的就是「對無限的情感」（the feeling of the Infinite），或用傳統宗教語言來說，就是「虔誠」。

> 當世界精神威嚴地昭示於我們時，當我們聽到它的活動聲響、感到它的活動法則是那麼博大精深，以致我們面對永恆的、不可見的東西而滿懷崇敬，還有什麼比這種心情更自然嗎？一旦我們直覺到宇宙，再回過頭來用那種眼光打量自身，我們比起宇宙來簡直渺小到了極點，以致因有限的人生而深感謙卑，還有什麼比這種感受更恰當呢？[4]

透過簡要的文本釋讀，我們大致論證了前述說法：情感論的核心命題早在《論宗教》裡就基本表達清楚了；否則的話，該書就不配「情感論的奠基作」或「一種新宗教觀的標誌」了。當然，「絕對的依存感」這個概念是在《基督教信仰》裡明確化的。作為各種宗教現象的本質規定性，它的明確表述見於如下論斷：

> 歷史上出現的各種宗教交流形式，雖有分明的界限，但在兩方面相互聯繫起來了，一是作為不同的發展階段，二是作為不同的信仰種類。

> 虔誠雖有不同形式，但在所有的宗教感情那裡都表達了一種依存性，這就是有限的萬事萬物依存於最高的、無限的存在（one Supreme and Infinite Being）。[5]

7.2 奧托

　　施萊爾馬赫倡導的宗教觀影響了一代又一代的學者。在眾多追隨者裡，當代著名的宗教現象學家奧托被公認為「當代最有影響的施萊爾馬赫闡釋者」。施萊爾馬赫的名著《論宗教》再版時，奧托對其學術貢獻是這樣評價的：

> 　　作者想表明的是，人並非完全限於知識與行為、人與其環境——世界、存在、人類、事件——的關係，也並非窮盡於對環境的純知覺或影響。他力圖證實，假若一個人是以一種深切的感情，像直覺和情感，來經驗周圍世界的；又假如一個人由於感受到世界的永恆本質而被深深打動，以致激起諸種情感，像虔誠、畏懼、崇敬，那麼，這樣一種情感狀態便比知識和行為還要有價值得多。而這也正是那些有文化的人必須從頭學起的。[6]

7.2.1 爲「無理性」開路

　　和施萊爾馬赫一樣，奧托反對在宗教或神學研究中過於強調理性方法的傾向。他認為，正是這種在以往研究中占主導地位的學術傾向，使人們形成了理智的偏見，認識不到宗教信仰的本來面目，即非理性的、情感的特質。在成名作《神聖者的觀念》裡，奧托開宗明義：

> 　　我在本書裡冒昧描寫的對象，可稱為「無理性的」或「超理性的」（"non-rational" or "supra-rational"）[7]，它處

於神性之本質的深層。我一點兒不想以此來助長我們時代的一種趨向，即那種過分的、幻想的「非理性主義」，而是想介入該傾向以其不健康形式引起的爭端。在今天，「非理性」（the "irrational"）是這樣一些人所寵愛的主題：他們懶得思想，或急於逃避艱難的責任——澄清其觀念並將其信念建立在始終如一的思想基礎上。作者認識到了「無理性的」（the non-rational）對形而上學的至關重要性，故在本書裡作一種嚴肅嘗試，以對存在於「概念」失效之處的「情感」進行更準確的分析，並引進一種術語，使我們在不得不運用「象徵」（symbols）時不再顯得不嚴格或不明確。[8]

奧托指出，各種有神論，特別是基督教，有一個明顯的特徵，這就是都用精神、理性、目的、善良意志、無上力量、統一、人格等屬性來表達神性。此類神性構成了諸多明確的「神」或「上帝」概念，而這些概念對理智來說是可把握的，對思想來說是可分析的，甚至是可定義的。

　　某個在概念上能被如此思想的對象便可稱為「理性的」。於是，用上述屬性來描述的神性之本質便是理性之本質；而某種認識到並堅持這樣一種上帝觀點的宗教就是「理性的」宗教。[9]

然而，當我們認同以上看法時必須警覺到一種失誤，即對宗教作出錯誤的、片面的解釋，以為靠前述種種「理性的屬性」便可窮盡對神性之本質的認識。這種失誤並非反常的，而是由一連串原因自然促成的，諸如傳統的語言、術語和觀念，由佈

道和神學所傳授的討論宗教主題的方式，甚至包括《聖經》文本本身。在所有這些原因的影響下，「理性的因素」占據了突出位置，而其他非理性的因素似乎壓根兒就不存在。上述失誤可歸結為語言的性質。因為各種語言都是由詞彙構成的，都意欲轉達觀念或概念；而它們所轉達的觀念或概念越明確，該語言便會得到越高的評價。這就使宗教真理的表達在語言上不可避免地強調神或上帝的「理性屬性」。

更值得注意的是，上述失誤儘管是自然形成的，但必須認真對待。前述種種「理性的屬性」是為徹底表達神性觀念而提出來的，可事實上它們所表達的卻是「某個無理性或超理性的主體」（a non-rational or supra-rational Subject）。就該主體而言，此類理性的屬性是「本質的」，但同時又屬於「假想的本質」；也就是說，我們不得不用它們來斷定某主體的屬性，可該主體的深層本質又是根本無法靠它們來領會的，這裡要求的毋寧說是另一種完全不同的領會方式。

　　　　我們在這裡第一次碰到了理性主義與更深奧的宗教之間的懸殊差別。[10]

那麼，理性主義與宗教信仰的差異何在呢？奧托先從理性主義的基本特徵談起。所謂的理性主義並不像一般人斷定的那樣，是對「奇蹟」的否定。這種看法顯然不對，至少是膚淺的。按傳統理論，奇蹟是指神或上帝偶爾打破了自然的因果鏈條，而神或上帝就是自然的主宰。可以說，這種傳統理論是在盡其自身最大能力來符合理性。因此，理性主義者一般都在上述意義上默認奇蹟的可能性，甚至對傳統奇蹟觀的形成有過貢獻；而反理性主義者往往不關心奇蹟問題的爭論。奧托強調，

就宗教生活的精神態度和情感內容而言，理性主義體現出來的是另一種獨特的性質，這種性質的形成取決於對如下問題的回答：在我們的神或上帝觀念裡，是「理性」壓倒乃至完全排斥「無理性」，還是「無理性」本身超越於「理性」呢？

如果這樣來看的話，我們就會發現，正統觀念本身歷來就是理性主義的「生身父母」。這並非指正統觀念僅僅專注於教理和教義，而是說正統觀念根本沒法在教理教義的結構裡恰當地對待「無理性的因素」。

> 宗教中的無理性因素活躍於宗教經驗的內心，就保持其活力而言，正統的基督教顯然沒有認識到無理性因素的價值，正是這一失誤使其片面地對上帝觀念作出了唯智論和理性論的解釋。[11]

7.2.2　爲「神聖者」正名

以往的批評者認爲，施萊爾馬赫的宗教觀有一個明顯的缺陷，這就是他對宗教信仰的解釋主觀性較強，著重指出了宗教信仰與情感經驗的聯繫，可對宗教情感的對象卻沒有作明確的描述或論證。奧托想解決的便是這個問題，他要揭示的就是宗教情感的普遍對象——古往今來一切宗教信仰的「質的共性」。爲此，奧托提出了「神聖者」（the Holy）的概念，對這個關鍵概念作了大量解釋，主要有以下幾點：

1. 澄清「神聖者」的本義

「『神聖』——『神聖者』——是宗教領域特有的一個解釋與評價的範疇。」[12]可事實上，「神聖的」（holy or sacred）一詞往往是在派生的意義上被廣泛使用的。西方思想家大多用「神

聖的」來意指某種絕對的道德屬性，即「至善的」。譬如，在康德哲學裡，那種出於義務而絕對服從道德律的意志，便被稱爲「神聖的意志」。這種習慣用法不僅不準確，而且完全不符「神聖的」的本來意義。

因此，有必要新造一個特殊的詞來取代「神聖的」，以刪除該詞習慣用法中的「道德要素」和「理性外表」。這個新詞就是「神秘的」或「既敬畏又嚮往的」（numinous），其語義來自拉丁文「神秘」或「神性」（numen）。奧托指出，他要探討的就是這樣一個獨特的或沒有歧義的範疇，就是我們用這個範疇來考察宗教信仰時可普遍發現的那種「神秘的」或「既敬畏又嚮往的」情感。

2. 關於「令人戰慄的神秘感」的描述

就本質而言，「神聖者」或「神秘者」及其引起的精神狀態是獨特的，不可還原爲其他任何東西。因而，若對它們加以研討，是無法定義的；唯一可行的分析方法就是借助某些相似的情感進行比較或類比，並運用隱喻和象徵來加以表述。

奧托指出，在所有強烈而眞誠的宗教情感中有一種最深切、最基本的因素，它對信仰者有極大的影響，能以一種近乎神魂顚倒的力量占據整個精神世界。爲發現這種因素，我們可盡力帶著「想像的直覺」去追究類似的情形：我們周圍的那些信徒的生活狀況；當某人的虔誠情感迸發時表現出的那種精神狀態；舉行各種宗教儀式時的那種歷久不衰、井然有序的莊重場面；以及縈繞於古老的宗教遺址、寺廟教堂間的那種特殊氣氛等。一旦設法進入如此種種情形，我們都會面對某種東西，這種東西只能適當地描述爲「令人戰慄的神秘」（mysterium tremendum）。對此，奧托有這樣一段經典的描述：

> 此類情感或許有時猶如一陣和緩的潮汐連綿而來，使
> 一種深切崇拜的寧靜心情充滿整個精神。它也許過後又變
> 成了一種更穩定的、更持久的心靈狀態，這種狀態可以說
> 是連續不斷地、令人激動地使心靈得以激勵，產生共鳴，
> 直到最後平息，心靈恢復其「世俗的」、非宗教的日常經驗
> 狀態。它也許驟然間伴隨著痙攣，挾帶著驚厥從心靈深處
> 爆發出來，或許還會帶來強烈的刺激，叫人欣喜若狂，心
> 醉神迷，以致出神入化。它有其野蠻的、惡魔般的形式，
> 能淪落為一種近乎猙獰的恐怖與戰慄。它有其原始的、野
> 性的前身和早期表現型態，另一方面它又可能發展成某種
> 美麗的、純潔的與輝煌的東西。它也許會變成作為被造物
> 的謙卑，面對某種不可表達的神秘而沈默、震顫、啞然無
> 語。[13]

3. 對「令人戰慄的」一詞的分析

上述種種情感經驗，顯然有其特定的對象。奧托的分析是
從「令人戰慄的」（tremendum）入手的。所謂「令人戰慄的」
主要喻指如下三種情感因素或情感類型：

畏懼感　「令人戰慄的」首先是指一種「恐懼」。但這裡講
的恐懼完全不同於自然的或本能意義上的「害怕」，而是在類比
的意義上喻示一種很特殊的情感反映。古希伯來文裡的
「haqdish」（大意是說，從心裡把某物看作神聖的）一詞可作為
例子。「從心裡把某物看作神聖的」，是以畏懼感為特徵的，以
「神秘者」為評價尺度的。

崇高感　「令人戰慄的」能使人感到「力量」、「威力」或

「絕對的強大」。因此,「令人戰慄的」可描述爲「令人戰慄的崇高」。若把「崇高」理解爲某種與自我對立的對象,信仰者便會感到,自我雖然「存在」卻無異於「虛無」。這就是宗教徒特有的那種「謙卑感」的「原材料」。

活力感 由於語言障礙,只能把這種情感因素叫做神秘對象具有的「活力」。這種活力可在「神譴或天罰」等說法中明顯感受到;同時可藉諸多象徵性說法來表達,像「意志」、「力量」、「生命力」、「能動性」、「原動力」等。

4. 對「神秘」一詞的分析

所謂的「神秘」就是指一種與我們相異的「秘密」或「奧秘」,是我們不能理解的、無法說明的。所以,就宗教意義來說,「神秘的」就是指「全然相異的」;作爲宗教情感對象的「神秘者」,就意味著「全然相異者」(the Wholly Other)了。

7.3 情感論得失談

和施萊爾馬赫一樣,我們仍生活於「理性的時代」。所以,任何抬高情感的學說,難免遭到理性精神的批評質疑甚至輕視唾棄。情感論的遭遇從一開始就是如此。德國古典哲學泰斗黑格爾曾和施萊爾馬赫同時任教於柏林大學,他對這位同事的理論嗤之以鼻:「如果說宗教信仰可歸因於『絕對的依賴感』,任何一條狗豈不都能成爲出色的基督徒嗎?」儘管後人意識到黑格爾的說法太過分了,不屬學術評論而是惡意攻擊,但的確少見「情感論的同情者」。因而,爲避免輕率的蔑視或非議,我們

先要慎思一下，情感論有沒有不可忽視的合理性呢？

7.3.1 把情感提上議程

作為人生信念，特別是生活方式，宗教顯然飽含情感因素。雖然研究者早就覺察這一點了，可從來沒人像施萊爾馬赫那樣高度重視宗教情感問題，把它從方法論上提到了宗教研究的議程。

如前所述，施萊爾馬赫的情感論主要是針對兩種傳統觀點而來的：一種是「理論的（形而上的）觀點」，也就是理智論；另一種是「實踐的（倫理的）觀點」，也就是道德論。在現代宗教哲學史上，這兩種觀點能否成立一直是諸多理性主義學派的爭論焦點。例如，笛卡兒、佩利等人用科學語言來證明上帝存在；自休謨到康德的不可知論則從根本上質疑此類論證；以狄德羅掛帥的法國百科全書派對宗教道德發起了猛攻；康德則在實踐理性領域為上帝保留了地盤……

施萊爾馬赫卻認為，這樣一些理性化的論爭未能觸及宗教的本質。所以，他要從頭說起，提醒「有文化的人」，特別是那些善用理性原則來比照宗教現象的哲學家：宗教信仰既不取決於「最高知識」也不寄生於「道德行為」，而是發自人類的「無限情懷」，屬於精神的「根本需求」──「無限的、絕對的依存感」。

上述看法跟施萊爾馬赫的人生信念密切相關。他曾把自己的信念概括如下：

> 我相信，人性是無限的，它在披上性別的外衣前就存在了。

我相信，活著不是為了服從或虛度光陰，而是為了存在和有所成就；我相信，意志和教育的力量能使我接近無限……

激情和品德、藝術的價值和科學的魅力、友誼和愛國、過去的偉大和未來的崇高，這些都是我所相信的。

以上信仰告白顯然不會出自「守舊者」或「復古者」之口。正如一位難得的理論知音所言，施萊爾馬赫想要解決的問題是，一個人能否既有「現代精神」又有「宗教信仰」呢？他所倡導的宗教觀使兩極相遇了，一是作為個體的現代人，另一就是「宇宙」或「無限」。於是，宗教便有了不同以往的意義。

不再像中世紀甚至宗教改革時期那樣，屬於一種遠離世界的、超自然的東西；

也不像在自然神論和啟蒙運動中那樣，成為一種隱於世界的、形而上的東西；

毋寧說，按照現代人的理解，就是親近、直觀和感受無限，讓無限注入有限……[14]

奧托與施萊爾馬赫的思想聯繫，主要表現為方法論觀念上的連續性。他對情感論思路的繼承經歷了一個「從解釋到提升」的過程。該過程大致分為下述兩個階段：

前一階段的標誌是奧托的處女作——《自然主義世界觀與宗教世界觀》（德文版1904年，英譯本易名為《宗教與自然主義》，1909年）。該書旨在闡明「人類精神的自主性」和「自然主義世界觀的不充分性」，所以只靠自然主義的科學方法遠遠不能解釋清楚人類的複雜經驗，特別是宗教經驗。奧托研究專家

哈維（John W. Harvey）評論道，書中的論辯是有說服力的，表明作者精通十九世紀的科學觀及其內在傾向，像機械論、新達爾文主義等，但該書還沒提出獨到的創見。[15]

奧托的成名作《神聖者的觀念》是後一階段的標誌。作者的創見主要體現於兩點：首先，嚴格區分了「理性」和「無理性」。作者的開場白（第一章）不過四頁，卻充分表達了這樣一種質疑：各種傳統的有神論，特別是基督教神學，一直想靠「理性的概念」來窮盡「神或上帝的屬性」，問題在於，難道神或上帝不是「無理性或超理性的」嗎？宗教信仰之所以和理性主義的宗教觀有懸殊差別，就是因為前者比後者深奧得多。這種質疑猶如一石雙鳥，一方面挑明了有神論者的理性方法過於膚淺，另一方面則暗示著無神論者的相應批判也落空了。

其次，為宗教信仰的共相——「神聖者」正名。據哈維的推測，《神聖者的觀念》寫於一九一七年，一九一○至一九一一年的東方之旅對奧托的創見有關鍵性作用。在此期間，他前往北非、埃及、巴勒斯坦、印度、中國、日本等地，廣泛考察了不同文化背景下的宗教現象，以求思索兩個基本問題：各種宗教經驗的獨特對象是什麼？不同宗教信仰的共性又在哪裡呢？[16]正是透過廣泛考察和比較研究，奧托提出了「神聖者」這個關鍵範疇。他據此而對「宗教情感特質」所做的描述，不但進一步驗證了施萊爾馬赫的方法論思路，排除了傳統觀點加給宗教信仰的二重次要的或派生的涵義，即「理性的」和「道德的」，而且以宗教現象學這種更客觀的研究態度，把「情感性的宗教經驗」推向了宗教學的前沿，使其至今仍是一個方興未艾的研討焦點。

7.3.2 邏輯上的質疑

從施萊爾馬赫到奧托，情感論者在探索道路上似乎已走了很遠。可回過頭來看，他們的大量探索並未根本解決施萊爾馬赫留下的理論矛盾。施萊爾馬赫從一開始就力圖克服「純理性的宗教觀」，從情感的角度來揭示信仰的本質。按他的結論，只有那種「對無限的絕對依存感」才是信仰的根源，而哲學沈思或神學論證不過是宗教情感的派生物。這意味著，沒有情感性的宗教經驗，便談不上信仰，更沒有神學或宗教哲學可言；換言之，宗教經驗不但可喚起信仰，而且足以確證信仰。矛盾就這樣產生了，如果宗教經驗真有這麼重要的認識論意義，可事先就斷定宗教經驗是非理性、超理性或無理性的，那麼，其「根源意義」和「證實作用」從何談起呢？

上述矛盾會引發很多爭論。一個最直接的問題就是，宗教經驗能否加以概念描述，或者說，能否排除概念因素呢？顯然，這個問題帶有雙關性，既涉及宗教經驗可否研討，又關係到能否不靠理性來證實信仰。

施萊爾馬赫留下的矛盾也就是奧托所要解決的難題。他首先認為，宗教經驗雖是一種複雜的情結，但仍可用概念來描述；問題在於，這種描述所用的概念並非「真正的、理智的『概念』，只能看作『解說性的概念替代物』」[17]。他進一步解釋，我們可把「理智概念的替代物」稱為「表意符號」（ideograms），此類符號只是一些不完善的比擬說法，因為它們是為了描述終極經驗而從日常經驗裡找來的。

上述解釋無非想在概念問題上區分「適於描述的」和「不適於描述的」。可這種解釋本身承認，起碼有些概念是能用來描

述宗教經驗的,因而,我們可借助概念來把握宗教經驗,或者說,作爲複雜情結的宗教經驗也包含某些理智的內容。這就使奧托的解釋暗含兩種可能性:要麼沿著上述思路一直走下去,到頭來背叛情感論;要麼仍無法解決施萊爾馬赫留下的邏輯矛盾。但無論如何,這兩種可能性實際上面臨同一處「兩難境地」:如果堅持認爲宗教經驗是非理智的、不可言喻的,那麼,它就無法證實宗教信仰;反之,一旦承認宗教經驗包含這樣或那樣的理智成分,那麼,它便不能拒絕概念描述,也不可能迴避理性批判了。

從以上分析可進一步提出問題:宗教經驗是否眞的具有「非認識性」或「不可言喻性」呢?在不少批評者看來,施萊爾馬赫及其後學所主張的情感論,其實一直在誤解宗教經驗的本質。就宗教活動而言,所謂的情感並不比信念或行爲更基本、更深刻;相反,信念和行爲表明,情感依賴於認識或概念。關於這一點,當代宗教經驗專家普勞德富特(Wayne Proudfoot, 1939-)明確指出:

> 所謂的宗教情感,起碼某些部分是由概念和判斷構成的。當我們説,某個概念是某種情感的構成因素時,就是指若跟那個概念無關,這種情感便無法得以説明……

> 要想説明某種情感,必須解釋這種情感的性質、對象,以及主體證實這種情感的那些理性根據。於是,我們便能看到,這些根據含有主體的某些信念,而這些信念涉及的就是他的情感狀態得以產生的諸種原因。[18]

7.3.3 歷史性的評價

前述批評屬於邏輯分析，下面再來談談歷史反思。我們以兩位著名學者所作的反思爲例，他們的著眼點分別側重於哲學史和神學史。把這兩條線索綜合起來，或許能使我們更全面、更深入地評價情感論。

1. 哲學史的反思

爲什麼施萊爾馬赫等人要克服傳統的理性方法，轉而主張情感論的宗教觀呢？當今最有影響的歷史神學家潘能伯格（Wolfhart Pannenberg, 1928-　），從西方哲學史的重大轉折中找到了理論原因。他指出，到了現代，在休謨等哲學家的影響下，研討信仰與理性關係問題的背景發生了根本變化。這時，「提問的主動權」從「信仰」一方轉移到了「理性」手中。

基督教啓示的來源，也就是《聖經》的權威性，能否無矛盾地被理性所接受，這已不再是問題了。現代的問題反倒是，繼表明了以權威爲基礎的信仰是非理性的，理性還能否在根本上爲基督教信仰留有任何容身之地呢？[19]

在休謨看來，基督教信仰似乎神聖得不得了，可其根據在於「權威」而不是「理性」。所以，要揭露基督教的荒謬性，穩妥的方法就是找出其信念所缺乏的理性根據。他在名著《人類理解研究》裡指出，神蹟是基督教信仰的依託，既然我們能證明神蹟是非理性的，那麼，所謂的信仰便不過是神蹟在信徒身上的延續了，就是令人顛倒所有的理解原則，一意地相信那些跟常理或經驗完全矛盾的東西。這樣一來，宗教信仰的非理性根據便被現代哲學家當作笑柄了。

　　休謨哲學對宗教信仰的嚴厲批判，促使人們意識到「權威」與「理性」勢不兩立。正是為了消解這種令人絕望的對立，康德、施萊爾馬赫等人試圖克服理性方法的局限性，從「倫理」或「宗教經驗」來重新探討信仰的本質。他們認為，宗教信仰的權威性，只有作為倫理或宗教經驗的表達形式，或被此類經驗所證實，才是可接受的。

　　就上述背景而言，把施萊爾馬赫和康德聯繫起來，可使我們把握情感論的來龍去脈。從施萊爾馬赫到奧托，儘管情感論者一向反對康德所提倡的道德論，但潘能伯格認為，這兩條思路實際上「貌離神合」，都想為信仰尋求新的「權威性根據」。因此，無論康德還是施萊爾馬赫，不僅沒能消除信仰與理性的對立，反而將宗教信仰和宗教研究推到了「主觀領域」。為什麼這麼說呢？潘能伯格的主要理由如下：

　　首先，問題的關鍵在於，宗教經驗有時主要表現為情感，有時則更多地涉及意識，其自主性是跟「理論理性」對立的；其次，認為宗教經驗或倫理經驗獨立於理論理性，這種看法很成問題，因為此類經驗的內容總是以理論意識為媒介的，所謂的獨立性不過是部分意義上的；最後，無論從哲學史還是神學史來看，理性與信仰始終處於「一種不可消除的緊張關係」，可康德、施萊爾馬赫等人卻把這場重大爭論完全轉移到了「自我理解的主觀範圍」；某種宗教是否有普遍意義，需要給以理性證明，譬如，若對基督教信仰情有獨鍾，必須拿出「知識性的證據」；如果拿不出此類證據來，反而求助於所謂的宗教經驗，那麼，只能限於個人經驗，把宗教信仰變成主觀現象。

　　這樣來理解的話，再訴諸於經驗，無論如何都將使信

仰變成某種自我拯救的事情，或從外表判斷為某種精神病
——「文化不適應症」(uneasiness toward culture) 的表現。
這樣一種主觀性的宗教觀之所以在我們的社會找到了位
置，只是因為實證主義科學對人的理解忽視了人的立場，
這就為主觀趣味留下了可占據的真空，不過主觀趣味卻沒
有任何普遍意義上的約束力。[20]

2. 神學史的反思

　　前面提到，施萊爾馬赫被奉為「現代新教神學之父」。那
麼，他所倡導的情感論對神學發展有什麼影響呢？在筆者見到
的大量評論裡，要數新正統神學家巴特 (Karl Barth, 1886-1968)
的批評意見最嚴厲也最有影響了。關於巴特其人其思想，後面
的「宗教與對話」一章裡有專門介紹。這裡預先說明，他的新
正統神學思想就是從反省施萊爾馬赫的宗教觀開始的。

　　巴特指出，十九世紀神學有一個明顯的起點，這就是施萊
爾馬赫的名著《論宗教：對有文化的蔑視宗教者的講話》，因為
該書的出版標誌著新神學與傳統觀念的決裂。因而，整個十九
世紀的神學思潮是以自由派為主流的。該學派深信，神學或宗
教研究必須對外開放，面向世界，適應於當代社會及其學術觀
念。這種信念必然導致如下假設：要想維護信仰和神學，只能
靠某種新觀念來重新解釋人、宇宙和上帝的關係，因為只有這
樣才能博得普遍認同。

　　就上述信念和假設而言，十九世紀的神學家繼承了上個世
紀基督教啟蒙運動的精神，即主張任何人接受信仰都不應迫於
外在的或內在的壓力。因而，自由派神學家把目光轉向了同時
代人所認同的「標準世界觀」，力求說明這種世界觀所構成的信

仰條件，更準確些說，試圖從中找到一個參照點，以令人信服地自願接受宗教信仰，至少證明有這樣一種信仰的可能性。

從信仰的立場來看，自由派神學家的嘗試不能不說是「一種特殊的冒險」，巴特進一步指出，因爲要想達到以上目的，他們便不得不構造某種特殊的世界觀，而且還不得不肯定其合理性；所以，對他們來說，便利的做法就是把某種流行的哲學思潮充作神學研究的前提。正因如此，十九世紀的神學家無不自認爲「專職的哲學家」。這麼多宗教哲學家都忙於構造某種普遍的本體論、認識論或倫理學，以證明人生來就有信仰的本性或潛能。總的看來，他們的努力主要是圍繞下面兩個問題展開的：

第一，關於「信仰的潛能」。施萊爾馬赫認爲，人就本性而言注定有一種「對無限的感知和體驗」。對這種觀點，自認爲精通宗教哲學的十九世紀神學家們作了大量論證。巴特反問道，十九世紀的人想從神學家那裡學到此類知識嗎？他們承認此類知識能充實自己的世界觀嗎？他們是否眞想利用「信仰的潛能」呢？施萊爾馬赫對「知識份子」發表的演說的確令人印象深刻，論證了人類精神生活結構中的宗教根源，可他本人及其追隨者的激情言論並沒打動廣大知識份子，至於對覺醒中的勞動階層就更談不上影響了。

如果說上述結果不能用來指責施萊爾馬赫等人的研究特長的話，那麼，一旦反省他們的研究傾向，問題就嚴重了。這方面的問題就在於，是否存在所謂的「一般性宗教」呢？

第二，關於「一般的宗教」。作爲當代最強硬的基督教護教家，巴特尖銳地指出，即使可以假設某種「普遍的世界觀」是合理的，基督教信仰能否成爲論爭的對象呢？有什麼證據表

明，接受某種世界觀便能使基督教信仰得到普遍認同呢？即便承認人生來就有宗教傾向，基督教信仰能否被稱爲「一種宗教」呢？十九世紀的神學家就是這麼錯誤地作出假設並得出答案的。[21]

巴特提出上述強烈批評，不僅要把神學家從「十九世紀的百年迷夢」中驚醒過來，而且想封殺「搖籃」中的宗教學，因爲在他看來，十九世紀的歐洲神學家和宗教學家是「方法論上的同路人」，二者都試圖從人的角度來重新思考宗教信仰，而施萊爾馬赫便是始作俑者之一。

既然如此，我們在這裡考慮這位宗教學反對者的批評意見又有什麼意義呢？筆者以爲，至少有兩點是值得考慮的：首先，宗教研究確是一個複雜且敏感的領域，任何關於宗教本質問題的探索不但步履維艱，而且要承受各方面的，特別是信仰者的質疑，巴特對施萊爾馬赫的否定便是典型的例子；其次，儘管宗教研究領域裡的理論交鋒難免注入信仰成分，但理應抱持尊重對方、商討學術的態度，就此而言，巴特對施萊爾馬赫的批評也是一個範例。誠如漢斯·昆所言，最可信的讚揚往往來自理論對頭，對施萊爾馬赫的最後評價應留給巴特來說：

> 他沒開創一個學派，而是開創了一個時代。
>
> 我們面對的是一位英雄，是神學中難以得到的那種英雄。任何人如果沒注意到（或從未屈服於）這位人物發出的和仍在放射的光芒，都可以可敬地越過他而採納其他的、也許是更好的方式。但是請別對施萊爾馬赫作哪怕是十分輕微的指責。任何人在此如果不曾愛過，而且如果不會一再地愛的話，也就不會恨。[22]

註釋

[1]施萊爾馬赫，《論宗教：對有文化的蔑視宗教者的講話》（*On Religion: Speeches to its Cultured Despisers*），Cambridge University Press，1996，頁19。

[2]《論宗教：對有文化的蔑視宗教者的講話》，頁22-23。

[3]《論宗教：對有文化的蔑視宗教者的講話》，頁24。

[4]《論宗教：對有文化的蔑視宗教者的講話》，頁45。

[5]施萊爾馬赫，《基督教信仰》（*The Christian Faith*），T. & T. Clark，1986，頁31、34。

[6]奧托，〈施萊爾馬赫《論宗教》引論〉（Introduction, *On Religion*），Harper & Row, Publishers，1958，頁19。

[7]「無理性」是奧托論著裡的一個關鍵字。為轉達該詞的方法論涵義，《神聖者的觀念》的英譯者哈維（John W. Harvey）特意選用了the non-rational，以區別於the irrational的原意，即「否定理性」。哈維覺得，the non-rational一詞仍不夠理想，雖然可用來弱化the irrational的意思，但在詞義上還不足以消除強烈的否定色彩。按奧托本人的理解，「理性」和「無理性」是神性本質的兩個方面或兩種因素，二者猶如經緯，缺一不可。「理性」是神性本質的一部分，可並不等於全部；而「無理性」既不是「反理性」也不是「高於理性」的。因此，如下所述，奧托注重描述「無理性因素」，旨在糾正傳統理性觀在神性問題上的偏頗性。

[8]奧托，《神聖者的觀念》（*The Idea of the Holy*），Oxford University Press，1950，英文第一版「序」。

[9]《神聖者的觀念》，頁1。

[10]《神聖者的觀念》，頁2。

[11]《神聖者的觀念》，頁3。

[12]《神聖者的觀念》，頁5。

[13]《神聖者的觀念》，頁12。

[14]施萊爾馬赫的信念和漢斯·昆的評價，參見漢斯·昆，《基督教大思想家》，社會科學出版社，2001，頁159、160-163。

[15]上述評價參見《神聖者的觀念》，「第二版譯者序」。

[16]《神聖者的觀念》「第二版譯者序」。哈維還提到，在這次東方之旅前，奧托到過歐洲多國；後來又兩次前往近東和印度（一九二五年和一九二七年至一九二八年）。顯然，這些考察對奧托形成與發展其理論有不可忽視的影響。更重要的是，對東方宗教的深厚學養，使奧托的比較宗教學眼界大開，而不像施萊爾馬赫那樣只局限於西方宗教背景。事實上，東西方宗教比較已成為他後期的研究重點，主要著作有：《東西方神秘主義》（1926）、《印度神思宗教與基督教》（1930）。另外，奧托還致力於印度宗教經典的翻譯，寫過關於《薄伽梵歌》的論著。

[17]奧托，《神聖者的觀念》，頁19。

[18]普勞德富特，《宗教經驗》（*Religious Experience*），University of California Press，1985，頁89、108。

[19]潘能伯格，《神學基本問題》（*Basic Questions in Theology*），Collected Essays, Vol. II，Fortress Press，1971，頁50-51。

[20]《神學基本問題》，頁53。

[21]巴特的以上評價，詳見〈十九世紀的福音神學〉（"Evangelical Theology in 19th Century," *The Humanity of God*），John Knox Press，1974。該文原是巴特晚年發表的一次長篇講演——「百年變遷」，收入論文集《上帝的人性》時易名為〈十九世紀的福音神學〉。

[22]巴特，〈十九世紀的新教神學〉，轉引自漢斯·昆，《基督教大思想家》，頁151、182。

8. 宗教與意志

是的，你非賭注不可。你早已委身，就別無選擇。然而，你將賭定哪一面呢……我們可對兩種情況加以估量：若賭贏了，你並沒有失去什麼，還有什麼可猶豫的，就賭定上帝存在吧！

——巴斯噶

宗教首先是作為一種價值重大的選擇而呈現於我們面前的。若選擇信仰，我們從現在起就該獲得某種無法估量的好處；若拒絕信仰，則全然喪失。其次，宗教還是一種有強制性的選擇，這是和其好處相伴共存的。我們不可能靠保持懷疑、等待更多的證據來避免這場爭端，因為如果透過這種方式，我們雖然能在宗教並非真實的情形下避免謬誤；可在宗教是真實的情形下，我們也將喪失好處，這一點如同我們實際選擇了不信上帝一樣毋庸置疑。

——詹姆斯

　　詹姆斯（William James, 1842-1910），美國心理學之父，實用主義創始人之一，宗教心理學奠基人。

　　意志論和情感論一樣，也力圖克服傳統的理性方法的有限性或局限性；不同在於，它強調的是「意志抉擇」在信仰生活中的決定性意義。意志論又被稱爲「意志論論證」，因爲它力求取代傳統的理智論者所做的有神論證明，像本體論論證、宇宙論論證、目的論論證等，轉而從意志的角度來論證信仰之選擇的必要性和合理性。大致說來，這條論證思路萌發於巴斯噶的「打賭說」，成熟於詹姆斯的「風險論」。

　　在晚近的文獻裡，意志論還被歸於「實用主義的信仰觀」，因爲這種論證形式一開始就以「功利性」來強化信仰之選擇的必要性與合理性，從巴斯噶講的「與你利害關係最小」到詹姆斯說的「給我們帶來最大的好處」，其功利或實用色彩越來越濃厚。當然，這種定性主要是就詹姆斯的實用主義眞理觀而言的。但爲了廓清思路和線索，我們先得從生活於幾百年前的巴斯噶說起，然後把評述重點放在詹姆斯的論證結果。

8.1 巴斯噶

　　乍看起來，在信仰問題上主張「打賭說」有點兒不嚴肅。所以，有必要先了解巴斯噶其人。巴斯噶（Blaise Pascal, 1623-1662）是著名的數學家、物理學家、古典主義散文大師、基督教哲學家。這位才子只度過了三十九個春秋，可他的短暫一生極富傳奇色彩，十一歲就寫出了一篇聲學論文，十六歲完成了「圓錐曲線論」，十八歲開始設計手搖電腦……

　　巴斯噶的一生充滿戲劇性與矛盾性，既是傑出的科學家又是虔誠的宗教徒，既有清醒的理智又有神秘的情感，既因不滿

傳統的經院神學而注重理性的哲學思考，又試圖用「信仰意志」來證明「上帝存在」。俗話說：「文如其人」。巴斯噶的「打賭說」可謂其一生的生動寫照。

8.1.1 無限與虛無

「打賭說」見於名著《沈思錄》。該書的第二百三十三條專門討論「無限與虛無的關係問題」，透過這個重要哲學問題的討論，巴斯噶試圖證明，就人類理智而言，我們完全有可能知道某物，包括無限物的存在，可同時對其本質卻一無所知。

例如，數學所要研究的「數」肯定不是有限的；換言之，「無限大的數」存在無疑。然而，我們並不知道這個「無限大的數」到底是什麼。據現有的知識，這個「無限大的數」既不是奇數也不是偶數，儘管已知的「數」不外這兩類，可我們透過不斷增加一個個數量單位並不能改變這個「無限大的數」的本質。所以說，我們只知道「無限大的數」肯定存在，但無法借助有限的數量遞增關係來推知它的本質。

同理可證，信仰者知道上帝存在，卻不可能靠理性來認識上帝是什麼、其本質究竟如何。在巴斯噶看來，正如一個有限的數並不能給「無限大的數」增加任何東西，我們的理智在無限的上帝面前也是這樣，我們的正義在神聖的正義面前更是如此。因爲不論在什麼情況下，一旦有限面對或融入無限，均將化解爲「純粹的虛無」。

但和數學知識相比，關於上帝的認識還有更複雜或更困難的一面。巴斯噶指出，我們在數學上完全可知道「無限」的存在而不了解其本質如何，因爲這種意義上的無限有「廣延」而無「限度」；也就是說，人類自身具有的廣延性能使我們認識

到此種無限的存在，可人類自身的有限性又使得我們無法認識其「無限度」的一面。然而，上帝作爲信仰意義上的無限卻既無「廣延」也無「限度」。因此，我們所說的「知道上帝存在」實際上是信仰的結果而不是理性的結論。如果僅憑理智，我們肯定對上帝的存在及其本質一無所知。這便意味著，對於上帝的存在及其本質，我們只有透過信念才能認同。

8.1.2 爲信仰賭注

巴斯噶認爲，以上分析表明，以往圍繞「上帝是否存在」進行的大量邏輯論爭，不論是信仰者的各種證明還是反對者的諸多否證，事實上都屬於貿然的嘗試或虛妄的企圖。既然作爲無限存在的上帝，超越於人類理性認識的有限範圍，那麼，誰又能找出任何理由來否定宗教徒的信仰，指責他們無法爲上帝存在提供理性根據呢？

但上述反駁並不意味著批評者的意見是無須重視的。正像批評者指出的那樣，即便「上帝的不可證實性」可使信徒免除理性批評，但不能成爲信仰的唯一理由。這樣一來，如何回答「上帝是否存在」這個根本問題，對每個信徒來說便成了一場嚴峻的人生選擇，因爲該問題猶如「從無限之盡頭向我們拋來的一枚硬幣」，究竟賭注「正面」還是看好「反面」，憑藉理智既無法作出決斷也不能證實對錯。關於這場人生信仰賭注，巴斯噶是這樣看的：

> 是的，你非賭注不可。你早已委身，就別無選擇。然而，你將賭定哪一面呢？讓我們來看一下：既然非得作出一種抉擇，只有看看哪一種抉擇與你的利害關係最小。你

有兩樣東西可輸：真與善；你又有兩樣東西可賭：你的理智和意志、你的知識與福祉；同時你的本性又在躲避兩樣東西：謬誤與邪惡。既然你非做抉擇不可，你的理智所面對的已不再是選擇這一面而不是那一面。這一點是我們早已明確了的。那麼，就你的福祉而言又將如何呢？讓我們估量一下賭注正面，即相信上帝存在所包含的得與失吧。我們可對兩種情況加以估量：若賭贏了，你將獲得一切；若賭輸了，你並沒有失去什麼。還有什麼可猶豫的，就賭定上帝存在吧！[1]

巴斯噶接著作了一個更複雜的假定，強化了信仰選擇問題的嚴肅性與神聖性。他向讀者提出了這樣一個問題：假若還存在著一種來世的或永恆的生命與福祉，你又將如何看待這場意義非凡的人生賭注呢？這場人生賭注實際上是不可避免的。一旦你不得不進行抉擇而又捨不得以自己今生今世的一切作抵押，那將是很不明智的，因為儘管在數之不盡的機遇中可能只有一種結局是你所盼望的，可它將帶給你的卻是一種永恆的生命、一種無限的福祉。也就是說，你的抵押是相當有限的，而你的收益則是無法估量的。更何況就輸局與贏局二者的機遇而言，後者誠然為一，可前者也並非無窮之多。

既然如此，既然你不得不作出賭注，若你仍捨不得以自己的生命為代價去贏得無限的收益，那你必定是欠缺理智的，因為這無異於吝惜一種分文不值的損失。[2]

8.2 詹姆斯

　　詹姆斯不是個陌生的名字了，我們在上篇裡介紹了他的宗教經驗研究。接下來要評述的「信仰風險論」，則更能體現出這位當代美國哲學泰斗的思想本色——實用主義的眞理觀。實用主義並非詹姆斯獨創，他是跟皮爾士（Charles Sanders Peirce, 1839-1914）、杜威（John Dewey, 1859-1952）一起分享「創始人」稱號的。但和另兩位創始人相比，詹姆斯更注重現實生活裡的價值問題，更傾向於爲平民百姓著書立說，以啓發他們獨立地思索人生意義，自由地選擇生活道路。所以，實用主義哲學觀的通俗化或大眾化主要歸功於詹姆斯。

　　詹姆斯認同巴斯噶的基本觀點：就以往關於「上帝存在與否」的邏輯爭論而言，論爭雙方都沒能拿出確鑿的事實或證據來。但生活於現代世俗文化背景下的詹姆斯，對傳統理性方法的反省顯得更愼重也更現實了。他並不像巴斯噶那樣一口斷定，任何理性的證明或否證都屬於「貿然的嘗試」或「虛妄的企圖」，而是首先強調「理性證據的不充分性」；也就是說，「上帝存在」雖不乏理性證據，但現有的證據尙不足以確證「上帝存在」。他甚至小心爭辯道，目前正反兩方面的理性證據勢均力敵，並將長期處於均衡狀態，以致我們無法作出理性的判斷和選擇。

　　因而，在現有理性證據不足的情況下，「信仰之選擇」只能看成一場充滿風險的人生賭注。爲重估這場人生賭注的風險與價值，詹姆斯從實用主義觀念出發，對「信仰之選擇」作了

較全面的分析。

8.2.1 論信仰選擇

任何推薦給我們信仰的東西，都可稱爲「假設」（hypothesis）；所謂的「信仰之選擇」就是指在兩種假設之間作出「決斷」（decision）。事實上，我們一生可能面臨諸多類型的「信仰之選擇」。譬如，就特定的境遇或具體的人來說，有些選擇可能意義不大，而有些選擇卻能決定一生；有些選擇是沒有出路的，而有些選擇則是有生命力的，有現實可能性的；有些選擇完全可以迴避，但有一些選擇具有強制性，令我們不得不作出抉擇，因爲這時連拒絕本身也屬於選擇，即一種相反的或否定意義上的選擇。總括以上看法，詹姆斯提出了一個新概念，叫做「眞正的選擇」（genuine option）。

> 選擇可能是多種多樣的。它們可劃分為：(1)有生命力的或僵死的；(2)有強制性的或可迴避的；(3)價值重大的或無足輕重的。就我們的目的而論，如果某一選擇屬於那種有強制性、有生命力而且還有重大價值的，我們便稱之為眞正的選擇。[3]

例如，基督教一神論就是這樣一種眞正的選擇。「你是否信仰上帝」，這種選擇首先描繪出了一種現實的可能性；同時我們對這一選擇無法保持中立態度，因爲若不相信上帝的存在便意味著拒絕神聖的啓示；最後，這種選擇本身將給我們一生帶來的得與失是無法估量的。

又如，對一個阿拉伯人來說，即使他不是「馬赫迪」[4]的追隨者，馬赫迪也不失爲一種眞正的選擇；可馬赫迪這個概念對

西方讀者來說卻很難產生共鳴，這主要是因為從西方人的情感本性來看馬赫迪的說法是缺乏生命力的。

在選擇與證據的關係問題上，詹姆斯承認，假若我們已掌握充分的理性證據，當然應該相信事實，以證據作為選擇的基礎。可問題在於，我們的理性認識往往不可能為「信仰之選擇」提供可靠的證據。因此，有必要區分下述兩種情況：

(1)對於那些並非「真正的選擇」，如果證據不足或正反兩方面的證據勢均力敵，我們可暫緩判斷，繼續求證。

(2)但面對那些「真正的選擇」，比如「是否相信上帝存在」，我們既不能中止選擇也不能等候證據，因為從理性的角度來看，否定上帝存在的證據絕不會少於相信上帝存在的理由，這兩類證據的抗衡狀態是長期邏輯論戰的結果，恐怕再過很久也難以改觀。

那麼，身處這種境況應當如何選擇呢？詹姆斯建議，這時就應把信仰之選擇的權力交給我們的情感，即憑藉人的「情感本性」（passional nature）來抉擇應當信仰什麼、哪一種選擇會給我們的一生帶來最大的益處。作為一個極重現實的哲學家，詹姆斯坦誠相告：

> 簡言之，我所維護的是這樣一個論點：我們的情感本性不僅有權而且必須從諸多命題中斷定一種選擇，因為只要是一種真正的選擇，其本質便決定了我們不可能以理智的根據來作出決斷；因為在這種情形下，如果說：「無須決斷，盡可讓問題懸而不決」，這和作出肯定或否定的回答一樣，其本身就是一種情感的決斷，而且同樣也帶有喪失

真理的危險。

8.2.2 論信仰意志

當然，詹姆斯清醒意識到，上述關於信仰選擇的看法難免遭到質疑。比如，有些哲學家堅持，若無充足的理性證據，便不可能從道義上確立任何信仰。在詹姆斯看來，這種批評意見誠然表達了一種謹慎態度，可如果被這種態度困惑，以致縮手縮腳，總是不肯作出任何沒有十分把握的選擇，無疑會使我們喪失許多真實的東西。

應當承認，人類的理解能力畢竟有限，況且就人類理智力所能及的認識範圍而言，這個世界上還有太多的事物有待於發現或探討。因而，我們理應正視所謂的失誤或謬誤，切不可因畏懼心理而裹足不前。回到信仰問題上，假若某種真正的選擇最終能給我們帶來最大的益處，那就不該由於懼怕可能出現的失誤而情願放棄無法估量的終極價值，而是應當靠「信仰的意志」（will to believe）大膽地選擇信仰。

總而言之，信仰之選擇猶如一場價值重大的人生賭注，而帶有賭注性的信仰生活無疑是充滿風險的。詹姆斯建議，讀者可透過反省懷疑論來重估這場人生賭注的價值。他的建議集中反映在下面這段頗有影響的論述裡：

> 宗教首先是作為一種價值重大的選擇而呈現於我們面前的。若選擇信仰，我們從現在起就該獲得某種無法估量的好處；若拒絕信仰，則全然喪失。其次，宗教還是一種有強制性的選擇，這是和其好處相伴共存的。我們不可能靠保持懷疑、等待更多的證據來避免這場爭端，因為如果

透過這種方式，我們雖然能在宗教並非真實的情形下避免
謬誤；可在宗教是真實的情形下，我們也將喪失好處，這
一點如同我們實際選擇了不信上帝一樣毋庸置疑。打個比
方，懷疑論者就好像一個想求婚的小夥子，只因無法完全
確信那姑娘娶回家後能不能證明自己是個天仙，他就該沒
完沒了地遲疑不決。難道他並未放棄那姑娘可能是個天仙
的盼望，不是和他放棄這種盼望而娶了另一個姑娘同樣也
算一種決斷嗎？因此，懷疑論並非逃避信仰之選擇的辦
法；它也是一種冒有特定風險的選擇。與其冒險步入謬
誤，倒不如冒險喪失真理──這就是你們的信仰否決者主張
的立場。這種否決者投下的賭注實際上並不少於信仰者；
他把賭注押在反對宗教假設的一邊，正如信仰者賭定的是
反對其立場的宗教假設。因而，若把懷疑論作為一種責任
加以宣揚，認為我們必須固守此責任直至發現宗教假設的
「充足證據」，這無異於對我們說：面對宗教假設時，向我
們對「它可能錯」的恐懼投降，要比向「它可能真」的期
望投降更明智一些、更可靠一些。所以說，拒斥一切情感
並不是理智；唯有以某種情感為基礎來建立理智的法則，
這才算是理智。若真是這樣，憑什麼來保證這種情感就是
最高的智慧呢？若以欺騙換取欺騙，那還有什麼東西可以
證明：由於欺騙而受騙較之由於恐懼而受騙竟會如此糟糕
呢？至少我看不出來這有什麼證據；所以說，一旦我自己
付出的賭注意義重大，令我有權選擇自己所應承受的那份
風險時，我就會拒絕這位懷疑主義的科學家的要求，絕不
仿效他所主張的選擇方式。假若宗教是真實的而它所需要
的證據仍然不足，我並不希望用懷疑論這只「滅火器」來

窒息我的本性（因為我的本性令我感到懷疑論畢竟和這種
事情有關），從而使自己喪失人生中唯一的一次機遇去投身
於賭贏的一方。當然，這機遇取決於我是否心甘情願地承
受風險，我出於情感需要而以宗教信仰看待這個世界是否
有預見性、是否正確，並能否如此這般行動。[5]

8.2.3 論實用主義

詹姆斯一再申明，實用主義是作為方法論上的一條中間路
線提出來的，旨在調和現代哲學思維裡兩種對立的方法——理性
主義與經驗主義。這麼重大的話題在他的筆下竟是從一個通俗
的說法扯起的：「哲學史在極大程度上是人類幾種氣質衝突的
歷史」[6]。「氣質上的差異」可造成廣泛影響。例如，在禮儀上
有拘泥者和隨意者；政治上有獨裁主義者和無政府主義者；文
學上有學院派和現實派；藝術上有古典主義者和浪漫主義者。
同樣，在哲學上則有理性主義者和經驗主義者。

「經驗主義者」是喜愛各種各樣原始事實的人，「理性主義
者」是信仰抽象的和永久的原則的人。任何人既不能夠離開事
實、也不能夠離開原則而生活一小時，所以他們的差別不過是
著重在哪一方面罷了；然而，由於各人的著重點不同，彼此之
間就產生了許多非常尖銳的嫌惡感，我們將會覺得，用「經驗
主義者」的氣質和「理性主義者」的氣質來表示人們宇宙觀的
差別是非常方便的。這兩個名詞使得這個對比顯得簡單而有力
量。[7]

為表明上述「兩種哲學氣質」的結構和對立，詹姆斯圖解
如下：

柔性的	剛性的
理性主義的（根據原則而行）	經驗主義的（根據事實而行）
理智主義的	感覺主義的
唯心主義的	唯物主義的
樂觀主義的	悲觀主義的
有宗教信仰的	無宗教信仰的
意志自由論的	宿命論的
一元論的	多元論的
武斷論的	懷疑論的

那麼，上述「兩種哲學氣質」有什麼缺陷非得克服呢？詹姆斯首先提示讀者，歷史上從未有過這麼多人傾向於經驗主義，可以說我們一出生就深受科學的影響。一百五十多年來，科學的進步似乎把物質宇宙擴大了，而人的重要性卻被縮小了，結果使人們的「自然主義或實證主義感覺」空前發達。人不再是自然界的立法者，而是「吸收者和適應者」；人只能記錄並服從那些「無情的或沒有人性的真理」；人的「幻想和勇氣」喪失了；各種理想彷彿都成了「生理學意義上的惰性的副產品」……總之，這是「一個唯物主義的宇宙」。「要是你求助於最注重事實的地方，你會發現全部剛性計畫正在進行，而『科學與宗教之間的衝突』正達到高峰。」[8]

反之，如果人們轉向宗教，求助於「柔性的哲學」，則會發現理性主義有更大的缺陷。在英語世界，現行的宗教哲學可分為兩大陣營：激進派和守舊派。激進派以英國的黑格爾學派所主張的先驗唯心主義為代表，其哲學觀是泛神論的。該派雖對

新教牧師有很大影響，可顯然已失去了有神論傳統的鋒芒。傳統的有神論現存於守舊派，以蘇格蘭學派的天主教經院哲學爲代表，但它早已陷入了一步步退卻妥協的境地，這一方面是因爲黑格爾學派和其他絕對論者的侵害，另一方面則遭到了進化論者和不可知論者的衝擊。

因此，假如你在宗教信仰上傾向於「柔性的哲學」──理性主義，那就不得不在上述兩個宗教哲學派別間作出選擇了。問題在於，激進派所主張的絕對論，是以「絕對的思想或精神」來構造宇宙的，但從「絕對精神」推論不出任何實際、特殊的事物；而守舊派認同的「上帝」則和「絕對精神」一樣貧乏，他高高在上地生活於抽象世界。以上比較可得出這樣的結論：

> 絕對論倒還有一定的開闊景象和一定的威勢，平常的有神論則更淡而無味了；但是二者都同樣是遙遠和空虛的。你所需要的哲學是這樣一種哲學：它不但要能運用你的智慧的抽象能力，還要能與這有限的人生的實際世界有某種肯定的關聯。[9]

由此可見，理性主義的重大缺陷在於脫離實際，抽象空洞。詹姆斯回憶道，「記得一兩年前，有個學生交來一篇論文。文章開頭就說，我一走進哲學課堂，就覺得不得不跟另一個世界打交道了。我在教室外經驗到的世界一言難盡，雜亂、紛繁、污濁、痛苦、煩擾；可哲學教授所講的世界，卻是單純、潔淨、高尚的，現實生活裡的矛盾現象統統不見了。所以，哲學好像一座古典式的、用大理石建在山頂上的神殿，它的輪廓是用理性原則畫出來的，各部分則是靠邏輯必然性黏起來的，太莊嚴、太聖潔了。」

詹姆斯就此大發感慨，他沒把這篇論文留下來太遺憾了！這個學生告訴我們，理性主義的哲學體系不但不能解釋現實世界，反倒是一座逃避事實的古雅聖殿。我們可以承認，理性主義哲學具有「高尚而純潔的氣質」，能滿足沈思默想者的強烈渴望，讓他們大談「高潔的東西」。然而，一旦目睹具體的事實，正視我們這個紛亂而暴虐的大千世界，恐怕就談不上「高尚或純潔」了。如果一種哲學只講高潔的東西，那麼，它便永遠滿足不了經驗主義者的要求。正因如此，科學家們情願不要「幽靈似的形而上學」，實踐者們則聽從「原野的呼喚」，視哲學如塵埃。

更令人恐懼的是，理性主義者從純潔卻虛假的哲學體系那裡得到的那種滿足感。以萊布尼茲（Gottfried Wilhelm Leibniz, 1646-1716）的《神正論》為例。這本名著用優雅的文筆論證道，就各種可能存在的世界而言，上帝為人類安排的居所當屬最好的星球，因為要是知道天國有多大的話，那麼，我們便可得知這個星球有多好了，這個世界上的惡與善相比，幾乎等於零。由此可見，理性主義者從來就對現實世界抱有淺薄的樂觀態度。

在這一點上，現今的理性主義者並不比前輩深刻。他們仍堅持認為，這種或那種「絕對的根據」是十全十美的，現實世界的不完善性則是假象，是相對的或有限的事物所造成的。例如，絕對唯心主義的代表人物羅伊斯（Josiah Roye）說，現世秩序裡的罪惡現象，乃是永恆秩序的必要條件；新黑格爾主義的代表人物布拉德利（Francis Herbert Bradley）則講，正因為飽含差異或矛盾，「絕對精神」才顯得越發豐富了。讓我們來看當代著名作家斯威夫特（M. I. Swift）的有力反駁。

在《人類的屈服》裡，斯威夫特摘錄了大量關於社會醜惡現象的新聞報導，用來揭露「所謂的西方文明世界」。例如，有位小職員科克里，因生病三週前就被解雇了，一家八人斷了口糧，不得不在冰天雪地裡拖著虛弱的身子到處求職，可夜歸時不但沒找到工作，反倒在門上見到了勒令搬家的告示，只好在絕望中服毒自殺了。斯威夫特譏諷道，諸如此類的新聞常見於報端，它們記錄的基本事實足以編成一部《現代文明百科全書》了。難道這些事實還證實不了理性主義哲學及其宗教觀的虛假性和欺騙性嗎？難道天真無邪、飽食終日的羅伊斯、布拉德利等人還會認為，科克里之類小人物的苦難境遇能使「實在」或「絕對」更豐富多彩嗎？

斯威夫特是個無政府主義者。雖然詹姆斯引用他的材料和觀點，但並不苟同他的立場或信念，因為斯威夫特只是「實用於」實用主義者詹姆斯的目的，這就是藉他的犀利筆觸來揭露理性主義哲學及其宗教觀的弊端，以推出自己的實用主義主張。

那麼，為什麼要主張實用主義呢？我們把詹姆斯的主要論點輯錄如下，作為本節的總結：

> 經驗主義的哲學宗教性不夠，而宗教哲學又經驗性不足。

> 你需要一個結合兩種東西的哲學體系，既要有對於事實的科學的忠誠並且願意考慮事實，簡言之，就是適應和調和的精神；還要有對於人類價值的古老的信心和隨之產生的自發性，不論這種信心是具有宗教的風格還是具有浪漫主義的風格。這就是你的難題：你發現你所求得的結果

的兩部分無可挽救地分開了。你發現經驗主義帶有非人本主義和非宗教的色彩；要不然，你發現理性主義的哲學，它的確可以自稱為具有宗教性質，但同具體的事實和快樂與痛苦，毫無實際接觸。

正是在這一點上我自己的解決方法開始出現了。我提出這個名稱古怪的實用主義作為可以滿足兩種要求的哲學。它既能像理性主義一樣，含有宗教性，但同時又像經驗主義一樣，能保持和事實最密切的關係。[10]

8.3 意志論眾口說

詹姆斯的意志論論證簡明扼要，但涉及的問題很複雜，引起的爭論也很激烈。生活中的對頭最能揭短，理論上也是如此。就理論傾向而言，意志論旨在克服理性方法的有限性或局限性。所以，我們先來看看理智論者羅素的尖銳批評，再來圍繞爭論焦點歸納其他學者的分析評價，最後試從文化背景來「理解詹姆斯其人其影響」。

8.3.1 「功利者的宗教觀」

羅素的名著《西方哲學史》裡有一章，專就詹姆斯的思想，特別是宗教觀，作了評介。他的評介大體分為兩部分，一是「徹底的經驗論」，一為「實用主義和信仰意志」。讀過這兩部分評論，可令人感到強烈的反差。

「徹底的經驗論」是詹姆斯晚年提出的重要主張，最早見於

〈「意識」存在嗎？〉一文（1904）。他根據「意識流」概念指出，所謂「直接的或純粹的經驗」，對人來說就是指「原初的、混沌的經驗」；此類經驗並沒有把思想與事物、意識與對象或主體與客體區分開來；也就是說，主體與客體的區別，來自人們對此類經驗的反省。

羅素評價說，僅憑上述見解，詹姆斯就配在哲學家中占有崇高地位。然而，他對詹姆斯的宗教觀卻一貶到底。

1. 批駁「信仰意志」

所謂的信仰意志理論有一個顯著特點：以「理性證據的不充分性」和「理性選擇的不可能性」為前提，轉而從意志的角度來論證信仰之選擇的合理性。在此論證裡，對懷疑論的否定又是不可或缺的一環。

為什麼要否定懷疑論呢？按照詹姆斯的說法，「求實」是治學者的道德義務，這種義務主要包括兩個訓條：「相信真理」和「避免錯誤」；假如這兩個訓條同等重要而又必須選擇的話，那最好還是選擇前者，因為這有一半「相信真理」的機會；反之，如果像懷疑論者那樣只盯住後者，我們便完全失去機會了。

羅素反唇相譏，如果我們認真對待上述學說的話，恐怕只能導致某種古怪的行為準則。譬如，碰到一個陌生人，我就會暗自猜測：他是不是叫艾本尼澤·威爾克思·史密斯呢？如果承認自己不知道，我肯定沒有關於此人姓名的真信念；反之，假如相信他就叫這個名字，我倒有可能具有真觀念了。這樣一來，遵循詹姆斯主張的積極求實態度，如果我幾年來一直想碰到這位先生，那麼，直到有了確鑿的反證前，我只好相信所有

的陌生人都叫史密斯了。

上述例子表明，詹姆斯忽視了信仰選擇與或然性的關係。可事實上，我們考慮任何問題時幾乎都涉及這樣或那樣的或然性。例如，你是一個中國人，跟儒教、佛教和基督教都有接觸，那麼，起碼可考慮到以下幾種情形：(1)邏輯法則可使你排除這三者都是真理；(2)假設佛教和基督教對分「真理的可能性」，且已知二者不可能同時爲真，那麼，屬於真理的只有一個，儒教則被排除了；(3)假設三者均分可能性，那麼，任何一種宗教不是真理的機率則大於屬於真理的機會。因此，一旦考慮到或然性，詹姆斯的原理便垮台了。

> 依我看來求實的訓條並不是詹姆斯認爲的那種訓條，我以爲它是：「對任何一個值得你去考慮的假說，恰恰寄予證據所保證的那種程度的信任。」而如果這假說相當重要，更有進一步探尋其他證據的義務。這是明白的常識，和法庭上的程序是一致的，但是和詹姆斯所介紹的程序完全不同。[11]

從思想史來看，詹姆斯的信仰意志理論雖有新意，但基本上仍是「薩瓦牧師的態度」。何謂「薩瓦牧師的態度」呢？這要從羅素對一位歷史名人的批判談起，他就大名鼎鼎的法國啓蒙思想家、哲學家、文學家、社會政治思想家盧梭（Jean-Jacques Rousseau, 1712-1778）。

自柏拉圖以來，有神論的哲學家一般是用邏輯的或理智的證據來支持宗教信仰的。現代新教徒則大多輕視此類「老式的證明」，開始將信仰之基礎移至「人性的某一方面」，像敬畏情緒、神秘情感、是非心、渴望感等。這種新辯護方式的始作俑

者就是盧梭。《愛彌兒》第四卷裡有一段插話——「一個薩瓦牧師的信仰自白」，這其實就是盧梭本人的宗教信條聲明。他藉薩瓦牧師之口聲稱：要有道德，只須放棄理性而順從情感。羅素批評道：

> 排斥理性而支持感情，在我認為不是進步。實際上，只要理性似乎還站在宗教信仰的一邊，誰也不想到這一招。在盧梭當時的環境裡，像伏爾泰所主張的那種理性是和宗教對立的，所以，要轟走理性！[12]

羅素甚至厭惡地說，我寧要本體論證明、宇宙論證明等老貨色，也不喜歡盧梭所張揚的那種沒有邏輯、濫用感情的做法。因為老式的議論至少是正經八百的，如果屬實便能證明，反之則容許批評，讓人論證其不確實性；而盧梭的「內心神學」則免去了議論，是任何人也駁斥不了的。所以，假如非得在阿奎那和盧梭中間選一個的話，我會毫不猶豫地選擇聖徒托馬斯·阿奎那。

2. 剖析實用主義

就詹姆斯的思想體系而言，「信仰意志」屬於一種過渡性的理論，其結果則是實用主義的真理觀。詹姆斯十分關心宗教和道德問題。按照他的真理觀，任何有利於道德與幸福的信念或假說，都是值得提倡的「真理」。羅素指出，這種實用主義的真理觀對理智來說是很難接受的。

先從詹姆斯的真理概念來看，如果說凡有良好效果的信念就是「真理」的話，那麼，我們事先必須知道兩點：(1)什麼是好的？(2)其效果是什麼？然後才能知道，什麼是真的。可這樣

一來，其結果的複雜性就變得很難想像了。

　　例如，要想知道哥倫布是否於一四九二年橫渡了大西洋，你先該打聽一下：這個信念有什麼效果呢？此效果和其他信念有什麼不同呢？譬如，有人相信此次航行結束於一四九一年，有人則以爲一四九三年更可信。──搞清楚這些已夠麻煩了，可更困難的是，怎麼從道德角度來權衡多種效果呢？你也許說，「相信一四九二年的效果最好」，能在考場上得高分；而那些分數低的競爭者卻認爲，你的高分在道德上是可悲的！但麻煩不止於此，你還須自以爲是，「我對效果的估計，無論在道德上還是事實上都是眞的」。可根據詹姆斯的邏輯，「估計是眞的」等於說「效果是好的」；如果估計是眞的，效果必須是好的……如此循環，沒完沒了，這種邏輯顯然行不通。

　　此外還可發現一個難點，這就是「眞理」與「事實」的關係問題。仍用上面的例子，如果我說「有哥倫布這個人」，人人都會同意這是眞的，因爲確有這麼一個有血有肉的人生活於四百五十年前。也就是說，上述說法之所以眞實，並非由於「信念的效果」，而是在於「此人的原因」。可按照詹姆斯的眞理定義，「上帝存在」只要在廣義上有令人滿意的效果，那就足夠了，便足以稱爲「眞理」了。他關心的只是「上帝信念」及其效果，即對住在地球這顆小行星上的人類有什麼好處，而作爲宇宙造物主的上帝完全被置之腦後了。

　　正是在這一點上，詹姆斯的宗教觀跟正統的宗教觀發生根本分歧了。詹姆斯是把宗教當作一種人間現象來關心的，而對宗教的對象卻不感興趣。他希望人們生活得幸福，如果「上帝存在」能達到此類效果，那就讓大家相信好了。

　　顯然，上述觀點得不到宗教徒的認同。對虔誠的信徒來

說，上帝是現實存在的，其可信程度就像羅斯福、邱吉爾或希特勒的存在一樣。因此，具有良好效果的是真誠的信仰，而絕非被詹姆斯削弱過了的、軟弱無力的替代品。易言之，詹姆斯說，「如果信上帝，你就會幸福」；正統的宗教徒則寧願講，「我信上帝，故我有福」。

> 詹姆斯的學說企圖在懷疑主義的基礎上建造一個信仰的上層建築，這件事和所有此種企圖一樣，有賴於謬誤。就詹姆斯來說，謬誤是由於打算忽視一切超人類的事實而生的。貝克萊派的唯心主義配合上懷疑主義，促使他以信仰神來代替神，裝作好像這同樣也行得通。然而這不過是近代大部分哲學所特有的主觀主義病狂的一種罷了。[13]

這裡幾乎彙總了羅素對詹姆斯宗教觀的全部批評。整個看來，前一部分批評或許顯得有些武斷，但對實用主義真理觀的剖析卻不能不說切中了要害——「功利性」和「主觀性」。下面展開的深入評論，綜合了多位學者的批評意見。

8.3.2 「隨意者的許可證」

從詹姆斯的論證思路來看，如果說「理性證據的不充分性」和「理性選擇的不可能性」是出發點或大前提的話，那麼，「最大的好處」或「滿意的效果」等說法便如同不可或缺的「小前提」了，它們所起的作用無異於誘使人們選擇信仰，並確認其必要性與合理性的「保票」。

像這樣一種帶有濃厚功利色彩的論證，最令人懷疑之處莫過於，能否引導人們走向神聖的信仰呢？大多數批評者認為，所謂的意志論既不可能為信仰對象提供有力的證據，更不可能

確證宗教信仰的必要性與合理性，因爲它喪失了宗教信仰所固有的超越感和神聖性。

任何一種眞正的宗教信仰都意味著「無條件地委身或獻身」，即超越於世俗的價值觀而全身心地尋求「無限的眞理或終極的實在」。可在巴斯噶和詹姆斯那裡，如此神聖的信仰選擇卻變成了「一場人生賭注」甚至「一筆有條件的、帶風險的市場交易」，能否下注或成交主要取決於當事人再三權衡利益的結果。這樣一來，若想成爲一個合格的信仰者，就不僅需要具備「賭徒」的素質了，還要扮演好「工於算計的現代商人」的角色。

以上指責或許有些誇張巴斯噶和詹姆斯的原始論點了，但意志論論證的功利色彩的確相當濃厚。詹姆斯打過一個比方：有一位吝嗇的紳士，他在社交場合從未對人表示過友好，可他卻苛求別人善待自己，因爲按他的處世原則，如果沒有充分的證據或回報，絕不可相信任何人，也不能作出丁點兒讓步。不難料想，這位紳士不可能贏得別人的好感，更得不到社會的回報。同樣的道理，假若上帝是有人格的，而你卻糾纏於一團亂麻似的邏輯證據，在邏輯不明朗或證據不確鑿的條件下，便不肯相信上帝的存在以及信仰的好處，那麼，你無疑會被上帝拒絕，永遠失去與上帝交往的機會。不必多說，像這種大談回報或好處的比方，讀後很難令人對宗教信仰肅然起敬，更不可能激發超脫感和神聖感了。

問題看來確像羅素挑明的那樣，意志論的功利性必然導致眞理觀的實用化。關於二者的理論聯繫，當代美國哲學家懷特（Morton White）做過更清楚也較客觀的分析解釋。在詹姆斯那裡，「實用主義」一詞是用來熱情地紀念彌爾的[14]，他力求在

眞理觀上仿效彌爾關於正當道德行爲的論證方式。詹姆斯的論證可概括爲三句話：眞實的東西就是應信仰的；應信仰的東西則是對信仰者最有好處的；所以，眞實的東西就是對信仰者最有好處的。

詹姆斯把這一切說得太赤裸裸了，致使反對意見紛至沓來，而那些反對意見又是和整個十九世紀對功利主義的強烈批判密切相關的。在詹姆斯的論證裡，第二個前提引起了一個老問題：到底對誰有好處呢？他有時以特有的直白口吻回答：對個人！但在別的場合又爭辯道，我並非主張把「眞理」交給「個人的趣味」。以上曖昧的說法正好反映了功利主義倫理學的特點。這就難怪另一位實用主義創始人皮爾士也對詹姆斯的說法大爲不滿了，他曾在一封信中埋怨道：如果「功利」的意思只限於個人的話，那還算什麼功利呢？眞理是公衆的。[15]

「個人的功利性」似與「極端的主觀性」有不解之緣。對於實用主義眞理觀在信仰選擇上可誘發的主觀性弊端，當代著名宗教哲學家希克的評論可謂一針見血：詹姆斯的意志論論證彷彿給那些希望透過思考而選擇信仰的人出具了「一張隨心所欲的許可證」。

> 一個論證過程若會導致這種結果，那就很難說它是爲了發現眞理而構想出來的。對我們來說，它相當於一種慫恿，誘使我們自冒風險去相信我們所喜好的任何東西。然而，如果我們的目的並不在於相信那些必定爲自己所喜好的東西，而在於相信眞實的東西，詹姆斯的那張通用的許可證對我們來說就派不上什麼用場了。[16]

從巴斯噶到詹姆斯，意志論者爲克服理性證明方法的有限

性或局限性已付出了幾代人的努力。然而，假如前述種種批評指責不無道理的話，我們只能這麼判斷，意志論者要走的路還很長，「選擇宗教信仰的必要性與合理性」仍有待於論證。

8.3.3 「美國人的哲學家」

尖銳的批評往往易於「攻其一點，不及其餘」。不知羅素、希克等人的言詞是否也難免此類積習。但可以肯定，過分地談論「效果」或「好處」，確使詹姆斯的意志論論證給人留下異常突出的「功利性」和「主觀性」印象。那麼，詹姆斯為什麼要提倡這樣一種實用主義的宗教觀呢？從文化背景作些分析，或許可幫助我們「理解詹姆斯」，也有助於客觀地反省意志論者的得失。

羅素說，詹姆斯晚年成為公認的美國哲學領袖，這是當之無愧的。[17]儘管羅素沒作具體解釋，但該說法可給讀者一個提示，詹姆斯所代表的實用主義，屬於當時美國文化背景下的主流哲學。就實用主義與美國文化的關係而言，筆者見到的文獻裡要數《理想的衝突》一書所作的描述最形象貼切了。該書作者是聞名於美國高校的倫理學教授賓克萊（Luther J. Binkley）。他的背景與身分顯然為有關描述提供了有利條件。

《理想的衝突》全書有一個著眼點，這就是以「相對主義」為特徵的二十世紀西方道德思潮。談到實用主義，賓克萊教授先向讀者描繪了「美國人」的形象。美國人常被稱為注重實際的人民。他們想把事情做成，傾心實際行動。這個主意行得通嗎？有沒有「用處」或「兌現價值」呢？能否達到實際效果呢？此類問號可反映出他們在現代技術社會裡對實際問題的切實考慮。他們的生活並不取決於崇高的人生理想或終極意義，

而是下一步必須解決的具體問題。

這就不難理解了。二十世紀初，詹姆斯等人倡導的實用主義之所以能成爲主流思潮甚至大眾哲學運動，就在於它給注重實際的美國人提供了一種理論依據、一種令人心悅的行動方案。[18]當然更要緊的是，實用主義哲學家接受了社會科學的諸多發現，承認任何價值都有文化意義上的相對性。因此，從實用主義與美國文化的關係來看，詹姆斯其人簡直就像「一個主張自由企業的哲學家、一個個人主義的哲學家、一個敢於冒險的哲學家、一個重視實用性的哲學家……一個進步和變化中的美國的哲學家」[19]。

爲詮釋詹姆斯其人其思想，賓克萊教授作了大量描述，我們可從中概括出如下幾個特點：

首先，他致力於把哲學引向個人生活。詹姆斯深信，哲學並不是有閒階級獨享的，而是爲每個人服務的；哲學思考的主要功用也不是單純地、客觀地追求絕對眞理，而是讓每個人找到生活的目的和意義。「哲學不能烤麵包，但離開它的指引，沒有人能活下去。」因此，對個人心理學的興趣流露於詹姆斯的全部著作，他探討的主要哲學問題就是，個人怎樣解決道德或信仰上的選擇難題。

其次，他在方法論上走向了經驗主義的極端。詹姆斯對傳統的哲學方法深感不滿，既不相信唯理論，更不贊同懷疑論，而是自稱堅定地站在經驗主義一邊。可實際上，實用主義在他那裡成了一種極端的經驗主義方法，其應用範圍並不限於科學事實，而是要處理任何人的一切經驗，這在他的宗教研究裡表現得尤爲明顯。他相信，個人的情感對宗教信仰來說再重要不過了，即使連神秘主義者也享有不可剝奪的發言權。

　　最後，他在道德或信仰問題上鼓勵個體的自由選擇。既然信仰主要是個人生活的行動指南，那麼，每個人便可對各種信仰作出自己的判斷和選擇了，而判斷標準就是能否給你帶來滿意的效果。在這一點上，詹姆斯捕捉住了美國社會的開放精神——人人均有自由選擇生活方式的神聖權力。他毫不猶豫地斷言，如果一種信仰對你的生活不起作用的話，它就是不真實的；不過，你所拒絕的那些信仰，很可能被別人接受。

　　其實，上述這一切不用別人分析批評，詹姆斯自己早就用一個著名的比喻坦白清楚了。這個比喻叫「旅館的走廊」。

　　　實用主義在我們的各種理論中就像旅館裡的一條走廊，許多房間的門都和它通著。在一間房裡，你會看見一個人在寫無神論著作；在隔壁的一間房裡，另外一個人在跪著祈求信仰與力量；在第三間房裡，一個化學家在考察物體的特性；在第四間房裡，有人在思索唯心主義形而上學的體系；在第五間房裡，有人在證明形而上學的不可能性。但是，那條走廊卻是屬於他們大家的，如果他們要找一個進出個人房間的可行的通道的話，那就非經過那條走廊不可。[20]

　　就現代文化背景下的「信仰者眾生相」而言，還有比這個比喻更直白的描述嗎？它可使我們承認，詹姆斯的思想並非「美國人的」，而是屬於「現代人的」。如果你反對他的理論，應「理解他」；假如你贊成他的主張，則要「小心他」！

註釋

[1]巴斯噶，《沈思錄》（*Pensees*），Penguin Books Ltd.，1966，頁152。

[2]《沈思錄》，頁153。

[3]詹姆斯，《信仰的意志及其他》（*The Will to Believe and Other Essays*），Longmans, Green and Co., Inc.，1897，頁3。

[4]馬赫迪（Mahdi）的觀念約形成於八世紀，當時在回教哈里發國家中，由於對現實的不滿，出現了一股期盼救世主的宗教思潮。「馬赫迪」一詞的阿拉伯語原意指「由真主阿拉引上正道的人」，起初主要是指那些具有先知天賦、有能力解救大眾苦難，樹立人間正義的宗教領袖，後來逐漸引申為回教徒所期盼的救世主。

[5]詹姆斯，《信仰的意志及其他》，頁17。

[6]《信仰的意志及其他》，頁26-27。

[7]詹姆斯，《實用主義》，商務印書館，1979，頁7。

[8]《實用主義》，頁8。

[9]《實用主義》，頁11。

[10]以上論點依次見《實用主義》，頁11、13-14、20。

[11]羅素，《西方哲學史》，下卷，頁374。

[12]《西方哲學史》，下卷，頁235。

[13]《西方哲學史》，下卷，頁377。

[14]彌爾（John Stuart Mill, 1806-1873），是著名的英國邏輯學家、哲學家、政治經濟學家和社會活動家，被公認為英國經驗論的一代傳人，實證主義和功利主義的重要代表。懷特這裡的說法，應當是指詹姆斯在《實用主義》扉頁上的獻詞：「紀念約翰·斯圖爾特·彌爾。我是從他那裡，最早懂得了實用主義思想的開朗性；要是他還世的話，我

極願把他當作我們的領導者。」

[15]以上分析解釋，參見懷特，《分析的時代——二十世紀的哲學家》，頁159-160。

[16]希克，《宗教哲學》（*Philosophy of Religion*），Prentice-Hall, Inc.，1983，頁65。

[17]羅素，《西方哲學史》，下卷，頁368。

[18]懷特更生動地說，每位讀者拿起一本美國哲學史，如果能從開頭一直讀到詹姆斯，都會大鬆一口氣的。參見《分析的時代》，頁155。

[19]賓克萊，《理想的衝突——西方社會中變化著的價值觀念》，商務印書館，1984，頁20。

[20]詹姆斯，《實用主義》，頁30-31。

宗教與終極

　　宗教，就該詞最寬泛、最基本的意義而論，就是終極關切。

　　作為終極關切的宗教是賦予文化意義的本體，而文化則是宗教的基本關切表達自身的形式總和。簡言之，宗教是文化的本體，文化是宗教的形式。

——田立克

　　田立克 (Paul Tillich, 1886-1965)，當代最有影響的新教神學家、宗教哲學家。

「終極關切」或「終極關懷」，可謂當今人文領域的「流行詞」，但多數用者不一定清楚它的來由和底蘊。在這一章，我們來嘗試一條簡要的述評線索：從田立克的「終極關切說」到斯馬特的「超觀念型態論」，最後收筆於點評，諸如文化背景、學術宗旨、理論動態等。

9.1 田立克

前面的章節多次提過這位享譽人文學界的當代德國思想家。以筆者所見，「終極關切」當屬他的「學術專利」，雖然不好說這個詞是他最早使用的，但內涵的確是他深刻闡發的，並經再三論證而廣受重視以致流行起來。

終極關切說是田立克的思想精髓，也是他對人文研究的最大貢獻。那麼，他為什麼要提出該學說呢？該學說怎麼會有這麼大的影響呢？田立克的下述論述，或許可使讀者有所感悟：

> 在大眾化的宗教用語裡，很難找到一個詞像「信仰」那樣，更容易引起誤會、曲解和疑問了。如果說「信仰」對人有「療效」的話，那麼，今天首先需要治癒的倒是「信仰」了，因為這個概念目前給人帶來的主要不是「健康」而是「疾病」，它造成了一系列精神混亂，諸如懷疑、盲從、理智的衝突、情感的喪失等。所以，有人建議遺棄「信仰」一詞，但這種建議很難行得通，因為「信仰」不光受傳統的強有力維護，而且沒有別的詞能表達「信仰」所意指的那種實在了。解決問題的辦法只有一個：消除以往

的曲解或混淆，重新闡釋「信仰」的真正涵義。[1]

9.1.1 信仰到底是什麼？

所謂的「信仰」，就是指某種「終極關切」（ultimate concern）的狀態。這句話可看作終極關切說的第一個基本命題。

田立克解釋道，人和其他動物一樣，關心很多事物，首先關心的莫過於那些構成生存條件的東西了，像食物和住處。但不同的是，人還有很多精神上的關切，比如，認識的、審美的、社會的、政治的等。就人的精神關切而言，有些是緊迫的甚至是至關重要的，它們對個人或社群的生活來說便可被稱為「終極」。

> 如果某種至關重要的關切自稱為終極，它便要求接受者完全委身，而且它應許完全實現，即使其他所有的主張不能不從屬於它，或以它的名義被拒絕。[2]

以《舊約》裡表達的信仰為例，這種信仰所關切的內容是「正義之神」，因為此神對每個人或全民族來說都是正義的化身，所以被叫做「普世之神」、「宇宙之神」。這種意義上的神就是每個虔誠的猶太人的終極關切，《舊約》裡的最大誡命正是以他的名義頒布的：「你要盡心、盡性、盡力愛耶和華你的神。」[3]田立克指出，這些話可看作「終極關切」的詞源，它們明確道出了信仰的特徵，即要求信仰者完全委身。為使這種委身的本質具體化，《舊約》裡既充滿了命令，也充滿了相關的應許和威脅。

對《舊約》時代的人來說，信仰就是對耶和華、對他

所體現的要求、威脅和應許的一種終極的、無條件的關切狀態。[4]

作爲終極關切的信仰，就是指全部人格所付諸的行爲。這是終極關切說的第二個基本命題，旨在強調「信仰狀態的整體性與統一性」。

田立克指出，信仰包括了人格生活的所有因素，發生於人格生活的核心區域。因而，信仰是人類精神的核心行爲。這種意義上的信仰，並不是指人類精神的一種特殊行爲，也不是諸多因素及其功能的總和，而是超越於各種特殊的因素、功能及其總和的，可它本身又對人類精神的各個部分有決定性的影響。

信仰作爲整體性的人格行爲，關乎人格生活的複雜動因。對此，田立克主要結合分析心理學的晚近發展，歷數了人格動因的「多極性」及其內在關係。

1. 意識與潛意識

這在分析心理學看來是首要的一極。潛意識是人格結構的基本因素之一，若無它的參與，作爲人格行爲的信仰顯然是不可想像的。田立克指出，一方面，潛意識因素總是顯現著並在很大程度上決定著信仰的內容，但另一方面，信仰是一種有意識的行爲，人格的核心內容又是超越於潛意識的。因此，潛意識因素只有被納入人格的核心內容，才能參與信仰行爲。如果讓潛意識因素來決定整個精神狀態的話，只能產生「強制性的信仰」，而不是「自由的信仰」。

2. 自我與超我

　　佛洛伊德學派的這兩個概念，對理解信仰也很重要。但是，佛洛伊德對「超我」的解釋卻很難令人同意。按他的解釋，信仰的象徵旨在表達「超我」，具體些說，就是關於「父親形象」的表達。這樣一來，佛洛伊德便用自然主義觀點否定了規範或原則。田立克批評道，如果不把正確原則作為基礎，「超我」只能變成「暴君」；也就是說，只有「超我」體現了實在的規範或原則，信仰才能得以肯定。

　　說到這裡，涉及一個重要問題：信仰與理性的關係。人格的理性結構表現於語言、認識、道德、審美等方面。綜合這些方面，儘管我們可形成廣義的理性概念，但絕不能「把人的本質等同於精神意義上的理性」。

> 　　正如信仰並非一種潛意識的行為，它也不是人的任何一種理性功能的行為，但信仰是一種超越行為，超越了人本身的理性因素與非理性因素。[5]

　　田立克認為，信仰與理性的關係主要體現在兩方面：一方面，理性是信仰的前提，因為只有有理性的人才能抱有終極關切，任何詆毀理性的信仰也就是毀滅人性，毀滅其自身；另一方面，信仰是理性的超越，因為人的理性認識能力畢竟是有限的，但同時人也意識到了其自身潛在的無限性，這種超越意識表現出來就是終極的關切。

　　理性是信仰的先決條件，信仰則是理性的實現。作為終極關切狀態的信仰就是出神入化的理性。信仰的本性與理性的本性之間並無衝突；它們是互為包容的。[6]

3. 認知與情感、意志

作爲理性活動及其成果的認知，顯然不同於情感和意志。所以，這兩類因素對理解信仰來說也構成了緊張的一極。首先，凡是信仰都包含認知因素，但這並非來自某種獨立的認識過程，而是跟整個信仰行爲不可分割的，因爲信仰不光意味著委身，也需要接受知識；其次，信仰也不能歸因於某種獨立的「信仰意志」，意志雖是信仰不可或缺的因素之一，可使個人肯定終極關切，但畢竟不是信仰的原因或本質；再次，信仰也並非來自某種強烈的情感，信仰的確包含情感因素，但僅憑情感無法形成信仰。

總而言之，我們應把信仰理解爲所有的人格因素的統一，而以往的諸多曲解就在於沒有意識到這種統一性，誤把信仰歸結於這種或那種特殊的因素及其功能。

4. 主體與客體

「關切」總是意味著同一種關係的兩個方面，「主體」與「客體」。就信仰行爲而言，主體性就是終極關切，或用經典術語the fides qua creditur；客體性是指終極本身，或用經典術語the fides quae creditur。這兩方面既有差異又有聯繫。凡是信仰必有內容。因此，只有投身信仰才能獲得信仰內容，任何關於神聖事物的說法，只要脫離終極關切狀態便是沒有意義的。

田立克指出，主體與客體的差異之所以能克服，主要得助於這樣一些觀念，「終極」、「無條件」、「無限」和「絕對」等，因爲此類觀念所揭示的就是「神性」的成分。用象徵性的說法，這就是神秘主義者講的：「關於上帝的知識」就是「上帝自己的知識」；也就是《哥林多前書》裡保羅說的：我將要

知道的如同上帝知道我的。這是一種「同一的經驗」。用抽象的哲學語言來說，通常意義上的主客體結構在終極經驗中消失了。

> 信仰行為就是此種行為的來源，這種行為裡所呈現的就是超越於主體與客體的分裂。信仰行為既顯現為主體與客體，又超越了二者。[7]

9.1.2 宗教到底在哪裡？

田立克回答：「宗教是人類精神的一個方面。」[8]也就是說，如果我們從一個特殊的角度來看待人類精神活動的話，那麼，人類精神本身就表現為宗教，這個特殊的視角就是指人類精神生活的深層。因此，所謂的宗教信仰並非人類精神的一種特殊功能，而是其所有特殊功能的根基。上述論斷對理解宗教的本性有重要意義，有必要展開分析。

首先必須意識到，宗教信仰不是人類精神的一種特殊功能。歷史告訴我們，宗教千百年來曾經從一種精神功能轉向另一種精神功能，結果卻幾經轉向幾經挫折。這說明宗教在歷史上始終處於尋覓家園、爭奪地盤的狀態。

例如，宗教一度轉向道德功能，敲開了道德領域的大門。道德是宗教的「至親」，不好拒絕宗教，可宗教在道德領域是作為一個「窮親戚」被收留下來的，條件是為「主人」服務。這就是說，只有當宗教屈從於道德，有助於教化出虔誠而善良的公民、官吏、武士，乃至丈夫和兒童時，才會被道德領域接納。反之，每當宗教提出自己的主張，要麼被迫閉嘴，要麼則被當作道德肌體上的「毒瘤」慘遭割除。

又如，宗教也曾為認識功能所吸引，十分關注認識論問題。但在認識領域，宗教僅僅是認識的一種特殊方式，屬於神秘化的直覺或神話般的想像。這無異於認識的配角，況且還是一個「臨時工」。後來的情況表明，一旦認識功能被科學成就所強化，馬上就會斷絕與宗教的關係，把宗教趕出自己的地盤。

此外，宗教還曾轉向審美功能和情感功能。然而，或是因為不甘消融於藝術，或是不願降低為主觀情感，宗教也沒能駐足於這兩個領域。

由此可見，走遍了人類精神生活領域，宗教信仰依然沒有家園，沒有領地。正是在這種情形下，宗教才猛然頓悟，根本就不必尋找什麼家園，更不必爭奪地盤，因為自己本來就深深紮根於人類精神活動的一切特殊功能。「宗教是整個人類精神的底層。」[9]

那麼，「整個人類精神的底層」是指什麼呢？田立克回答，就是指宗教信仰所探究的是人類精神生活中終極的、無限的、無條件的方面。

> 宗教，就該詞最寬泛、最基本的意義而論，就是終極關切。[10]

這樣一來，田立克便重新確立了宗教信仰在整個人類精神生活中的重要地位。他論證道，人類精神的所有基本功能、一切創造活動無不深藏著終極關切。

譬如，道德領域裡的終極關切，明顯地表現為「道德要求的無條件性」。因此，如果有人以道德功能為名拒斥宗教信仰，就是以宗教的名義來反對宗教。

又如，終極關切在認識領域裡也是一目瞭然的，這就是一

代代思想家對「終極存在」的不懈追問。所以，如果有人以認識功能為名拒斥宗教信仰，還是以宗教的名義來反對宗教。

再如，審美領域中的終極關切則強烈地體現為「無限的渴望」，文學家和藝術家想方設法來描述或表現「終極的意義」。假如有人想以審美功能來拒斥宗教信仰，仍是以宗教的名義反對宗教。

總之，這種在一切人類精神活動領域中反映出來的終極關切狀態，其本身就是宗教性的。

> 宗教是人類精神生活的本體、基礎和根基。人類精神中的宗教方面就是指此而言的。[11]

9.2 斯馬特

斯馬特（Ninian Smart, 1927-　）是當代著名的比較宗教史家、宗教哲學家和宗教現象學家。就「終極關切」研究而言，他可看作「田立克思路」的推進者。首先，他認同田立克的著眼點，也從宗教與文化的內在關係來探討「終極性的宗教經驗」；其次，他力圖拓寬視野，把該問題的研討引向了東西方宗教傳統比較。

9.2.1 扭轉「西方的眼光」

不同的文化型態必然導致不同的宗教現象。斯馬特強調，這一點尚未引起宗教學界的足夠重視。在宗教學的故鄉歐洲，大多數學者的眼界仍限於西方文化傳統，主要以西方神學和哲

學的概念來解釋世界宗教現象。因而,他很重視「宗教術語學」,致力於探討東西方文化差異所產生的信仰表述問題,以期用「跨文化的」或「超觀念型態的」(beyond ideology)目光來關注「焦點」(focus)——不同的宗教傳統競相揭示的「終極經驗」。上述思路的形成,要從斯馬特的求學經歷說起。

斯馬特早年就讀倫敦大學,專攻宗教哲學和宗教史學,從劉易斯教授(H. D. Lewis)那裡受益匪淺。劉易斯是宗教經驗研究專家,他兼收並蓄施萊爾馬赫、奧托、布伯(Martin Buber)等人的思想觀點,可稱為「直覺主義的集大成者」。斯馬特評價道,從施萊爾馬赫到劉易斯,直覺主義者把自然神學與啓示神學融合起來了,有力地推動了宗教經驗研究。這主要反映在兩方面:一是,當傳統的自然神學體系崩潰之時,為宗教信仰提供了新的根據;其二,揭示了宗教信仰的靈感動因,對神聖啓示作出了新的解釋。

> 當然,上述進展既軟化了理性,也軟化了信仰,但同時也為信仰提供了一條辯護思路,可用來抗爭懷疑論。所以,就經典與傳統而言,直覺主義傾向很適合開明的態度。[12]

但在肯定上述學術進展的同時,斯馬特指出,施萊爾馬赫以來的直覺主義觀點,主要是以西方神學和哲學的眼光來研討宗教經驗問題的,即使奧托的成果也不例外。儘管奧托對比較宗教研究很有興趣,但仍像施萊爾馬赫等人一樣,把「某種普遍的、本質的情感」強加於所有的宗教現象。因而,要想令人信服地闡釋「宗教經驗的本質」,首先必須放寬眼界,把目光轉向世界宗教現象,特別是西方學者尚未深入了解的東方宗教傳

統。

斯馬特對印度佛教很有研究。他認為，東西方宗教傳統在終極經驗上的差異，可透過比較佛教上座部與基督教得以明顯的反映。

西方宗教傳統所揭示的終極經驗，主要是「唯一神論」的，也就是相信，上帝是「唯一的」、是「有位格的」。這在基督教那裡反映得特別明顯。道成肉身的耶穌基督，既是上帝，也是一個實實在在的人。

可在佛教上座部那裡，終極的東西並不被看作造物主，也不是崇拜或祈禱的對象。誠然，上座部也講佛法，這主要是受大乘佛教的影響，但就任何嚴格的意義而論，我們都不能把佛陀理解為崇拜的對象，因為他是那麼地超脫，既超脫於此岸也超脫於彼岸。

由此來看，我們有理由將宗教經驗分門別類。譬如，分為兩種類型：「既敬畏又嚮往的經驗」（the numinous experience）和「神秘的經驗」（the mystical experience）。斯馬特解釋，前一類終極經驗典型地反映了「位格感」（a sense of a Person），即深感「相異者的此在」；這裡說的「此在」，無論指這個世界上的還是夢幻意義上的，都會令經驗者強烈地感受到「力量」和「奧秘」，以致達到出神入化的程度。雖然「神秘的經驗」有時包含上述成分，但並非一定如此；這類經驗猶如「純意識」，大多是「無意象的」、「非二元化的」、「空的」、「明慧的」。

以上分類有助於闡明東西方宗教傳統在終極經驗上的差異性。大體說來，「既敬畏又嚮往的經驗」所產生的是一種「權能化的上帝觀」。例如，對基督徒來說，雖然上帝的權能是神秘的，可他的存在及其神聖性是無疑的，從他那裡既可得到「聖

愛」又能遭到「神譴」。這樣一來，奧托等人強調的那一類宗教
經驗，便可置於「崇拜背景」作出解釋了。基督徒之所以崇拜
上帝，對他懷有既敬畏又嚮往的複雜情感，就是對「權能」與
「神聖」的自然反應；反過來說，此類經驗所表達的就是，面對
「相異者」而深感「人的渺小和非神聖」。「神秘的經驗」所形
成的則是一種「無意象的超脫觀」，像「空」、「一」、「無德之
梵」（又譯「無屬性的梵」）等；其信仰背景也不同於前一類經
驗，主要表現爲冥想，感到「個人之無明」、「煩惱之斷除」
等。

9.2.2 終極是「超焦點的」

　　根據上述分析，斯馬特試對晚近宗教哲學研究中一大難題
作出新的解釋，這就是「終極經驗的表述問題」。各種宗教都有
終極經驗。顧名思義，所謂的終極只有一個。那麼，能否說不
同的宗教傳統所經驗到的是同一個終極呢？或者說，終極本身
是神秘未測的，有關的經驗只能被最低限度地描述出來呢？關
於上述難題，有兩種不同的觀點。

　　在希克看來，所謂的終極可假設爲「本體X」（noumenal
X），宗教經驗則屬於「現象意義上的領悟」，因爲各種宗教經驗
的形成與表達都跟各自的宗教傳統密切相關。他在《神有很多
名字》裡指出，所謂的「神」，既有「位格的」一面，也有「無
位格的」一面；關於前一方面的經驗，主要反映於一神論傳
統，後一方面的經驗則在非一神論傳統裡占主導地位。[13]

　　按照劉易斯的觀點，「終極」就是指「上帝」。儘管這種意
義上的終極在有些宗教經驗裡顯得十分神秘，採取了最低限度
的描述方式，像佛教經驗裡的佛陀，但仔細推敲佛典的話，有

關佛陀的經驗其實就是對「上帝」（終極）的渴望。

正是為了揚棄上述兩種觀點，斯馬特提出了第三種立場即超觀念型態論。他首先指出，雖然基督教位格論者有理由站在他的立場上來看待其他的宗教徒，換言之，任何一種宗教都不可能不對其他的宗教持有自己的觀點，然而，一旦考慮到別人的立場和觀點，你又作何感想評論呢？譬如，非一神論者只是把「你的上帝」看成「人的投射」——能達到最高道德境界的聖人。所以，我們理應接受下述判斷：

> 佛教與基督教是兩種互補的傳統，為「超驗的 X」提供了兩種可選擇的觀點，二者可互為滋補、相互批評。[14]

斯馬特進一步指出，終極是什麼呢？這實際上就是追問康德所說的「物自體」。所以，問題的關鍵仍在於，如何解釋「現象」和「本體」的關係。顯然，不同的宗教經驗及其實踐有不同的「現象焦點」（the phenomenal Focis）和「本體焦點」（the noumenal Focis）。為調解它們因「本體焦點」而產生的分歧，可提出一個新概念——「超焦點的」（transfocal）。這個概念可使我們意識到，就任何宗教傳統而言，信仰者的經驗都是有所定向的，即朝向某種最能體現「信念焦點」的東西，像基督徒所信仰的「上帝」，或佛教徒所追求的「境界」，這種焦點本身則顯現於有關的經驗、意識和儀式等。因而，就各種宗教傳統而言，所謂的本體就是指那種藏在不同的「顯現焦點」背後的東西。

本節一開頭就交代過，斯馬特既精通宗教哲學又擅長宗教現象學。所以，對一般讀者來說，或許他的概念論證太專業化了，但他的理論新意還是不難把握的：從終極經驗來看，儘管

不同的宗教有不同的立場，但終極的東西卻是「超宗派的」；以基督教爲典型的西方宗教經驗和以佛教爲代表的東方宗教經驗，不妨看作兩種基本的、互補的類型；二者雖有矛盾，但各有見地，如果加以比較和批評，無疑將深化終極問題的研討。

9.3 建構「最大的平台」

「平台」是個形象的概念，可用來表明那些頂尖的人文學者的工作性質。一般說來，頂尖的學者總是富有使命感的，他們之所以抓住重大的或根本的問題，致力於從觀念上推陳出新，就是想爲同行提供「通用型的學術平台」。就「宗教的本質」問題而言，我們能否這樣以爲：終極關切說不但想要更新以往的理論，特別是方法論觀念，而且力圖提供「一個空前大的研討平台」。

要了解某種新學說，最好的辦法莫過於回訪原創者了。所以，我們接下來主要透過考察田立克的原初設想來試做幾方面的評論。

9.3.1 從一神論到終極觀

前面的評介可使人明顯感到，田立克的終極關切說闡發了一種新的宗教觀。他本人把這種新觀念稱爲「關於宗教的生存概念」（the existential concept of religion），其核心論點和立論過程可概括如下：

(1)就最寬泛、最基本的意義而言，所謂的宗教信仰實質上

就是被某種終極關切所把握的生存狀態。

(2)凡是終極關切或宗教信仰，其對象不外是那種屬於並且理應屬於人類精神的「終極存在」，所謂的「神」、「上帝」或其他神聖者無非是「終極存在」的名稱或象徵。

(3)終極關切除其不言而喻的終極性外，還是無限的、無條件的、整體性的。

(4)終極關切並非某種特殊的精神功能，而是整個人類精神生活的底層或本體。

(5)所以說，作為終極關切的宗教信仰無所不在、不可或缺。

　　除舊才能布新。「關於宗教的生存概念」要克服的是「關於宗教的純粹理論概念」。這種舊觀念的缺陷在於，僅僅或偏重從理論的角度來認識宗教信仰，誤認為各種宗教就是崇拜某位叫做「神」或「上帝」的最高存在者。田立克耐人尋味地指出，這就是目前仍占主導地位的宗教觀，雖然這種宗教觀來自傳統的一神論，但不要以為它只屬於宗教徒和神學家，現代人和科學家的觀點其實也受其擺布。關於這一點，《文化神學》裡有這樣一段生動的描述：

　　　　在當代文化背景下，一旦有人就宗教說點兒什麼，馬上就會遭到兩方面的詰難。一方面，正統的神學家會問：你是否把宗教看成人類精神的產物呢？如果你的回答是肯定的，這些神學家便會掉頭而去。因為按他們的看法，宗教信仰絕非人類精神的產物，而是聖靈的恩賜。另一方面，世俗的科學家則問：你是否把宗教看成人類精神的本性呢？如果你也作出肯定的回答，他們同樣掉頭而去。因

為他們認為，宗教信仰只不過是人類精神的一時寄託，是一定歷史階段的暫存現象，而在科技如此昌盛的今天早已失去立足之地了。

上述兩種相反的提問方式顯示出了當今社會集體意識的嚴重分裂。田立克接著評論道，這是一種精神分裂症似的分裂，它迫使人們對宗教信仰作出了簡單的肯定或否定，從而嚴重地威脅著現代人的精神自由。事實上，以上兩方面的詰難，都是對宗教信仰的武斷拒斥。若加比較就會發現一種怪誕現象：這兩種意見雖各持一端，卻共有一種陳舊觀念，即把宗教信仰界定為人與某種神聖存在者之間的關係，儘管對於神靈存在與否，它們的觀點相反。正是這樣一種簡單化的宗教觀，使人們喪失了理解宗教信仰的可能性。

為什麼這麼說呢？田立克巧藉「精神」（spirit）一詞的歧義性，道出了傳統一神論的弊端。宗教本來就是存在與信仰相分裂，也就是人的生存現狀與人性相疏離的產物。這無非是說，宗教信仰屬於人類的「精神」（spirit），而神或上帝就是指人類精神的本源；可傳統的一神論卻本末倒置，把宗教信仰看成「聖靈」（Spirit）的恩賜，把神或上帝當作「超然的存在」或「最高的在者」。於是，宗教信仰變成了「絕對命令」，神或上帝則成了「絕對主宰」。這樣的宗教或上帝怎能不遠離現實生活，遭到大多數人的拒斥呢？難道尼采想要「殺死的」不就是這種意義上的神或上帝嗎？

由此可見，田立克之所以破舊立新，從一神論轉向終極觀，就是想把宗教信仰從「理論的象牙塔」拉回到「生存的大市場」，促使現代人重新反省其本質、地位和意義。這種反省有

多麼重要呢？田立克不只一次地用莎士比亞劇作中的名言回答：這不僅關係到個人「生存還是毀滅」，對整個文化也是如此！讓我們接著來看他的分析論證。

9.3.2 從終極觀到文化觀

在田立克看來，若想描述當代文化的基本特徵，非得從兩種劇烈衝突的精神運動入手，這就是占統治地位的「工業社會精神」和處於抗爭狀態的「生存主義精神」。

自十八、十九世紀以來，工業社會精神便一直主導著整個西方社會，而現代文化的生活方式及其困境危機，就是這種精神片面發展的結果。從本質來看，工業社會精神是自然主義世界觀的直接反映。這種世界觀在排斥宗教傳統、拋棄神或上帝的同時，也隨之喪失了存在的深度，疏離了人類的本性，結果使人蛻變為他所創造的現實世界的一部分或一種東西，猶如「宇宙機器」上的一只齒輪，要想不被碾碎，就得跟著運轉。正是這樣一種機械效應將現代人推入了可悲的生存困境，沒有任何真正意義上的終極關切或終極目的。

那麼，如何才能克服現代文化的弊端，消除存在與非存在、人性與非人性的矛盾呢？田立克認為，如果我們不否認所謂的宗教信仰就是終極關切的話，那就必須彌合宗教與文化之間的悲劇性分裂，重新發現人類文化的終極意義。

> 作為終極關切的宗教是賦予文化意義的本體，而文化則是宗教的基本關切表達自身的形式總和。簡言之，宗教是文化的本體，文化是宗教的形式。[15]

要是這樣理解宗教與文化的相互關係，便可杜絕把二者割

裂開來的二元化傾向。事實上,各種宗教行為,不論制度化的宗教還是心靈裡的活動,都是以文化為表現形式的;換個角度說,各種文化產物,不論來自人類精神的理論功能或是實踐功能,無一不在表達著終極關切。總而言之,人類文化活動或精神生活的所有功能裡都深含著某種終極關切,其總體表現形式就是「文化的式樣」。

追究到以上觀點,我們便可明確「終極關切說」倡導者的理論旨趣了。田立克興趣廣泛,觀念開放,勤於筆耕,留下了大量名著,如《歷史的解釋》、《新教的時代》、《存在的勇氣》、《權利的哲學》、《信仰的動力》、《文化神學》、《系統神學》、《道德與超越》、《世界的處境》、《宗教的未來》、《政治期望》等。就宗教研究而言,他的思想特色濃縮於《文化神學》。他回顧道,我的「興趣中心」始終不離一個重要問題──宗教與文化的關係;我的大多數論著都試圖確立一種方式,把宗教信仰與世俗文化結合起來,以求揭示人類文化諸多活動領域中所深含的宗教因素。[16]

上述理論旨趣與其說是「個人的」,不如看作「時代的」,因為一個學者如果不能順應時代要求,透過捕捉前沿課題而建樹新的理論特別是方法論觀念,那麼,他肯定不會成為一流的,他的研究成果更不會引起廣泛重視,吸引眾多同行。但這幾句議論還沒切入正題,我們的目的是評估「終極關切說」的方法論價值。假如讀者對上篇裡的「宗教文化學」一章留有印象的話,你是否感到田立克也應列為其開拓者呢?

這麼做是有充足理由的。顯然,猶如殊途同歸,田立克和馬林諾夫斯基、韋伯、道森、湯恩比、卡西爾等人一樣,也高度重視宗教與文化的關係問題,從另一個不同的領域為宗教文

化學添加了一個研究範例——「文化神學」。但相比之下，田立克提供的研究範例確有不同凡響之處。前述幾位宗教文化學的開拓者主要立足於歷史考察和理論分析，田立克則更注重反思現代人的生存境遇和當代文化的精神困境，用終極關切說來凸現「宗教—文化觀」的學術價值特別是現實意義。

所以，就算我們留了一手——把這位以終極關切說聞名的宗教文化學開拓者推遲到這裡來評介。這種安排主要考慮到兩點：一是連貫作用，藉終極關切說使上下篇呼應起來，以展現「宗教—文化觀」的理論潛力；二是橋樑作用，透過評論該學說過渡到最後一章「宗教與對話」，因為「終極」觀念實際上是宗教對話的邏輯前提。但目前我們還差一步才能落實以上兩點，這就是考察終極關切說的影響和動態。

9.3.3 終極意義上的平台

早在「引論」裡，我們就明白了一個道理：只知其一，一無所知。這可說是「宗教學共同體」的座右銘。所以，宗教學家致力於考察所有的宗教現象，透過比較研究來揭示宗教信仰的本質、地位、功能等。然而，說起來容易做起來難。宗教學起初就碰到了一個難題：怎麼界說宗教呢？

這個問題難就難在，如果說有一種歷史現象是最錯綜複雜的，大概要數宗教了；如果說有一種人生信仰是最排斥異端的，恐怕也要數宗教了；如果說有一個人文研究領域最易於眾說紛紜的話，以上兩方面再加上前面的章節已替我們作出判斷了。

因此，若想解決這道難題，至少滿足這樣幾個條件：(1)能概說所有的、起碼是幾大世界性的宗教傳統；(2)這種界說應盡

可能地徵得「普遍同意」，像不同的教徒、不同的學派，甚至包括無神論者的認可；(3)這種界說應盡可能地達成「學術共識」，以使有不同信念或觀點的人都不否認「宗教比較研究」的必要性和可能性。簡言之，一種可行的宗教界說所提供的是「一個適用的學術平台」。

空談不如實例。讓我們來看看希克對上述難題的思索。在國際宗教哲學界，希克被公認為當代宗教多元論的代言人。他在晚年論著裡多處回顧了自己的探索過程。他首先提到，在宗教傳統那裡，幾乎沒有中性的詞彙。就某種宗教傳統而言，那些用來表達概念體系的詞彙，儘管可能類似於其他傳統，但只有在其特定的語境裡才能靈活運用。所以，要想探討宗教多元論，肯定深受術語問題的困擾，最大的難題便是，怎麼表述宗教信仰的普遍對象呢？

譬如，即使我們有條件地使用「神」或「上帝」一詞，不確認其人格性或非人格性，或兼有人格性與非人格性，該詞仍會引起「強烈的有神論聯想」甚至誤解，令佛教徒、道教徒或儒教徒等感到「一種帝國主義式的宗教語言學」，其結果只能妨礙我們表達具有普遍意義的宗教理論。此外，還有很多術語可供選擇，像超越者、終極者、神聖者、永恆者、終極實在、最高原則、太一、實體等。但不同的人愛用不同的詞，沒有唯一正確的選擇。

那麼，如何是好呢？希克告訴讀者，他在過去的論著裡盡力尋找最合適的術語，用過超越者、神聖者、「永恆的太一」等。「超越者」一詞或許能被多數人接受，但「神聖者」和「永恆的太一」帶有很濃的有神論色彩。所以，他更傾向於用「實體」（the Real）。該詞的優點在於，既不含任何一種宗教傳統

的排他論特徵，又是一個通用的「中性術語」。

例如，按照基督教的說法，「上帝」作爲「唯一的、自存的實在」，就是指「實體」；在回教那裡，「阿拉」有許多名稱，其中之一便是「實體」（al Haqq）；就印度宗教傳統而言，作爲終極實在的「梵」，也被稱爲「實體」（sat 或 satya）；在大乘佛教那裡，「空」或「法身」也被說成「實體」（tattva）；從中國宗教傳統來看，終極的東西就是「眞」，就是「實體」。

希克接著解釋，考慮到行文的需要，他在有些論著裡把「終極實體」、「終極實在」、「終極」或「實在」用作「實體」的同義詞。[17] 關於這種做法，筆者可爲希克加一「註腳」：他在《宗教哲學》裡說明，所謂的「實在」就是指「終極」或「神性本身」（Ultimate or Divine an sich）。

希克的例子可使我們想到很多，這裡指出兩點：

第一，上述難題——怎麼界說宗教——的確事關全局，從宗教學的基礎理論一直關係到前沿課題。因而，若無切實可行的界說，便無法進行比較研究；若無觀念開放的界說，更無從開展宗教對話。

第二，從傳統的一神論轉向開放的終極觀，再以終極觀來深化新興的文化觀，確實對晚近的宗教研究有重大影響。宗教對話稱得上「最前沿也最有挑戰性的課題」了。該課題之所以能被推到前沿，其學術動力就在於「以終極觀和文化觀爲基調的宗教多元論」。希克有力地論證道，如果我們假定宗教信仰是以「終極實在」爲普遍對象的，而不同的文化背景下形成的宗教傳統就是對同一個終極實在的經驗和表達形式，那麼，各大宗教便理應放棄排他論的、絕對化的眞理觀，從衝突走向對話，共同尋求終極意義上的眞理。關於宗教對話，下一章將具

體評述。讓我們接著來看另一個例子，它可從基礎理論上反映出終極關切說的深廣影響。

宗教是什麼呢？曾任美國宗教學會主席的斯特倫（Frederick J. Streng, 1933-　　）深有感觸地說，任何人只要坐下來稍作思考，都能說出她（他）的宗教定義；雖然眾說紛紜，彼此看法不同，但大家很可能是從同一條思路來定義宗教的；該思路可概括為：發自個體的最深感受，考慮各自的文化傳統，說出最高的生活價值。其實，專家學者的思路跟普通人相差無幾。他們同樣認為，宗教信仰肯定影響到每個信徒的人生觀，透過不同的文化傳統而體現為特定的社會歷史型態，表達了人們所追求的最高價值或終極境界。上述思路之所以有普遍性，就是因為切實地反映了宗教現象的三個層面：個人的、文化的和終極的。

> 宗教生活包括有個人的主觀因素，採取了獨特的文化型態（如觀念、藝術和制度），表達了一種終極的、至上的或領悟的實體。宗教現象的這三個層面相互作用，使得研究宗教生活的人，必須付出複雜而艱辛的努力才能有所把握。只有把「獨特」文化的多樣性與終極價值的「一般」觀念聯繫起來，才能對宗教作出解釋。只要研究宗教的人想理解宗教的意義和取向（乃至其在社會層面和心理層面的功能），這一點無論如何是必不可少的。[18]

從上述三個層面的關係來看，「作為一般的」終極實體或終極價值，對研究者來說顯然是最重要或根本的。為什麼這麼說呢？斯特倫做了大量解釋，概括起來有如下幾重意思：首先，所謂的「終極」就是指「人類感受的極限」，但又是「一種

無限的力量」，使人能超越任何具體的經驗和知識；其次，「終極實體」則意指人所體驗到的某種神聖的生活境界，像「生命源泉」、「最高價值」、「終極眞理」、「宇宙秩序」、「神聖意志」等；再次，儘管我們很難就所有的宗教傳統來具體規定終極實體，但可以斷定，各個宗教傳統的信奉者們無一不是根據某種終極觀來生活的，他們力求「一種根本的轉變過程」——從煩擾的現實生活達到完善的生存境界。[19]

　　前面幾章表明，田立克所提倡的終極關切說不但要克服傳統的一神論，而且想揚棄以往關於宗教本質的三種主要觀點——理智論、情感論和意志論。雖然我們限於篇幅不可能考察更多的例證，但從以上兩位學者的見地似乎足以推出這樣一個結論了：與以往的宗教界說相比，終極關切說顯然更有概括性和開放性，更能徵得「普遍同意」，也更易達成「學術共識」，因爲就現有研究水準而言，該學說可謂把宗教學的理念發揮到了極致，爲「宗教比較」和「宗教對話」提供了「一個終極意義上的平台」。

註釋

[1]田立克，《信仰的動力》（*Dynamics of Faith*），Happer & Row, Publishers，1957，「序」。

[2]《信仰的動力》，頁1。

[3]參見《舊約·申命記》，6：5。

[4]田立克，《信仰的動力》，頁3。

[5]《信仰的動力》，頁6。

[6]《信仰的動力》，頁77。

[7]《信仰的動力》，頁11。

[8]田立克，《文化神學》（*Theology of Culture*），Oxford University Press，1959，頁5。

[9]《文化神學》，頁7。

[10]《文化神學》，頁7-8。

[11]《文化神學》，頁8。

[12]斯馬特，〈我們的終極經驗〉（"Our Experience of the Ultimate"），*Religious Studies*, 20, No.1, March 1984，Cambridge University Press，頁19-26。

[13]關於希克的觀點，我們將在下一章「宗教與對話」裡具體討論。

[14]斯馬特，〈我們的終極經驗〉。

[15]田立克，《文化神學》，頁42。

[16]《文化神學》，「序」。

[17]以上解釋詳見希克，《宗教之解釋──人類對超越者的回應》，四川人民出版社，1998，頁11-13。

[18]斯特倫，《人與神──宗教生活的理解》，上海人民出版社，1991，

頁 13-14。

[19]以上幾方面的解釋，參見《人與神——宗教生活的理解》，頁 2-14。

宗教與對話

　　沒有各宗教間的和平，就沒有各民族間的
和平；

　　沒有各宗教間的對話，就沒有各宗教間的
和平；

　　沒有對各宗教的研究，就沒有各宗教間的
對話。

——漢斯・昆

　　彩虹是由地球大氣折射成壯麗彩帶的太陽
光，我們可以把它視為一個隱喻，把人類不同
的宗教文化解釋為對神性之光 (divine light) 的
折射。

——希克

　　漢斯·昆（Hans Kung, 1928-　），當代著名的神學家、宗教學家，「全球倫理」和「宗教對話」的倡導者。

不誇張地說，前引漢斯·昆的排比句已成了他的口頭禪，他在世界宗教議會上說過，在世界經濟論壇上說過，在哈佛大學和北京大學的講演裡也說過……爲什麼他要把宗教對話說得如此重要呢？這並非他個人的見解，而是全球化背景所帶來的衝突和危機使然。

10.1 背景、問題和嘗試

就人文研究領域而言，重大問題的提出都有不可忽視的歷史或文化背景，宗教對話也是如此。因而，不首先把握宏觀背景，便無從理解重大問題。這種表述或許學究氣了些，其實接著要談的背景並非「宏論」，就是我們身處其中的「地球村」。

10.1.1 背景：地球村的形成

關於這方面的背景，美國天普大學宗教對話教授、《普世研究雜誌》主編斯威德勒（Leonard Swidler）做過言簡意賅的分析。他指出，近一百五十多年來，諸多因素使整個世界變成一個小小的「地球村」（the global village）了。

例如，交往的與資訊的因素。過去的千百年裡，大多數人是在故鄉或祖國度過一生的。而現在，由於交通條件的巨大改善，人們可經常外出遠遊，接觸到不同的習俗、文化和宗教。即使一個人足不出戶，外面的世界也會隨著報刊書籍、廣播電視甚至網路匯成的「資訊流」湧進你的家門。

再如，經濟的與政治的因素。在過去，大多數國家或地區的經濟活動都是自給自足的，而如今卻是相互依存的，要生存

想發展，那就不得不參與全球化經濟體系的競爭。戰爭在人類歷史上也第一次變成全球性的了，甚至連小範圍的戰爭也會危及整個地球的和平甚至存在。這就導致了全球性政治結構的出現，例如，第一次世界大戰後出現了國際聯盟，第二次世界大戰後又形成了聯合國。

以上這些外在因素打破了以往人類孤立生存的局面，迫使著人們進行交往、對話與合作。兩次災難性的世界大戰再加上一次經濟大蕭條，留給人類的經驗教訓是，缺乏交往和理解勢必導致無知與偏見，無知與偏見則是敵視與暴力的誘因。一點兒也不危言聳聽，假如爆發第三次世界大戰的話，恐怕就是人類歷史的終結。因此，對地球村的成員來說，交往、對話與合作不但是自我生存的需要，而且是避免全球性災難的唯一選擇。[1]

自從十六世紀「大發現時代」以來，地球已經越來越像溫德爾·韋爾基在一九四○年所說的，變成了一個「單一世界」……

與此同時，世界從數千年之久的「獨白時代」緩慢而痛苦地走進了「對話時代」。僅僅在一百來年以前，每一種宗教，後來是意識形態——即每一種文化，還在傾向於十分肯定，只有自己才擁有完全的「對生活的終極意義和相應地該如何生活的解釋」[2]。

10.1.2 難題：真理觀的衝突

從學理上看，宗教對話之所以能引起廣泛關注並形成嚴肅氛圍，就是因為我們可依據「不爭的事實」向各宗教發難，提出一個不可迴避的「根本的問題」。那麼，這裡說的「事實」指

什麼呢？該「難題」又是怎麼被提出來的呢？當代宗教對話理論的開拓者希克解釋如下。

他首先指出，直到最近，世界上現存的任何一種宗教幾乎都是在不了解其他宗教的情況下發展的。[3]當然，歷史上有過幾次大規模的宗教擴張運動，使不同的宗教徒相遇。例如，西元前後佛教的擴張、七至八世紀回教的擴張、十九世紀基督教的擴張等。但在上述擴張運動裡，不同信仰者相遇的結果，大多是「衝突」而不是「對話」，這顯然不能使各宗教相認識或相理解。

只是百餘年來，有關各宗教的學術研究才為如實地理解「他人的信仰」提供了可能性。當代宗教學的比較研究成果，促使越來越多的人意識到一個事實：各種宗教傳統無不「自稱為真」，即自以為只有本傳統才是真理的代言人，可它們關於真理的說法，不僅是不同的而且是衝突的。這樣一來，如何解釋各宗教在真理問題上的諸多相衝突或相矛盾的主張，便成了一個不可迴避的根本問題。

其實，上述問題並不玄虛，我們可從地球村裡的宗教分布現象感悟出來。譬如，某人生在印度，他可能是個印度教徒；如果他生在埃及，可能是個回教徒；假如生在錫蘭，可能是個佛教徒；而一個英格蘭人，很可能信基督教。希克感嘆道，多達90％以上的宗教徒，他們的信念就是這樣自然而然形成的。但在一些基本問題上，像終極實在的性質、神或上帝的創造方式、人的本性與命運等，所有的宗教為人們提供的答案，不但不一樣而且相牴觸！

這就使我們不得不慎思一連串疑問了：神或上帝到底是「有人格的」還是「非人格的」呢？神或上帝能否「道成肉身」

或「降臨塵世」呢？人生有無「來世」或「輪迴」呢？神或上帝的話究竟記載於何處，《聖經》還是《可蘭經》或者《薄伽梵歌》呢……面對諸如此類的重大問題，如果以爲基督教的答案是眞的，能否說印度教的回答基本上是假的呢？假如認爲佛教的回答是眞的，能否說回教的答案八成是假的呢？顯然，在這樣一些重大問題上，站在或偏袒任何一方，輕易作出某種判斷，都是沒有多少道理的。[4]

上述分析及其結論的確發人深省。首先，不論某人屬於哪種宗教傳統，只要你熱愛眞理並「自稱爲眞」，那就不能不意識到，他人也追求眞理也「自稱爲眞」；其次，現存的各大宗教傳統都深深紮根於某種或幾種古老的文明或文化土壤，都是世世代代的信仰者探求智慧或眞理的果實，但它們的眞理觀不但是多樣性或多元化的，甚至是相衝突或相矛盾的；再次，只要你敢於正視以上事實，那就不能如井底之蛙，坐井觀天，自以爲是，而應走向世界，開放觀念，與其他信仰者相交往、相對話，以求透過多角度或各方面的認識、理解、比較、甄別來尋求眞理問題的答案。這可以說是歷史（現實）與邏輯（理性）的雙重客觀要求。

討論到這裡，我們可做小結了。前面說的「不爭的事實」可概括爲：現存的各大宗教信仰及其眞理觀的多樣性或多元化；「根本的問題」則可歸納爲：如果不否認各大宗教傳統都想揭示終極實在及其意義，那麼，怎麼解釋它們在眞理問題上的諸多不同的甚至矛盾的說法呢？

希克早在二十世紀七〇年代初就斷定，上述難題將在宗教哲學家的議事日程上占有醒目的位置。這個判斷已得到了驗證，「近二十多年來，宗教多元論問題對宗教哲學家和神學家

來說已成爲燃眉之急了」[5]。

10.1.3 嘗試：多元化的對話

短短幾十年間，宗教對話已成爲一門顯學、一個前沿領域。目前看來，在這個前沿領域展開的主要是這樣一些嘗試：

(1)「各宗教間的對話」（interreligious dialogue），此類嘗試涉及範圍很廣，像佛教與基督教的對話，基督教與印度教的對話，猶太教與基督教的對話，基督教、猶太教和回教三方對話，東西方宗教傳統間的整體性對話等。

(2)「本宗教內的對話」（intrareligious dialogue），譬如，佛教各宗派間的對話、新教各宗派間的對話、基督教內部天主教與新教的對話等。

(3)「宗教與意識形態的對話」（religion-ideology dialogue），例如，基督教與馬克思主義的對話、各大宗教傳統與現代世俗思潮或理論體系的對話、宗教倫理與政治、經濟、生態倫理的對話等等。

(4)宗教對話理論研究，像宗教對話的前提、問題、模式、方法、意義、目的等。

由此可見，現行的宗教對話不僅範圍廣泛、內容複雜，而且實屬一種跨宗派、跨信仰、跨文化，乃至跨意識形態的艱難嘗試。

後面幾節裡，我們不準備巡遊宗教對話領域，而是專注於方法論反思，大致思路是，先梳理出幾種主要的宗教對話觀，再來考察以往的激烈爭論，最後就現存的主要問題作些方法論

思考。但事先需要搞清楚兩個問題：劃分不同觀念的標準是什麼呢？爲什麼要從排他論談起呢？

　　一般認爲，現存的宗教對話觀主要有三種：排他論（exclusivism）、兼併論（inclusivism）和多元論（pluralism）。可是，關於劃分標準，以往的論著大多不作說明。理由似乎在於，這幾種觀念的區別一目瞭然，劃分標準不言而喻，就是指對其他宗教抱什麼態度——一概排斥、兼併異己或一視同仁。這種看法雖然沒錯，但流於表面，沒有明確劃分標準的學理根據。

　　前一節的討論表明，宗教對話並非簡單意味著：對其他的宗教傳統或別人的宗教信仰抱什麼態度；而是從根本上關係到：怎麼解釋現存的諸多相衝突或相矛盾的宗教眞理觀。由此來看，關於宗教眞理問題的理解便顯得至關重要了，因爲這從根本上決定了同一問題的兩個方面，即在宗教眞理問題上如何「自我評價」和「評價他人」。所以說，應把劃分標準落實於宗教眞理觀。充分明確這一點，有助於深刻把握尤其是評價現存的幾種宗教對話觀。

　　顧名思義，排他論意味著唯我獨尊、拒絕對話。那麼，爲什麼要從這樣一種閉關自守的信仰態度談起呢？原因在於，這種態度不但是各大宗教的傳統立場或正統觀念，而且是用來分辨宗教對話觀的「歷史座標系」，也就是說，後來形成的對話觀主要是相對於傳統的或正統的排他論而言的。所以，只要論及宗教眞理觀，無論從「史」入手還是由「論」展開，恐怕都繞不開排他論。

10.2 排他論的正統性

　　所謂的排他論就是主張，宗教意義上的眞理是終極的、唯一的；既然如此，現存的諸多宗教信仰只可能有一種是絕對眞實的，而其他的要麼相對不足，要麼純屬謬誤；因而，只有委身於該種宗教傳統，才能找到終極眞理，達到信仰目的。

　　顯然，排他論者在宗教眞理問題上持有一種絕對化的觀點。但值得強調的是，這種絕對化的眞理觀發自宗教信仰的本性；換言之，假若某種宗教不自以爲擁有終極的、唯一的眞理，那麼，它就不值得信仰。因而，排他論可以說是各大宗教、尤其是一神論宗教所共有的正統立場。

10.2.1 根據：經典和教義

　　關於排他論的正統性和普遍性，可從幾大一神論宗教傳統的經典和教義那裡得到印證。這裡僅羅列幾例，有興趣的讀者可做具體比較或深入研究。

　　例如，按照猶太教權威哲學家邁蒙尼德（Moses ben Maimonides, 1135-1204）的概括，猶太教的信條主要如下：(1)創造主創造了自然界，並管理著一切造物；(2)創造主就是唯一的、眞正的神；(3)創造主是無形、無體、無相的；(4)創造主是「最先的」，也是「最後的」；(5)創造主是唯一值得敬拜的，此外別無可敬拜的東西；(6)凡是先知所說的都眞實無誤；(7)摩西是最高的先知，他的預言絕對眞實，其前其後沒人能超過他；(8)猶太教的傳統律法是神向摩西傳授的，歷來如此，從未更

改；(9)律法是永恆的，既不會改變也不會被取代；(10)創造主洞察世人的一切思想和行為；(11)遵守律法者將受創造主的獎賞，踐踏律法者則遭懲罰；(12)救世主彌賽亞必將再臨，應每日盼望，永不懈怠；(13)死者終將復活。

猶太教的經典主要包括《律法書》、《先知書》、《聖錄》三大部分，再加上西元二至六世紀形成的律法典《塔木德》，但在早期的猶太教徒那裡還沒有公認的、成文的信條。因此，邁蒙尼德所概括的十三條被後來的信徒廣泛接受，稱為「基本信條」。顯而易見，這些信條是以相信創造主的唯一真實性、預言與律法的絕對權威性為前提的；若要信奉，自然就對其他的宗教抱拒斥態度。

同樣，教義的絕對性與排他性在回教那裡也有明顯的反映。回教教義中有五個基本信條：(1)信阿拉，相信阿拉是宇宙萬物的創造者、恩養者和唯一主宰；(2)信天使，相信天使是阿拉用「光」創造出來的妙體，為人眼所不見，眾天使各司其職，只受阿拉的驅使，執行阿拉的命令；(3)信經典，相信《可蘭經》上記載的就是「阿拉的話」，是透過穆罕默德「降示」的最後一部經典；(4)信先知，相信自「人祖阿丹」以來，阿拉派遣過許多傳布「阿拉之道」的使者或先知，但穆罕默德是最後一位使者，最偉大的先知；(5)信後世，相信人要經歷今世和後世，「世界末日」終有一天來臨，一切生命都會停止，整個世界得以清算，那時，所有的死者都會復活，接受阿拉的裁判，行善者進天堂，作惡者下火獄。

再如，作為正統立場的排他論，在基督教那裡也有充分的教義或經典根據。有位學者作過統計分析，基督教排他論者最重視的是這樣兩段經文：「除他以外，別無拯救。」（《使徒行

傳》，4：12）「基督和彼列有什麼相和呢？」（《哥林多後書》，
6：15）此外，排他論者常引用的經文大致可分為如下四類：
(1)肯定耶穌基督的救恩具有特殊性與排他性，像《約翰福音》，
1：8；14：6；17：3；《哥林多前書》，3：11；《約翰一
書》，5：11-12等；(2)強調人性的罪惡，人是絕對不能靠自己
得救的，像《羅馬人書》，1：18；1：20；2：12；2：15；
2：23；3：9；3：11；4：18等；(3)說明聽道與悔改的重要
性，像《馬可福音》，1：14-15；16：15-16；《約翰福音》，
3：36；《使徒行傳》，11：14；17：23；17：27；17：29
等；(4)告誡人們得救並非輕而易舉，上帝所指引的永生之路非
常艱難，猶如一道難發現的窄門，不是人人都能找到或通過
的，像《馬太福音》，7：13-14等。[6]

10.2.2 論證：以巴特為例

　　從幾大一神論宗教傳統來看，作為正統立場的排他論不僅
有大量的經典和教義根據，而且有豐富的神學和哲學論證，這
在基督教思想史上尤為典型。基督教排他論旨在強調啟示、恩
典與拯救的唯一性。自教會哲學時代以來，這種正統立場隨著
時代變遷不斷更新論證形式。巴特（Karl Barth, 1886-1968）的
例子可說明這一點。

　　早在二十世紀六〇年代就有人斷言：「當新年鐘聲敲響，
二十世紀的帷幕降下，這個世紀的教會編年史也已完成之際，
必將有一個名字高踞於其他一切名字之上——那就是卡爾·巴
特。」[7]從基督教思想史來看，能受到這麼高評價的人不多，因
為此等評價語氣總是留給「里程碑式的護教大師」的。因而，
和奧古斯丁、托馬斯·阿奎那、路德、喀爾文等人一樣，巴特

所代表的是「一個時代的正統信念」，他建構的新正統神學又一次論證了傳統的排他論立場。

巴特成名於《論《羅馬人書》》。構思這本書時，他還是一個沒沒無聞的鄉村牧師。他是帶著牧道實踐裡的疑惑，滿懷對現實社會、第一次世界大戰，特別是自由派神學的失望，而求助於《聖經》，仔細研讀《羅馬人書》的。一九一九年，當這本出自鄉村牧師之手的釋經專著出版時，其轟動效應猶如在歐洲神學界投下了一顆重磅炸彈，震怒者大有人在，驚醒者也為數眾多。但後來占上風的評價是，該書確有劃時代意義，如同路德當年提出九十五條論綱，這部以「上帝就是上帝」為主題的著作又引發了一場新的神學革命。

一九二一年，巴特受聘為德國戈廷根大學神學教授。次年，經全面修訂的《論《羅馬人書》》和讀者見面了。與初版相比，修訂本更強調「上帝的絕對神性」，更善用祁克果式的辯證語言來描述「神與人的無限距離」。

> 祁克果說過，時間與永恆之間有「無限的質的差別」，如果說我有一個體系的話，那麼，該體系只限於對祁克果上述說法的認識，以及我的如下考慮：「上帝在天上，而你在地上」，此話既有肯定性的意義，也有否定性的意義。在我看來，這樣一位上帝與這樣一種人的關係，和這樣一種人與這樣一位上帝的關係，就是《聖經》的主題和哲學的本質。哲學家把這一人類感知危機（krisis）稱為初始因；《聖經》在同一個十字路口看到了耶穌基督其人。[8]

「上帝在天上，而你在地上」，這就是巴特新正統神學的宣言。

這個論斷首先強調，上帝是「完全的他者」（Wholly Other）。就上帝與人的關係而言，上帝是無限的造物主，人則屬於有限的造物。宗教改革家早在幾百年前就說過了，「有限者不可能包括無限者」，有限的造物非但不能體現上帝的啟示，反倒把造物主隱蔽起來了。對人來說，上帝並不直接顯現於自然界或人類心靈，而是具有無可爭辯的「不可見性」。因此，人既無法感知上帝，也無法認識上帝，更不可能成為上帝。作為無限者、隱匿者、未知者的上帝，就是完全不同於人的、遙遙不可及的「他者」。

所以，重申神與人的「無限距離」，強調二者的「質的差異」，便被巴特稱為「當代神學的首要任務」了，他的全部思想也是從這一點展開的。

其次，「上帝在天上，而你在地上」還意味著，世界上的一切事物，包括人本身，都是人類無法回答的難題，只有上帝才是這一切難題的答案。因此，對信仰者來說，「只有上帝才能談論上帝」，也「只有透過上帝才能認識上帝」。

那麼，關於上帝的信仰何以可能的呢？這是巴特早期力圖闡明的一個主要問題。他一再強調，從人到神無路可通，可從神到人卻有道路，這就是上帝對人的恩典、給人的啟示。只有透過上帝的恩典，人才有了信仰的天賦；也只有透過耶穌基督，人才有可能領受上帝的啟示，即「上帝之道」（Word of God）。這樣一來，對人來說絕對不可能的事情，在上帝那裡卻成為可能了。所以，信仰的本性就在於恩典與啟示。

巴特的早期思想被稱為「辯證神學」或「危機神學」，因為其主旨要義就在於，重申神與人的無限距離，強調上帝的絕對神性，以及人與上帝的不可類比性、不可通約性，尤其是不可

同一性。儘管像有些研究者指出的那樣，這位新正統神學家轉入「教義神學」時期後，日漸放棄了前述「辯證語言」，但他早期思想的最大成果——「上帝的絕對神性」，卻像「時代篩選過的神學品種」一樣，撒播到整個教義神學領域了。巴特的巨著《教會教義學》生前完成了十三卷，德文版長達九千餘頁。翻開前四卷，即「論上帝之道」和「上帝論」，核心論題之一就是，以上帝的絕對神性來批判傳統的自然神學及其宗教觀。

在巴特看來，傳統的自然神學思路顯然背離了信仰的本性——恩典與啓示，因爲這條思路在很大程度上是從「人的觀點」來理解上帝的，並企圖靠「人的努力」來消除人與神的疏離或無限距離。這對恩典與啓示來說無疑是一種傲慢自大、一種抗衡甚至挑戰。人總是自以爲，信仰了宗教便找到了上帝。事實上，人不但找不到上帝，而且根本不想眞正認識上帝。「自然的人」是有罪的，「罪」就是指不信上帝，「不信上帝」則意味著人相信的是他自己，是他自己的能動性。正是就上述意義而言，傳統的自然神學及其宗教觀的顯著特徵就在於，「罪惡性」與「不可能性」；所以「有罪」，就是因爲它以人爲的偶像來取代上帝的位置；所以「不可能」，就是因爲任何人爲的努力都無法實現人與上帝的和解。

以上概述表明，從《論《羅馬人書》》到《教會教義學》，巴特的新正統神學始終以「上帝的絕對神性」爲基調，以抬高「神的恩典和啓示」、貶低「人的認識或理解」爲主旋律。這樣一來，巴特便在多元化、世俗化的宗教和文化背景下，重新論證了基督教的絕對眞理觀及其排他性。

10.2.3 評論：素樸的傲慢

如前所述，排他論的立場在於，現存的宗教信仰雖然多種多樣，但只有一種傳統是絕對真實的，所以只有委身於該宗教，才能找到終極真理，達到信仰目的。例如，這種立場在基督教那裡的神學要義，就是強調啟示、恩典與拯救的唯一性。因而，基督教排他論者大多是「以某教會甚至某宗派為中心」的，即認為除非皈依某教會或某宗派，別無真正的啟示、恩典與拯救。這顯然是一種局限性很強的信仰觀，難免招致眾多批評者的議論。

首先，為什麼或能否認為神或上帝的啟示僅此一種方式，只顯現於一種文化背景，甚至只恩賜於某一群人或某個信仰團體呢？有這樣一個形象的比方：廣告充斥於現代傳媒，精明的廣告商總是看準消費者的喜好來炮製資訊的，難道神或上帝竟不如廣告商嗎？假如神或上帝是無所不能、無所不知的，他肯定會針對不同的人群或文化來選擇行之有效的啟示方式。這樣一來，形式多樣的神聖啟示便會具有不同的特徵和內容，因為它們是透過形形色色的文化背景顯現出來的。

以上比方雖有媚俗色彩，但通俗地表明了一個道理：如果屬於不同的宗教傳統的排他論者全都「自以為是」，那麼，他們大可不必在有理智、善選擇的當代人面前爭來爭去，而應透過各自的實踐活動來展現神聖啟示的吸引力和多樣性。儘管巴特等人為排他論披上了時裝，但內容並不新奇，仍用單一的神聖啟示形式來漠視豐富多彩的宗教傳統。可問題在於，全知全能的神或上帝無疑會採取多種啟示方式，讓生活於不同文化背景下的人們都有選擇的機會，既可接受「巴特信仰的基督教」，也

能領受其他形式的神聖啓示。所以說，「全知全能的神或上帝與啓示方式的單一性」，這是各類排他論者首先遭遇的一個邏輯詰難。

與此相關，排他論者面臨的另一難題是：「全知全能的神或上帝與拯救途徑的單一性」。在基督教排他論者那裡，強調拯救途徑的唯一性，其實就是宣揚「一種有限的或狹隘的拯救觀」，即只有皈依某個教會或教派才能找到拯救途徑。針對這種拯救觀，批評者指出，假若神或上帝不僅全能全知而且至善至美，人們很難相信，除非皈依某一特定的宗教或教會，否則注定不能得救甚至遭受嚴懲；而唯一可解釋的就是，你們從未聽說過某類排他論者所知道的那種神聖啓示，所以也就沒可能按其行事，找到拯救途徑。

關於上述排他主義的拯救觀，希克指出，目前，在天主教那裡固執這種拯救觀的只是少數極端保守派，可在新教那裡卻有許多基本教義派份子大肆叫囂。

> 他們的立場對可以相信如下思想的人是前後一貫的，這種思想就是：上帝判人類大多數要受永罰，因為他們從未與基督福音相遇，也未接受基督福音。就我個人而言，我把這樣的上帝視為魔鬼！[9]

這段犀利的言詞可令排他論者反省：世界上有諸多不同的宗教信仰，除了堅持排他論立場的你們，還有無數善男信女，他們（她們）無疑也在尋求終極真理，他們（她們）信奉的宗教也有神聖的啓示或高尚的教導，引人得以拯救或走向解脫；可你們心目中的神或上帝似乎既能力有限又愛心不足，因為他的神聖啓示僅僅顯現於某一特定的時間、人群或文化，而不能

或無意給普天下大眾指明得救或解脫之路；假如神或上帝並非如此，那麼，你們所宣揚的這種有限的或狹隘的拯救觀是否有悖於《聖經》裡的普世救恩觀呢？

希克的批評主要是衝著基督教排他論來的。但前面已指出，排他論立場實屬宗教信仰的本質特徵；也就是說，假若某種宗教不自以爲擁有終極的、唯一的眞理，那它就不值得信仰了。因而，排他論可以說是各大宗教傳統，尤其是一神論宗教共有的正統立場。此處再次強調這個論點，有助於我們從一般意義上反省排他論立場的得失利弊。

> 一個宗教的一個虔信成員，無論如何都會認爲他自己的宗教是眞實的。這樣，這一眞理宣稱就有了某種內在的排他性宣稱。如果某個陳述爲眞，那麼它的反題不可能也爲眞。如果某個人類傳統宣稱爲眞理提供了一個普遍的語境，那麼任何與該「普遍眞理」相反的東西都將不得不被斷爲假。[10]

這是當代知名的哲學家、神學家和佛學家——潘尼卡（Raimon Pannikkar, 1918-　）對排他論態度的界說，其明顯長處在於，傾向於「同情的理解」，卻著筆於「冷靜的描述」。他接著評價道，這種態度含有「某種英雄氣概」——某信徒獻身於「普遍的或絕對的眞理」；當然，這種態度並非心血來潮或盲目崇拜，而是以「絕對的上帝或價值」爲根本保障的；所以，當某信徒聲稱：我的宗教是「眞正的或絕對的」，他是爲神或上帝的權利而辯護。

然而，我們應意識到，排他論立場既外臨危險又內存缺陷。潘尼卡指出，一方面，排他論者注定對他人的信仰持以傲

慢、輕蔑、不寬容的態度；另一方面，這種態度所主張的真理
觀並不牢靠，而是建立在「素樸的認識論」和「簡單的形式邏
輯」基礎上的。

　　若把上述「激烈的批評」和「冷靜的分析」綜合起來，我
們是否可這樣評價排他論者：他們很正統但很素樸，他們很虔
誠卻很傲慢。

10.3 兼併論的對話觀

　　憑第一印象便可感到，兼併論是一種強勢的理論傾向。這
種傾向始於如下判斷：世界上的宗教信仰是多種多樣的，這表
明神或上帝的啟示具有普世性；然而，諸多宗教信仰在真理問
題上的不同主張卻有真與假、絕對與相對之分。

　　因此，與傳統的排他論觀念相同，兼併論者首先堅持只有
一種宗教信仰是絕對真實的，能使人得到真正的啟示和根本的
拯救。但另一方面，作為一種新傾向，兼併論者又力圖擺脫排
他論的狹隘立場，與後面將要討論的多元論不乏共鳴處。兼併
論者大多認為，既然只有一種宗教信仰是絕對真實的，而神或
上帝又是無所不在、無所不能的，那麼，恩典、啟示、拯救等
無疑具有普世性，可透過不同的宗教信仰而以多種方式表達出
來。甚至可說，啟示與拯救的大門是向所有的人敞開的，不論
你是否知道或承認唯一的上帝或信仰。

10.3.1 前提：「開放的天主教」

　　就觀念形成而言，兼併論一般被看作天主教神哲學家自梵

蒂岡第二屆大公會議（1959-1965）後採取的一種宗教對話立
場，其理論建樹者便是被譽為「當代天主教神哲學泰斗」、「二
十世紀的托馬斯·阿奎那」的拉納（Karl Rahner, 1904-1984）。

　　梵蒂岡第二屆大公會議可謂「天主教跟上時代、走向開放」
的轉捩點。此次會議的主要目的之一就是，改善天主教與其他
基督教教派，尤其是其他宗教的關係，推動具有普世性的宗教
對話。那麼，這種開放意味著什麼呢？拉納解釋說，「開放的
天主教」（Open Catholicism）有兩重涵義：先就事實而言，儘管
其他宗教傳統與天主教處於對立關係，但它們並非純世俗的或
不重要的，而是有意義的、不可忽視的；再從任務來看，天主
教要和這些對立的宗教傳統建立聯繫，以便理解它們，克服它
們，實現統一，因為當今天主教會的建設思路就在於，最大限
度地消除多元化的力量，使本教會成為「眾對立者中的統一
者」。

　　　　所以，「開放的天主教」是指一種特定的態度，如何
　　看待當今的多元化力量，它們具有不同的世界觀。當然，
　　我們並不把多元化僅僅看成一個無須解釋便可承認的事
　　實。這裡的多元論意指如下事實：我們不能否認多元化現
　　象，或在某種程度上認為，這種現象本來是不該存在的，
　　而應加以思考，以一種更高的觀點將其再次納入基督教所
　　理解的人類生存的整體性與統一性。[11]

以上解釋令人感到一個問題：既然理應正視並承認其他的
宗教傳統，為什麼還要消除對立、實現統一呢？拉納回答，與
其他宗教傳統相比，宗教多元化對基督教的威脅最大，因為其
他宗教，包括回教，都不像基督教那樣，絕對地堅持「信仰和

啓示的唯一性」。

　　雖然宗教多元化現象從基督教產生之日就存在了，但今天卻對每個基督徒構成了空前的威脅。過去，其他的宗教都實踐於某種異樣的文化環境。因而，對西方基督徒來說，「別人」或「陌生人」（"others" or "strangers"）信奉不同的宗教，這個事實既不令人驚訝，也不會令人「較眞兒」，即把其他的宗教看成挑戰或選擇。

　　如今世道變了。西方不再故步自封，自視爲世界歷史或人類文化的中心，也不再以爲自己的宗教傳統是榮耀神或上帝的唯一途徑。在當今世界裡，大家已成爲近鄰，是「精神上的鄰居」。這便使交往起決定性作用了。因此，如同文化上的諸多可能性與現實性，世界上的諸宗教對每個人來說都值得思考，都可供選擇。這樣一來，如何理解宗教多元化，就成了一個關乎到基督徒生存境況的緊迫問題。

10.3.2 立論：「匿名的基督徒」

　　正是爲了解答上述問題，拉納根據天主教教義，依託他創建的新神學體系——「基礎神學的人類學」，闡發了兼併論的對話觀。鑑於這位德國神哲學家出奇地繁瑣晦澀，我們不去觸動他的神學體系，而是直接切入兼併論的幾個核心命題。但即使這樣處理，讀者也要做好心理準備來承受「拉納式語言的折磨」。

　　第一，基督教自我理解爲「絕對的宗教」（absolute religion），此教爲天下大眾所設，而不承認其他任何宗教具有此等權利。

　　拉納強調，就基督教的自我理解而言，這個命題是基本

的、自明的，不必證明或引申。但在基督教看來，所謂「正確
的、合法的宗教」，並不意味著人可自行設立「他與上帝的關
係」，可自我作出生存選擇，而是指上帝作用於人，透過與人交
往而啓示出來。這是一種「上帝與人的關係」，是上帝自由設立
的、自由啓示的。說到底，這種關係對普世大眾並無二致，因
爲上帝之道只有一個——道成肉身，死而復活。

> 基督教是上帝就其道而作的自我解釋，此道便是從上
> 帝到人這種關係，是由上帝在基督那裡自行設立的。這樣
> 一來，只要基督教在某時某地帶著生存的權能和命令的力
> 量而進入另一種宗教的領域，並由其自決，使其發問，那
> 麼，基督教便可自認為是適用於所有人的真正的、合法的
> 宗教了。[12]

第二，可把某種非基督宗教看成「合法的宗教」，但不否認
它有錯誤與墮落的成分，理由如下：在福音傳入某種具體的歷
史境況前，非基督宗教的構成因素十分複雜，其中不光有關於
上帝的自然知識，並混雜著原罪和過失所導致的墮落，而且包
括諸多超自然的因素，它們來自恩典，是基督賜予人類的禮
物。

這是對諸多非基督宗教的評價。但必須注意，就歷史進程
而言，只有從基督教成爲歷史性的現實要素的那一時刻起，基
督徒作出這種評價才是有效的。

第三，如果前一個命題成立的話，那麼，基督教所遇到的
其他宗教成員便不是純粹的「非基督徒」（non-Christian）了，
而是可以並早該著眼於這方面或那方面，把他們看作「匿名的
基督徒」（anonymous Christian）。

怎麼看待異教徒呢？他們就是指那些還沒被「上帝的恩典和真理」接觸到的人嗎？如果有人這麼以為，那就錯了。拉納指出，某人即使沒受過外來傳教士的影響，只要他感受到「無限的開放性」，讓有限的人生趨於「終極的、深奧的圓滿境界」，那麼，他便被賜予「真正的啟示」，經驗到「上帝的恩典」了。

> 因為這種恩典，若被理解為他所有的精神活動的先驗視野，雖在客觀上未被認知，但在主觀上伴隨他的意識。此種情況下，外來的啟示對他來說並非宣告了某種絕對未知的東西……但是，如果真是這樣的話，作為天主教會盡力傳道的對象，某人早在教會資訊傳到前就可能或已經踏上了拯救道路，而且是在特定環境下發現這條道路的──同時，如果真是這樣的話，由於別無拯救道路，他按這種方式得到的拯救就是基督的拯救──那麼，如下說法肯定可行：他不僅是匿名的有神論者（an anonymous theist），而且是匿名的基督徒。因而，如下結論也完全正確：說到底，福音宣告並非把上帝和基督所遺棄的某人變成基督徒，而是使匿名的基督徒得以轉化，讓他透過客觀的反省，立誓於其社會形式來自天主教會的那種信仰，以致也以恩典所賦予的存在深度來認知他的基督教信念。[13]

第四，就基督徒的處境而言，或許不能奢望現存的宗教多元化不久便會消失，但另一方面，基督徒完全可作這樣的解釋：非基督宗教屬於「匿名的基督教」，其信徒尚需明確意識到上帝及其恩典所賜予的那些東西，因為他們以前只是茫然接受卻從未加以反省。

非基督徒或許認為，基督徒把任何健全的或康復的（被神聖化了的）東西都歸因於「他的基督」(his Christ)，斷定為恩典賜予每個人的結果，並將此解釋為匿名的基督教，這太自以為是了；他們或許認為，基督徒把非基督徒看作尚未實現自我反省的基督徒，這也太自以為是了。但基督徒不能放棄此種「自以為是」，對基督徒和天主教會來說，這實際上是謙卑至極的來源。因為此種「自以為是」深切坦白了一個事實：上帝比人和天主教會更偉大。天主教會將走出大門，迎接明天的非基督徒，其態度早已由聖保羅言明：你們所不認識而敬拜的（但仍要敬拜！——這幾個字為拉納所加，引者註），我現在告訴你們。（《使徒行傳》17：23）一個基督徒立足於此，便能寬容地、謙遜地而又堅定地面對所有的非基督宗教。[14]

10.3.3 詰難：「匿名的X教徒」

從思想源流來看，兼併論脫胎於排他論。所以，兼併論立場具有明顯的兩面性：一方面迫於現實，承認現存宗教信仰的多樣性，其前提是神或上帝的啟示、恩典與拯救的普世性；另一方面又固守傳統，堅持啟示、恩典與拯救的唯一性，宣稱只有本宗教是絕對真實的，此乃收容其他宗教徒的絕對根據。不難想見，這種立場自然會遭到左右夾擊，既受到多元論者的詰難，更難免排他論者的批判。

儘管以拉納為代表的兼併論者只是貌似開放，略做讓步，條件苛刻地承認其他宗教信仰的合理性，但在眼中只有本宗教的排他論者看來，任何退讓或妥協都是對基督教傳統的動搖甚至顛覆。如果像拉納等人說的那樣，其他宗教信仰也有一定的

合理性，也包含眞理的成分，那麼，還有無可能把耶穌基督奉
爲信仰的唯一對象或絕對保障呢？更令基督教排他論者難以容
忍的是，假如異教徒並不信奉耶穌基督，甚至對上帝啓示一無
所知，卻照樣能分享恩典並得到拯救，那麼，還有無必要把福
音傳播當成一項神聖使命呢？說到底，若把此類說法當眞，信
基督教還有什麼價值呢？

　　與排他論者相比，多元論者並不駐足於某種宗教的傳統立
場，而是對兼併論施以學理批評。不論拉納等人如何鋪墊或怎
麼解釋，「匿名的基督徒」或「準基督徒」（pre-Christians）之
類的提法已被看作兼併論的核心概念和特色理論。在批評者看
來，這種概念及其理論難免導致一場空前的邏輯混亂。

　　既然兼併論者不否認宗教信仰的多樣性，也承認諸多宗教
傳統並存的合理性，那麼，所謂「匿名的基督徒」很可能演繹
成一種普遍適用的托詞——「匿名的X教徒」。其結果可想而
知：這是一個放之四海而皆準的公式，既可被各宗教用以自我
辯護，也可被諸宗教用來相互貶低。

　　正如基督教徒可自稱「本傳統是唯一眞實的」，而把其他宗
教徒看成「沾有上帝恩典的匿名的基督徒」，爲什麼回教徒不能
認爲「絕對眞理在自己手裡」，並把基督徒、猶太教徒、印度教
徒、道教徒等統統稱爲「匿名的回教徒」呢？若按這種邏輯推
演下去，便有了「匿名的猶太教徒」、「匿名的印度教徒」、
「匿名的佛教徒」、「匿名的道教徒」、「匿名的儒教徒」……如
此後果顯然無益於跨信仰，尤其是跨文化的宗教對話，最多是
爲各宗教傳統繼續閉關自守、相互排斥提供了一個時髦的口
實。

　　上述邏輯混亂還會引出更多的問題。若像兼併論者主張的

那樣，只有某種特定的宗教傳統是絕對真實的，即便其他的宗教徒聞所未聞也不會錯失啟示、恩典與拯救，為何還要把他們稱為「匿名的X教徒」呢？為何還要費勁證明兼併論，設法改變他人的宗教信仰呢？對於此類問題，儘管拉納等人一再論證，不斷為「信仰與真理的普世性」疊加理由，可再多的理由也不足以彌補「匿名的基督徒」之類概念及其理論的邏輯黑洞。

　　問題恐怕在於，兼併論者不過是排他論者的「嫡親」，渾身仍透露出讓他人不舒服的「本宗教優越感」，更何況他們比排他論者多了一種現代化的武器——「霸權主義的對話邏輯」。批評者的言詞或許刻薄了些，可值得處於多元化時代的兼併論者深思。

10.4 多元論的對話觀

　　什麼是宗教多元論呢？讓我們先來聽聽希克的解釋：

　　　　宗教多元主義認為，世界各大信仰是十分不同的，但就我們所能分辨的而言，它們都是我們稱之為上帝的終極實在在生活中同等有效的理解、體驗和回應的方式。彩虹是由地球大氣折射成壯麗彩帶的太陽光，我們可以把它視為一個隱喻，把人類不同的宗教文化解釋為對神性之光（divine light）的折射。[15]

　　那麼，為什麼要提倡宗教多元論呢？希克如是觀：就宗教對話史而言，如果說排他論立場處於「拒絕階段」，那麼，兼併

論則屬於一種過渡性的立場，剛轉入「覺醒階段」，真正的對話姿態理應是多元論的，因為這種新態度可促使人們轉變觀念，從「以某宗教為對話中心」轉向「以終極實在為各宗教的對話中心」。這是一種認識典範的轉變，其意義猶如「一場神哲學觀念上的哥白尼革命」。

10.4.1 事實：宗教的多樣性

宗教多元論的出發點並非抽象的理論而是具體的現實，這就是世界上宗教信仰的多樣性。《信仰的彩虹》開篇議論的便是上述出發點問題，希克稱之為「從共同的基點出發」——世界各大宗教。作為西方學者，希克的視角自然屬於「西方的眼光」。

對西方學者來說，理解世界各大宗教的條件逐漸形成於過去的三百年間。透過十七、十八世紀的歐洲啟蒙運動，西方學者認識到，世界上有諸多偉大的文明，像中國文明、印度文明和回教文明等；基督教只是世界幾大宗教之一。這就在知識份子中形成了「普遍性的宗教觀」，基督教則被看作一種特定的宗教型態。第二次世界大戰後，上述觀念廣為流行，主要原因有以下幾點：

第一，關於世界宗教的資訊在西方讀書界「大爆炸」。一流的學術著作都有平裝本，使普通讀者便於了解到形形色色的宗教型態，諸如印度教、猶太教、佛教、耆那教、道教、儒教、回教、錫克教、巴哈依信仰，以及非洲、北美、南美等地區的原始宗教或地方宗教。

第二，交通便利，旅遊發達。這使越來越多的西方人有條件跨出自己的文化圈，到非基督教國家考察觀光，親眼目睹了

其他宗教的重要影響。例如，佛教在泰國人民生活中已成為一種和平的力量，印度教徒對神聖者懷有異常強烈的意識，回教文明創造了輝煌的建築奇蹟等。

第三點也許最重要，這就是大量東方移民來到西方各國，其中有回教徒、錫克教徒、印度教徒、佛教徒等等。例如，目前北美約有四百萬至五百萬回教徒，歐洲也多達五百萬。與其他宗教信徒相處，我們普遍發現，回教徒、猶太教徒、印度教徒、錫克教徒、佛教徒等，和基督教徒一樣，誠實、可敬、富有仁愛心和憐憫感。或者說，與基督教徒相比，其他宗教信徒既不好也不壞，大家彼此彼此，都有善的一面，也有惡的一面。

為什麼這麼說呢？希克指出，世界上的各大文明都源於不同的信仰，各種文明裡都存在著大量善與惡的現象。因而，我們不可能用某種評價標準來確認某種文明或某個宗教的道德優越性。善與惡是不可通約的。所以，我們很難權衡兩種罪惡現象。例如，下列一對對現象裡，哪一個更邪惡些呢？

　　長期統治印度的種姓制度——長期統治歐洲的等級制度；

　　很多佛教、印度教或回教國家的貧困——許多基督教國家對資源環境的破壞；

　　加爾各答、曼谷或開羅的諸多社會問題——紐約、巴黎或倫敦的暴力、吸毒、貧困……

當然，我們很容易從其他文明裡找出某些明顯的罪惡現象，再從本文明裡挑出某些善行義舉，但這種比較方式是不誠實的。

　　事實是這樣的，你完全可以在另一歷史線索中指出種
種惡，也可以在自己的歷史中同樣合理地指出與之不同卻
大致相當的惡。我們必須把世界宗教看作巨大而複雜的宗
教─文化的整體，每一個宗教都是種種善惡的複雜混合
體。這樣看待世界宗教時，確實會發現我們無法客觀地使
它們各自的價值觀和諧一致，總是會偏這偏那。我認為，
我們只能得出否定性結論：要確立某個世界宗教獨一的道
德優越性，這是不可能的。[16]

10.4.2 假設：盲人摸象的寓意

　　《神與信仰的宇宙》已被列入名著。在這部觀點新穎的學術
著作裡，希克卻向讀者重複了一遍那個古老的傳說──「盲人與
大象」。

　　一群盲人從未見過大象，有人把一隻大象牽到了他們跟
前。第一位盲人摸到了一隻象腿，就說大象是一根活動的大柱
子。另一個摸到了象鼻子，就說大象是一條大蛇。下一個盲人
摸到的是一隻象牙，就說大象像是一隻尖尖的犁頭。就這樣一
個個地摸著講著……當然，他們都是對的，可每個人提到的只
是整個實在的一方面，而且都是以很不完美的類比表達出來
的。[17]

　　怎麼評價眾盲人的不同說法呢？希克指出，我們顯然不能
斷定哪一種說法是「絕對正確的」，因為沒有「一種終極的觀點」
可用來裁判他們的感受；同樣，就真理觀、神性觀或終極實在
等根本問題而言，我們對各大宗教傳統的不同見解也不妨作如
是觀，因為從這個古老傳說似乎不難感悟出這樣的道理：我們
──這裡指「你我他」，關於上述根本問題的認識，猶如「眾盲

人的感受」，無不深受個人觀念和文化背景的重重限制。

當然，宗教多元論這麼嚴肅的理論假設，並不是從上述古老傳說演繹出來的。希克強調，這個理論假設雖與歐洲啓蒙運動的理性主義精神有聯繫，也深受地球村或全球化觀念的影響，但並非現代西方文化的產物，而是發掘東方思想資源的結果。

早在十三、十四世紀，回教蘇非派就有了豐富的多元論觀點。蘇非派有一個信條：「神性之光」折射於人類的諸多透鏡。譬如，阿拉比（Ibn al-Arabi）說，莫讓自己固執某個具體的信條，否則其他的一切你都不信了；作爲萬有者和全能者的上帝，絕不會把他自己局限於某個信條，因爲《可蘭經》裡教導，「無論你轉向何方，到處都是眞主的方向」。

蘇非派多元論思想的傑出代表首推魯米（Jalal uldin Rumi, 1207-1273）。希克感嘆道，在魯米生活的時代，可能沒人比他對宗教多元論的理解更深刻了。下述言論可以爲證：

> 印度教徒做印度教徒的事，印度達羅毗荼的回教徒做他們自己的事。這些都可贊可行。崇拜中所榮耀的不是我而是崇拜者！
>
> 不同的燈，相同的光。[18]

希克對印度宗教很有研究，對其多元論思想資源也發掘得更全面些。按照《吠陀》的教導，「實體唯一，聖人異名」。《薄伽梵歌》裡也說：「誰要是皈依我，我就會把他接受。」到十五世紀，印度宗教裡已出現成熟的多元論觀點。例如，錫克教的締造者古魯·那納克（Nanak）言稱，既沒有印度教徒也沒有回教徒，因爲眞正意義上的上帝崇拜者合爲一體。因此，後

來成文的錫克教經典《阿底‧格蘭特》（Adi-Granth）不僅包括
早期古魯的論述，而且收有印度教、回教等先知聖賢的言論，
其中有一位非錫克教徒的多元論觀點尤爲突出，他就是印度教
虔誠派領袖、詩人伽比爾（Kabir, 1440-1518）。

　　伽比爾的多元論觀念顯然受家庭背景影響，其父是回教
徒，母親則信印度教，這使他對回教徒和印度教徒都抱尊重態
度。但更重要的是，他的哲學思想融合了回教蘇非派的神秘主
義和印度教的吠檀多理論。所以，伽比爾說，神或上帝雖然超
乎於形相，但在人的眼裡卻有千百種形象。

　　　　如果上帝在清真寺，那麼這世界屬於誰呢？如果羅摩
　　在你朝覲中見到的神像裡，那麼誰去認識沒有發生的事
　　呢？哈里（Hari，即主、上帝）在東方也即在西方。看看
　　你的心，因為你在那裡發現克里莫（Karim）、羅姆
　　（Ram），所有的男男女女都是主的生命形式。[19]

　　印度宗教中的多元論觀念源遠流長，使統治者或政治家深
受薰陶。例如，莫臥爾帝國國王阿克巴（Akbar）處理諸多宗教
的關係時，便很有普世精神。更典型的是聖雄甘地（Mahatma
Grandhi）。他深信，宗教多元主義不僅適合於印度和世界，而是
可喻爲「和平的基石」。

　　　　沒有一種信仰是十全十美的。所有信仰對其信徒都同
　　等親切。所以，所需要的是世界各大宗教的追隨者之間友
　　好相處，而非代表各個宗教共同體為了表明其信仰比其他
　　宗教優越而彼此衝突……印度教徒、回教徒、基督徒、瑣
　　羅亞斯德教徒、猶太教徒都是方便的標籤。但當我將這些

標籤撕下，我不知道誰是誰。我們全都是同一位上帝的孩子。[20]

10.4.3 求證：康德哲學的發揮

如果深入比較各大宗教傳統，特別是那些神秘化的教派或教義，我們可發現「一種根本性的區分」，這就是兩種不同意義上的實在：「實在、終極或神性本身」(the Real or Ultimate or Divine an sich)、「人類所概念化或經驗到的實在」(the Real as conceptualized and experienced by human beings)，或簡稱「實在本身」和「經驗的實在」。

希克指出，上述普遍性的區分意味著，作為終極的實在是無限的，而無限的終極實在是超出人類的思想與語言能力的。正因如此，人所崇拜的對象，如果可經驗或可描述的話，那麼，並非指作為終極的、無限的實在本身，而是指「那種跟有限的感知者處於關係中的實在」。

例如，印度佛教區分了「無屬性的梵」(nirguna Brahman，舊譯「無德的梵」)與「有屬性的梵」(saguna Brahman，舊譯「有德的梵」)，前者因無屬性而超越於人的思想範圍和語言能力，後者則指人們能經驗到的「自在天」(Ishvara)，即整個宇宙的創造者與主宰者。

又如，道教經典《道德經》一開頭就講：「道可道，非常道。」猶太教神秘主義哲學則以「絕對的、無限的上帝」(En Soph)區分於「聖經中的上帝」(the God of Bible)，認為「絕對的、無限的上帝」就是人所不能描述的神聖實在。而在回教的蘇非派那裡，「真主」(Al Haqq)一詞類似於「絕對的、無限的上帝」，作為實在本身，該詞就是指神性淵源。

再如，此類區分在基督教神哲學家那裡也可找到很多例證。愛克哈特（Meister Johannes Eckhart）區分了「神性」（Deitas）與「上帝」（Deus）。喀爾文則指出，我們不知道「上帝的本質」，只知道「啓示的上帝」。田立克提出了一個概念，「高於一神論之神的神」（the God above the God of theism）。懷海德（A. N. Whitehead）區別了「上帝的兩種質」、「原初的性質」與「後來的性質」（the primordial and consequent natures of God）。最近，考夫曼（Gordon Kaufman）又提出了「兩種神」的概念——「眞正的神」（the real God）和「可交通的神」（the available God），前者意指「從根本上不可知的X」，後者則指「本質上屬於某種精神的或想像的建構」。

關於上述區分，希克有如下兩段重要的解釋，前一段闡明了此類區分的哲學根據和文化原因；第二段則指出了這種概括對理解各大宗教傳統的重要意義。

如果我們假定實在是一，而我們人類關於實在的感知卻是多種多樣的，我們便有根據作出這樣一個假設：不同的宗教經驗源流所表示的就是，對同一無限的、超驗的實在的形形色色的意識，也就是說，實在之被感知所以有諸多特殊的不同方式，是因為不同的文化史業已或正在形成不同的人類心智。[21]

運用實體本身和為人所思考和體驗的實體之間的這一區分，我要從主要的不同的人類生存方式內部來探討多元論假設，即世界各大信仰體現了對實體不同的知覺與觀念，以及對實體作出相應不同的回應；並在每一種方式中，都發生了人類生存從自我中心向實在中心的轉變。因

此，應該把這些傳統都視為可供選擇的救贖論上的「空間」或「道路」，在這些「空間」中或沿著這些「道路」，人們能夠獲得拯救／解脫／最後的實現。[22]

更值得深思的是，前述區分印證了這樣一個普遍接受的認識論假設：認識者的概念影響其意識形式，所以，被認知的內容裡難免有認識者的建構成分。同樣，由於信仰者的認識模式來自不同的信念體系，在諸多宗教傳統裡便形成了不同的實體意識。上述認識論原則早就由經院哲學的集大成者托馬斯·阿奎那提出來了，但最有力的論證則出自近代哲學大師康德的手筆。

在康德看來，就認識主體與認識對象的關係而言，我們的知覺並非被動的記錄，而是一個能動的過程，即依據某些概念或範疇來解釋感知材料的意義。據此，康德在認識論上提出了兩個基本概念──「物自體」與「現象」，前者指「本體的世界」，即我們無法認識到的「世界本身」（the world as it is an sich），後者則指我們能認識到的「現象的世界」，也就是「向人類意識顯現出來的世界」（the world as it appears to human consciousness）。

關於康德的上述思想雖有不同的理解及其爭論，但希克傾向於這樣一種解釋，所謂的「現象世界」就是指人所經驗到的「本體世界」，因為按康德的說法，形形色色的感性經驗是透過一系列範疇而統一於人類意識的。這樣一來，人所感知到的外界便是「一種共同產物」（a joint product）了，即世界本身與眾感知者的選擇、解釋相結合的結果。因此，我們可得出如下結論：

作為有別於徹頭徹尾的懷疑論的一種選擇，下述假設是可行的也是有吸引力的：世界上的諸多偉大的宗教傳統所體現的是，人類對同一無限的、神聖的實在的不同感知與回應。[23]

10.4.4 疑慮：一群盲人的對話？

革新與守成或激進與保守，總是內存巨大張力的，這在宗教研究領域反映得尤為強烈。所以，宗教多元論致力於革新神哲學觀念，首先會遭到各種保守派勢力，特別是排他論者的激烈抨擊，而且此類抨擊主要來自本宗教或本宗派內部。

希克雖在宗教哲學觀念上十分開放，但一向承認自己還是一位基督教神學家。因此，在基督教排他論者看來，像這種身分的人竟然高談闊論多元主義，其言行可謂離經叛道。為什麼這麼說呢？《聖經》是基督教信仰的唯一根據，那上面記載了神聖啟示和基本教義，具有毋庸置疑的絕對權威。而希克等人卻主張各宗教平等對話，依據各自經典共求終極實在，這豈不是對《聖經》及其神聖啟示的貶低，對基本教義的背叛嗎？

排他論者的批評目光注定限於某宗教的基本教義。與此相比，更值得我們重視的還是關於多元論的學理批判。雖然大家公認，宗教對話之所以能成為「晚近宗教研究的大氣候」，其學術動因主要來自順應多元化的文化現實而形成的宗教多元論，但越來越多的學者意識到，宗教多元論不光對各宗教的傳統教義構成了嚴峻挑戰，而且在本體論和認識論上提出了諸多難題。歸納起來，首先需要推敲的問題在於，能否就所謂的「終極實在」作出真理性的論斷呢？各宗教傳統又是如何表達真理觀的呢？

　　圍繞上述問題的學理之爭，可從希克的著名比喻——「盲人摸象」說起。如前所見，希克師承康德哲學的「物自體理論」，曾藉「盲人摸象」這個古老傳說來生動闡釋宗教多元論的學理依據，即把「神性的本體」比作「大象」，把能經驗到「神性的現象」的宗教徒喻爲「眾盲人」。這個比喻旨在說明，「神性的本體」是「先驗的」，「神性的現象」則屬「後驗的」；「神性的本體」固然不二，但人們可經驗到的「神性的現象」卻是多種多樣的，因爲任何宗教經驗及其表達都不可能遊離於「諸多宗教傳統和文化源流」，不可能不被打上「個別的、歷史的，尤其是文化的烙印」；所以，各宗教理應相互尊重，平等對話，交流經驗，共同探究「終極實在」。

　　以上比喻及其論證是否得當呢？能否導致反面結論呢？在批評者看來，不僅這個比喻不當，其論證更糟糕。眾盲人摸大象的結果，非但不能說明他們的感受都是對的，反倒證實他們的說法全都錯了，因爲大象就是大象，並非「一根柱子」、「一條大蛇」、「一隻犁頭」等，即使局部感覺眞實或局部感覺相加，其結果也必錯無疑。在事關重大的信仰問題上更是如此。除非有人能眞正說清楚「終極實在」是什麼，我們對此便一無所知，而希克等人的多元論假設便屬無稽之談。質言之，假如信仰者眞的像「眾盲人」，那麼，他們就「終極實在」和「終極眞理」進行的對話，豈不只能是「一通瞎說」嗎？這種批評儘管尖刻，可畢竟在眞理標準、信仰立場、信徒身分等重要問題上不失警示作用。

　　爭論遠遠不只於此。如果以上批評意見能成立的話，激進的多元論者很可能陷入一種可怕的結局，即重蹈不可知論的覆轍。多元論觀念的形成及其廣泛影響，既爲各宗教的交流打通

了管道，也爲有神論者與無神論者的對話鋪平了道路。從晚近動向來看，後一方面的對話日漸活躍，話題也越來越豐富，廣泛涉及宗教與政治、宗教與經濟、宗教與科學、宗教與藝術、宗教與哲學、宗教與道德、宗教與生態等。多元論的批評者對此深感疑慮。他們認爲，面對傳統性與現代性的矛盾、特別是現代文化的諸多問題，儘管有神論者有必要和無神論者展開對話，但他們在基本信念和終極眞理上有什麼可交流、可溝通的嗎？

譬如，猶太教徒、基督教徒和回教徒是典型的一神論者，而虛無主義者、科學主義者或人道主義者則否認神或上帝。因而，若像激進的多元論者那樣，恭請這兩類人圍著圓桌坐下來，就「終極實在及其經驗」爭來爭去，其結果會如何呢？不難預料，多元論者發起的「無黨派無原則對話論壇」上又多一群群「盲人」，按希克提議的辯論規則，誰都無權（或不如講，沒有能力）道明：「終極實在」到底是什麼？既然如此，多元論者距離不可知論還有多遠嗎？

說到這裡，有必要消除一重疑慮：這麼強烈地責難宗教多元論，是否會扼殺「平等對話的眞誠態度」呢？品味希克的論著可留下深刻的印象：以誠相待，平等對話，疾呼各宗教「化干戈爲玉帛」，這是宗教多元論者的初衷；如果再考慮到其倡導者所處的西方宗教傳統和文化氛圍，多元論先行者的開放精神便值得欽佩了。但是，有關學術批評並非衝此而來。誠如越來越多的學者意識到的那樣，宗教對話並非僅僅流於平等態度，而是關乎到「信仰與眞理」；因而，能否眞誠或平等地對待其他宗教是一回事兒，是否認同某種或諸多宗教則是另一回事兒。這便意味著「眞誠和平等」並不能成爲多元論立場的充足

理由。

10.5 路漫漫其修遠兮

前幾節的評述表明，現存三種主要的宗教對話觀有很大的分歧。分歧難免爭論，爭論彰顯難題。我們就此可從以下幾方面作些方法論思考：

10.5.1 特性與張力

現代被稱爲「對話時代」。各個方面的對話活動，像政治的、軍事的、經貿的、科教的、藝術的、民俗的等，使地球村成了「對話村」——對各成員來說，對話不僅僅是交流與理解的手段，而是出於生存與發展的需要。但與其他對話樣式相比，宗教對話可謂一種「深層的或根本的對話」了，因爲這種對話深及參與者的心靈或精神，觸動他們各自的根本信念或終極關切，使諸多不同的信仰觀或眞理觀相會、碰撞、交流、理解，乃至借助比較而達成共識，或透過競爭而作出抉擇。

然而，如果「皈依」意味著「虔誠」且「委身」的話，那麼，這種意義上的宗教徒或許能割捨塵世間的一切東西，唯獨信仰難以放棄或不可更改。這便使宗教對話面臨如下「雙重兩難」：對話的必要性在於信仰的不同，而信仰的差異性是無法消除的；若要進行對話便不得不開放觀念，凡在信仰上開放者難免陷入兩頭不討好的境地——本宗教或本宗派會有人指責你離經叛道，來自其他宗教的對話者則遲早發現你絕不會改換門庭。

上述「雙重兩難」出於宗教對話固有的「基本張力」：「信仰」與「信仰」之間的張力。這裡的「信仰」有兩種意思，其一，「本宗教的信仰」和「他宗教的信仰」；其二，「我理解的信仰」和「你理解的信仰」。「基本張力」至少也有兩重涵義，一是，既存在於各宗教間又反映在本宗教內；二是，各種宗教對話態度或立場均須應對此種張力。

因而，可提出這樣一種解釋範式：現存幾種主要的宗教對話觀便是各有分寸地權衡上述基本張力的結果。當然，此種張力是無形的，所謂的「有分寸地權衡」無法做「數量化的分析」，但這種解釋範式的可取性在於，若把不同的信仰（單數的或複數的）視為構成張力的兩極，便可大致把握現存的幾種主要對話立場，譬如，偏執一端、中間路線，或左傾右傾等。

10.5.2 難題與張力

就新世紀的宗教研究而言，恐怕沒有一個課題或領域比宗教對話更引人關注也更令人爭議了。如前所見，在現存幾種主要的宗教對話觀那裡，分歧與論爭之所以不可避免，就在於宗教對話涉及諸多基本的或重大的問題。其中，現實與理論相交織，儘管有些問題現實感強烈，有些則理論性濃厚，但它們都發自現代文化和學術背景。讓我們試把主要問題歸結一下。

宗教對話是在現代文化氛圍中展開的。眾所周知，現代文化有兩個顯著特徵：世俗化和全球化，前者的標誌是世界觀尤其是價值觀的世俗化，後者主要表現為交通資訊、經濟體制和政治結構的全球化。這便使眾對話者不得不同時回應兩種挑戰：第一種非常直觀，即世俗化的世界觀和價值觀對傳統宗教信念的懷疑、冷落、遺棄或否定；第二種略需剖析，所謂的全

球化只是表象，實際上則是政治制度、意識形態、文化傳統等方面的多極化或多元化，這樣一來，作爲諸多文化型態的源頭或根基的幾大宗教傳統便難免衝突了。

因而，凡此種種難題便擺在了眾對話者的面前：如何回應世俗文化的挑戰，固守傳統還是開放創新呢？怎麼解釋宗教傳統的多樣性或多元化，排斥異端、兼併異己、一視同仁或兼容並蓄？諸多不同的神性觀特別是眞理觀是否矛盾呢？神、上帝、神聖者或終極實在到底是什麼？各宗教無不言稱擁有眞理，此類眞理的特徵或本質何在──普世的、永恆的、超驗的抑或個殊的、歷史的、經驗的呢？對諸多「自稱爲眞的眞理觀」能否辨別眞僞呢？到底有沒有絕對的或終極的宗教眞理呢？某個或各種宗教能否擁有此種意義上的宗教眞理呢？如果確有宗教眞理的話，可否認識或表述呢？

宗教對話是全方位的，難題當然遠遠不只這些，我們可從本體論、認識論一直羅列到歷史觀、倫理觀甚至來世觀，但即使上列難題也足以反映出宗教對話領域內諸多具體張力的錯綜複雜性了，諸如世俗與神聖、現代與傳統、守成與革新、個殊與共相、絕對與相對、眞理與認識等。如果說眾對話者的態度或立場主要取決於如何權衡前述基本張力，那麼，他們的看法或觀點便有賴於怎麼處理諸多錯綜複雜的具體張力了。若能意識到這一點，我們就該想像到，宗教對話的路途何等坎坷，眾對話者的目的又何其遙遠。

10.5.3 歷程與目的

宗教史源遠流長，宗教對話則屬新氣象，方興未艾。如果說剛圍著圓桌坐下來的眾對話者需要尋找共同語言的話，那

麼，一旦有了共同話題馬上就會覺察到，對話各方的立場、觀
點甚至概念都存在出乎意料的差異。讓我們品評一下兩個例
子。

漢斯·昆起草「全球倫理宣言」時，曾爲各宗教間的差異
分歧而遲遲難以下筆。經過四年多（1989.3-1993.7）的反覆構
思、研討、磋商、修改，這份不長的「宣言」終於提交「世界
宗教議會第二屆大會」（1993，芝加哥）了。其結果可想而知，
爲徵得百餘個宗派的簽名同意，只能避而不談差異或分歧。這
突出反映在兩點：首先，「宣言」裡沒有出現「神」或「上
帝」，只用了一次「終極實在」這個概念；其次，也沒有提及宗
教倫理的神聖根源或絕對權威，只是肯定各宗教間早就達成了
「一種最低限度的根本共識」（a minimal fundamental
consensus）。所以，該「宣言」出爐後毀譽參半，既有很多人盛
讚，這是由史以來各宗教間首次達成的對話碩果；也有不少人
質疑，如此這般求同存異、避高就低，還有沒有資格冠以「宗
教的名義」呢？

另一個例子更發人深省。幾年前（1996），多元論陣營突發
倒戈事件。德科斯塔（Gavin D'Costa, 1956-　）在《宗教研究》
[24]上發表了一篇頗有轟動效應的文章，標題就叫〈宗教多元論
的不可能性〉，全盤推翻了自己多年來積極推進的宗教多元論觀
念。按照他的新論斷，以往關於宗教對話觀的分類之所以完全
錯了，就是因爲：凡是多元論者無不持有某種「眞理標準」，這
便決定了任何與其標準相衝突的觀點都不是眞理；如果多元論
者是這麼做的，那麼，兼併論者就更不必說了；這樣一來，整
個三分法——排他論、兼併論和多元論便站不住腳了，若想尊重
他人的信仰也根本無從談起了。所以，就眞理問題以及對待其

他宗教的態度而言，多元論者和兼併論者都不過是「匿名的排他論者」（anonymous exclusivists）。

這兩個例子相比，與其像漢斯·昆等人那樣，為急於拉起世界宗教聯盟，而對各宗教間的重大分歧或根本差異遮遮掩掩，或許不如像德科斯塔這樣一語道破：眾對話者的信仰立場其實都具有排他性，因為這種說法猶如「當頭棒喝」，可令我們對宗教對話的特性、難題、目的等有更清醒的意識、更深刻的思索、更成熟的心態。

以上對比無意於抬高捲土重來的排他論思潮，而是取其警示意義。宗教對話屬於時代潮流，理應抱有開放、積極和樂觀的心態。但同時也該清醒意識到，宗教對話的歷程不過幾十年，人人都是初學者，有太多的東西要摸索，也有太多的教訓要領悟。正因如此，眾對話者在其漫漫長路上每走一步幾乎都需要「棒喝」，也該歡迎抱有善意的「棒喝者」。譬如，迷戀共同點時需有人棒喝；固執差異性時也需棒喝。從長時段看，對話進程之曲曲折折或許就表現為「同」與「異」輪番凸現，前一輪對話不能不「求同存異」，後一輪對話又不得不「疑同持異」，如此往復，步履維艱。

假如這種長時段的判斷不至於太誇張的話，那便應了一則古訓：路漫漫其修遠兮……

註釋

[1]以上分析詳見斯威德勒，《絕對過後》（*After the Absolute : the Dialogical Future of Religious Reflection*），Fortress Press，1990，頁5-6。

[2]斯威德勒，「走向全球倫理普世宣言」，《全球倫理——世界宗教議會宣言》，孔漢思、庫舍爾編，四川人民出版社，1997，頁138-139。

[3]希克是在《宗教哲學》裡提出此觀點的。該書有1963、1973、1983、1990年版，希克在第三版裡仍持此看法。

[4]希克的上述分析，可參見《宗教哲學》（第三版），頁107-108；或詳見《宗教之解釋》裡的相關章節。

[5]波伊曼，《宗教哲學選集》（*Philosophy of Religion: An Anthology*），Wadsworth Publishing Company，1998，頁507。

[6]以上統計分析，參見吳宗文，〈宗教對話模式綜覽〉，《維眞學刊》，Vol. 1, No.1, 1993。

[7]參見利文斯頓，《現代基督教思想》，下卷，四川人民出版社，1992，頁632。

[8]巴特，《論《羅馬人書》》（*The Epistle to the Romans*），Oxford University Press，1965，頁10。

[9]希克，《信仰的彩虹——與宗教多元主義批評者的對話》，江蘇人民出版社，1999，頁22。

[10]潘尼卡，《宗教內對話》，宗教文化出版社，2001，頁4。

[11]拉納，〈基督徒與其他宗教〉，《宗教哲學讀本》（"Christian and Other Religions," *Philosophy of Religion: Selected Readings*），Oxford University Press，1996，頁503。

[12]《宗教哲學讀本》，頁504。

[13]《宗教哲學讀本》，頁512。

[14]《宗教哲學讀本》，頁512-513。

[15]希克，《信仰的彩虹》，「序言」，頁2。

[16]《信仰的彩虹》，頁16。

[17]希克，《神與信仰的宇宙》（*God and the Universe of Faiths*），

　　Macmillian Publishing Co., Inc.，1977，頁140。

[18]《信仰的彩虹》，頁42。

[19]伽比爾，《伽比爾之歌》，轉引自《信仰的彩虹》，頁41。

[20]甘地，《基督對我意味著什麼》，轉引自《信仰的彩虹》，頁40。

[21]希克，《宗教哲學》，頁119。

[22]希克，《宗教之解釋》，四川人民出版社，1998，頁281。

[23]《宗教之解釋》，頁121。

[24]這是國際宗教學界最有影響的刊物之一，由牛津大學主辦。

人文社會科學叢書6

宗教學是什麼

著　　者／張志剛

出 版 者／揚智文化事業股份有限公司

發 行 人／葉忠賢

總 編 輯／林新倫

執行編輯／晏華璞

美術編輯／周淑惠

登 記 證／局版北市業字第1117號

地　　址／台北市新生南路三段88號5樓之6

電　　話／(02)2366-0309

傳　　真／(02)2366-0310

E - m a i l／book3@ycrc.com.tw

網　　址／http://www.ycrc.com.tw

郵撥帳號／14534976

戶　　名／揚智文化事業股份有限公司

印　　刷／鼎易印刷事業股份有限公司

法律顧問／北辰著作權事務所　蕭雄淋律師

初版一刷／2003年1月

定　　價／新台幣360元

ＩＳＢＮ／957-818-451-4

國家圖書館出版品預行編目資料

宗教學是什麼 = What is religious studies? / 張志剛
　　著. -- 初版. -- 台北市：揚智文化, 2003[民 92]
　　　面； 公分. -- （人文社會科學叢書：6）

　　ISBN 957-818-451-4（平裝）

　　1. 宗教 - 比較研究

210　　　　　　　　　　　　　　　91018261